湖南省教育科学“十二五”规划2015重点课题
“幼儿园教育活动资源建设研究”阶段性成果
课题批准号：XJK015AJC002

幼儿园教育活动
资源建设研究丛书

丛书主编：周丛笑

直击《指南》

幼儿园美术教学活动

本册主编：向松梅

中国出版集团 東方出版中心

图书在版编目(CIP)数据

直击《指南》幼儿园美术教学活动/向松梅主编.
—上海：东方出版中心，2018.4
（幼儿园教育活动资源建设研究丛书/周丛笑主编）
ISBN 978-7-5473-1243-8

Ⅰ.①直… Ⅱ.①向… Ⅲ.①美术课—学前教育—教学参考资料 Ⅳ.①G613.6

中国版本图书馆 CIP 数据核字(2018)第 003600 号

丛书主编 周丛笑
本册主编 向松梅
责任编辑 张芝佳

直击《指南》幼儿园美术教学活动

出版发行：东方出版中心
地　　址：上海市仙霞路 345 号
电　　话：(021)62417400
邮政编码：200336
经　　销：全国新华书店
印　　刷：江苏南通韬奋印刷有限公司
开　　本：720×1000 毫米 1/16
字　　数：291 千字
印　　张：17.5
版　　次：2018 年 4 月第 1 版第 1 次印刷
ISBN 978-7-5473-1243-8
定　　价：42.00 元

东方出版中心邮购部 电话：(021)52069798

前　言

幼儿园教育活动资源建设的理论构想

《国家中长期教育改革和发展规划纲要（2010—2020年）》吹响了“基本普及学前教育”的号角，并要求“把提高质量作为教育改革的核心任务”，“加强优质教育资源开发与应用”；《国务院关于当前发展学前教育的若干意见》启动了“学前教育三年行动计划”。由此，我国学前教育迎来了发展的春天。

当聚光灯射向学前教育时，教育部《关于规范幼儿园保育教育工作，防止和纠正“小学化”现象的通知》不失时机地开始了学前教育的“自我矫正”程序，而《3—6岁儿童学习与发展指南》（以下简称《指南》）则掀起了我国幼儿园教育的“新一轮革命”。由此，我国学前教育进入了改革的“深水区”。

有目共睹的是，改革开放30多年来，幼儿园教育改革与发展的经验和教训，似乎均证明了一个朴素的道理：幼儿园教育必须以适宜于幼儿学习与发展的活动为基本形式，而资源是活动得以有效开展的基础和条件。从《幼儿园工作规程》（以下简称《规程》）到《幼儿园教育指导纲要（试行）》（以下简称《纲要》），幼儿教育界在这一点上基本达成了共识。

很显然，教育活动构成了幼儿园教育的核心。然而，幼儿园应该开展哪些教育活动？如何为其提供丰富的资源，使其有效地开展？时至今日，这两个基本问题不仅仍然困扰着一线教师，而且在学术界也没有达成真正的共识。

俗话说，巧妇难为无米之炊。长久以来存在的教育活动资源缺乏科学性、系统性、针对性、适切性、便捷性等问题，已经成为制约幼儿园教育活动有效开展的关键因素之一。在如火如荼的改革与发展形势下，要全面提高幼儿园教育质量，必须对教育活动资源建设展开研究，以期为教育活动的有效开展提供一个强有力的“支架”。

一、幼儿园教育活动资源建设的价值阐释

马克思指出："价值，这个普遍的概念是从人们对待满足他们需要的外界物的关系中产生的。"价值所表示的是客观事物对人类社会的存在和发展所具有的作用和意义。幼儿园教育活动资源建设的价值，是说明其作用和意义的。

(一) 幼儿园教育活动资源建设有利于为幼儿的学习与发展提供多方面支持，促进幼儿的全面发展

一方面，建设大量丰富的，以具体形象、生动活泼、亲自参与为特征的幼儿园教育活动资源，可将幼儿真实地引入到幼儿园教育活动中；而适宜的、开放性的、社会和自然的教育活动资源，会给幼儿提供教材和配套教辅资料无法替代的信息刺激、感官刺激、思维刺激，这对幼儿身体机能、认知水平、社会性情感发展的价值是不言而喻的。

另一方面，当幼儿的真实生活成为教育活动情境，幼儿各自的态度、能力、知识等将会自然地呈现出来，成为幼儿间互动互补的依托，促成幼儿从被动学习走向主动探索。面对丰富的幼儿园教育活动资源，幼儿面临着如何获取信息，如何筛选信息，如何从这些信息中归纳出对解决问题有价值的信息等问题，需要学习如何行使自主选择活动及其相应资源的权利，学习如何认识自我、调整自我与激励自我——真正找到蕴藏于本体之中的教育主体的自我教育资源。这一过程将形成并强化幼儿处理信息的能力，并且逐渐培养幼儿独立学习的意识、能力和习惯，使幼儿真正学会学习，促成幼儿最终成为幼儿园教育活动资源的主体和学习的主人，学会主动地、有创造性地利用一切可用资源，为自身的学习、实践、探索性活动服务。

从这个意义上说，幼儿园教育活动资源建设能为幼儿表现潜能、发展个性、培养能力提供支持，并成为促进幼儿发展的基石；能使幼儿在任何需要的时候获得资源来满足学习与发展的需求，解决自己学习中的困难，成为有一定独立学习能力的人。

(二) 幼儿园教育活动资源建设有利于为教师组织各类教育活动提供专业引领，促进教师的专业发展

教师的专业发展是指作为社会职业人员的教师从接受师范教育的学生，到初任教师，到有经验的教师，到实践教育家的持续过程。幼儿园教育活动资源的建设，在给教师带来挑战的同时，也为其提供了专业发展的广阔舞台和良好契

机。通过资源建设的实践活动，教师将与自然和社会互动，不断地融入自然和社会生活，深化对自然、社会及人与自然、人与社会的关系的感悟，获得与他人分享智慧的机会和创造的广阔空间，赢得专业自主权和幼儿园教育活动决策权，摆脱对资源的无意识状态，实现认识上的飞跃。

作为教师专业发展的理想途径，幼儿园教育活动资源建设可以在以下几个方面促进教师的成长。

首先，幼儿园教育活动资源建设能促进教师专业能力的发展。教师的专业能力不是与生俱来的，而是来自创造性的实践活动。在资源建设的实践中，教师要改变支持幼儿的思路和方式，转变行为习惯和行为方式，要培养和施展自己的教育智慧，创造性地为幼儿提供支持和指导，从而不断提高专业水平。更为重要的是，教师要经历反复的操作等资源建设实践活动，这一过程可使教师的专业能力得到优化和发展。

其次，幼儿园教育活动资源建设能促进教师知识结构的优化。资源建设能促使教师将教育理论和教育实践联系起来，依靠专业知识解决问题。教师在解决问题的过程中不断反思和改进自己的实践，融专业服务和专业研究为一体，逐步形成自己特有的专业知识。同时，它还迫使教师关注自己专业以外的领域，接触各行各业的社会人士，从而使教师的社会知识和人际交往的经验有长足的发展。这样，教师的知识体系就会得到扩展和改进，最终实现知识结构的重整与优化。

再次，幼儿园教育活动资源建设能增强教师的合作意识。资源建设使教师的工作方式和指导学习的方式发生根本变化，使教师从个体走向合作，和幼儿、同事、家庭、社区进行沟通与联系，促进相互间的理解。在幼儿依托资源进行的学习中，教师指导的内容包括生活经验、基础知识等很多方面，几乎很难依靠一个人很好地完成对幼儿所有问题的全部指导工作，这就要求教师在关注幼儿教育走向的同时关注其他相关领域，从习惯于孤军奋战、独立完成资源建设任务转变为善于和其他教师一起合作，共同完成任务。因此，资源建设不仅是幼儿成长的有益途径，也是加强教师间的合作和凝聚力，提升教师专业形象，创造新型教师文化的重要途径。

最后，幼儿园教育活动资源建设能促进教师角色和工作方式的转变。在资源建设的实践中，教师将与幼儿一起获取知识，在建设过程中转变其传统的角色形象。教师将不仅是知识经验的提供者，也将成为幼儿获取知识经验的组织者和合作者；不仅是知识经验的拥有者，也将同时变为一个学习者。各种教育资源特别是现代化的教育资源引入幼儿园教育活动，将极大地改变教师的工作方式。教师将不再只是教科书的被动讲授者、幼儿园教育活动的被动执行者，而是幼儿园教育活动目标的制订者、实施者，将主动、积极地参与幼儿园教育活动的全过程，实现工作方式的根本转变。

（三）幼儿园教育活动资源建设有利于防止和纠正“小学化”现象，促进园所的内涵发展

教育部明确规定：规范幼儿园保育教育工作，防止和纠正“小学化”现象，首先要遵循幼儿身心发展规律，纠正“小学化”教育内容和方式。幼儿园要遵循幼儿的年龄特点和身心发展规律，科学制订保教工作计划，合理安排和组织幼儿一日生活；要坚持以游戏为基本活动，灵活运用集体、小组和个别活动等多种形式，锻炼幼儿强健的体魄，激发探究欲望与学习兴趣，养成良好的品德与行为习惯，培养积极的交往与合作能力，促进幼儿身心全面和谐发展。其次要创设适宜幼儿发展的良好条件，整治“小学化”教育环境。幼儿园要创设多种区域活动空间，配备丰富的玩具、游戏材料和幼儿读物，为幼儿自主游戏和学习探索提供机会和条件。

科学、系统地建设幼儿园教育活动资源，就是贯彻落实教育部精神的重要举措。因为，它能为幼儿园各类教育活动的有效开展提供强有力和可持续性的保障系统，使幼儿的“学”和教师的“教”都有抓手，使幼儿园由仅以上“传统的课”为主转变为开展丰富的游戏和活动，从而从根本上防止和纠正“小学化”现象，全面提高教育质量。

幼儿园的内涵发展，表现为培养出来的孩子具有鲜明的个性和独创性，也意味着幼儿园要根据自己的园情开展体现园际差异的教育活动。而这，有赖于各个幼儿园独特的教育活动资源。因此，幼儿园和教师应对呈现多元形态的教育活动资源的作用和价值有清醒的认识，并不断加强资源建设，将传统意义上只是忠实地执行幼儿园教育活动计划的教师的“教”和幼儿的“学”，不断让位于师幼共同开发、整合、利用教育活动资源进行互教互学的过程。

资源作为幼儿园教育活动形成、发展、完善的基础和前提，其开发利用的范围和程度成为活动开展的基本保障——它是幼儿园教育活动目标达成的桥梁、活动顺利实施的条件和载体。资源建设对幼儿园的内涵发展、持续发展具有重要意义。

同时，幼儿园教育活动资源建设的过程，还将是动态地充分发挥整个幼教团队的人力和信息资源优势的过程，在此过程中能够实现园际之间的良好合作和优势互补，更将在园所间形成一个互相交流、取长补短、资源共享的平台，从而使缩小园所之间的办园差距成为可能。

二、幼儿园教育活动资源建设的内涵剖析

内涵，是指一个概念所反映的事物的本质属性的总和。本节拟通过剖析幼儿园教育活动资源建设的概念和范畴，来揭示幼儿园教育活动资源建设的本质。

(一) 幼儿园教育活动资源建设的概念

1. 幼儿园教育活动

活动，在《教育辞典》(朱作仁主编，江西教育出版社 1987 年版)里解释为人有意识、有目的地影响周围环境的过程。人的活动是有意识的活动，它总是指向一定的目标或对象。而以皮亚杰为首的心理学家认为，儿童发展在于其本身与外界环境相互作用的建构，儿童在其发展的早期阶段，其智力十分依赖于“某种外在的运动性质的操作”。也就是说，儿童早期发展的关键在于儿童与周围世界的交互活动。

幼儿园教育活动不仅应该包含教育辞典所指的活动的基本意义，还应包含心理学上的儿童发展观念。对此，《纲要》指出：“幼儿园的教育活动，是教师以多种形式有目的、有计划地引导幼儿(开展)生动、活泼、主动活动的教育过程。”这说明，首先，幼儿园教育活动是一种有目的、有计划的活动，其引导者是教师。其次，幼儿园教育活动还应是幼儿的主动活动，教育活动应满足幼儿的兴趣和需要，幼儿是活动的主体。再次，教育活动应有多种开展形式，从活动类型上，可分为集体教学活动、游戏活动、生活活动等；从组织形式上，可分为集体活动形式、小组活动形式和个体活动形式。

我们认为，可以这样对幼儿园教育活动进行界定：幼儿园教育活动是教师有目的、有计划地引导幼儿开展生动、活泼、主动活动的，以促进幼儿全面发展为目的的、形式多样的教育过程，它包括生活活动、游戏活动、区域活动、集体教学活动、亲子活动等。

2. 幼儿园教育活动资源

资源，系一国或一定区域内拥有的物力、财力、人力等各种物质与精神要素的总称。马克思、恩格斯指出，自然资源和人类社会资源同时存在。

本书中的幼儿园教育活动资源，指的是为幼儿园教育活动提供多方面支持所需要的可开发和利用的资源系统，如自然资源、社会资源等，它们可以人、物、活动、网络等为载体。换句话说，幼儿园教育活动资源是教育活动开展过程中可利用的一切人力、物力以及自然资源的总和，它们能保障幼儿园教育目标的实现和教育活动的顺利开展。因此，一切幼儿园获取方便、具体有效并有利于教育活动开展、有利于幼儿学习与发展的因素和材料都可称为幼儿园教育活动资源。

3. 幼儿园教育活动资源建设

建设，《现代汉语词典》（商务印书馆 2016 年第 7 版）解释为：创立新事业；增加新设施。本书中的幼儿园教育活动资源建设，主要指教育活动资源的科学开发与综合利用。其中科学开发就是寻找、创造一切有可能进入幼儿园，能够与幼儿园各年龄段各类教育活动联系起来的资源；综合利用则是赋予或挖掘资源的教育价值并将资源应用于教育过程的各种活动。我们认为，幼儿园教育活动资源的科学开发与综合利用是一体的两面，科学开发是综合利用的前提，综合利用是科学开发的目的，而科学开发的过程包含一定的综合利用，在综合利用的过程中也会促进进一步的科学开发。将科学开发与综合利用合为一体，我们称之为“建设”。

（二）幼儿园教育活动资源建设的范畴

从理论上讲，幼儿园教育活动资源是无所不在、无时不有的，它并不局限于幼儿园内部，而是来源于广阔的自然、社会、文化环境与幼儿的实际生活之中，以多样化的表现形式存在于人们周围。但是，相对于人来讲，它是外在的、对象性的存在，不会自觉进入教育活动领域显示其潜隐价值，需要人们发挥主体意识，能动性地去开发和利用。因此，有必要对幼儿园教育活动资源划定一个大致的范畴以深化认识。

1. 人力资源

（1）教师

首先，教师自身是最丰富的资源——其教育思想、教育伦理、思维方式、心理素质、价值观念、专业知识、专业技能、教育潜能、饱含生命力的生活经验与人生体验、人格魅力等重要的隐形资源，都能在教育活动过程中发挥、创造出比自身价值更大的新的教育活动资源。

其次，如果教师认识到资源建设的重要性，掌握资源建设的方法，注重资源建设的经常性和便捷性，那么教师间不仅可以共享资源，还能在有限的空间内，充分利用资源，优化改进教育活动，并积极地开发资源来保证教育活动的顺利进行。事实上，有些教师甚至能够在资源紧缺的情况下，凭借自己对教育、对幼儿发展需要的解读，“化腐朽为神奇”，在活动中创造出活的教育素材和资源，供幼儿选择与分享，从而超水平发挥自身作为资源的作用，实现自身的独特价值。

因此，在幼儿园教育活动资源建设的过程中，要始终把教师队伍建设放在首位，通过对教师这一重要资源的突破来带动其他资源的建设。同时，幼儿园的支持人员包括保健医生、厨师、门卫和维修人员等，他们也发挥着资源的作用，也应该引起重视。

(2) 幼儿

幼儿拥有自己独特的存在形式或文化，他们不仅仅是教育的对象，更是最重要的资源之一。没有对幼儿这一具有内生性、生成性、鲜活性的教育活动资源的研究与尊重，没有将幼儿也当作一种重要的教育活动资源的意识，将会极大地影响资源建设，影响教育活动的开展。

如何理解幼儿中的教育活动资源？首先，幼儿的经验是一种资源。幼儿的经验是教育的起点。知识只有与幼儿的经验结合起来并最终内化为经验才是有价值的。教师要善于把幼儿已经掌握的和能够发现的信息作为资源，以使教育内容更丰富，更贴近生活实际，更贴近幼儿的兴趣爱好。其次，幼儿的兴趣是一种资源。兴趣是学习的动力，要想使教育获得成功，就要想办法将幼儿的兴趣与教育结合起来。再次，幼儿的差异是一种资源。幼儿在生活经验、兴趣、智能倾向上有差异，从逻辑上讲，差异可能导致两种状况：冲突和共享。幼儿之间可能会因为差异而形成冲突，但是如果引导得好，也可以共享差异，在差异中丰富和拓展自己——尊重、珍惜并善于把幼儿富有个性的思维方法、多样化的探索策略和探索成果作为一种资源加以利用，将更有利于幼儿的学习与发展。

(3) 家长

家长包括幼儿的父辈、祖辈亲属和监护人。家长中有各种人才，蕴涵着丰富的教育资源。

首先，家长的理解和支持是宝贵的资源。随着教育观念的更新和转变，充分发动家长参与幼儿园的教育活动，已逐渐成为一种教育常态。这样，家长的支持与理解就成为宝贵的资源，成为保证教育活动顺利开展的重要前提。

其次，家长各不相同的职业背景、爱好特长、人生经历等，是含量丰富、可开发与利用程度高的资源。家长们承担着不同的社会角色，有丰富的社会知识和经验，教师依据教育活动目标，与条件适合的家长联系，请家长直接参与活动的组织，与教师一起成为施教者，不仅可以使家园联系更加密切，优化家园同步教育，还可挖掘家长中的教育资源、发挥家长的教育潜能。

再次，幼儿家长特殊的社会关系是一种高效而难得的资源。特殊的社会关系使有些家长有能力请一些知名的科学家或艺术家到幼儿园来；有办法为幼儿园与辖区单位牵线搭桥建立某种联系，组织双向服务；有可能为幼儿园争取、筹集到教育资金或协调各方面关系，解决资源建设难题等。

目前，幼儿园越来越重视家长，但从总体上看，重视的主要是家长能为幼儿园提供哪些帮助和家长对幼儿园的评价，家长依然处于配合的地位。幼儿园尚未充分发掘家长中潜藏的教育活动资源。

(4) 社区人士

除了幼儿家长，居住在同一个社区的具有各种专业特长的居民、公职人员、企业界人士、专家学者等，都是可以充分利用的人力资源。他们可以在社区内为幼儿园办好事、办实事，如成立社区义工队、组织各种社区教育活动，为幼儿提供实践基地，向教师介绍前沿学术动态、为教育提供智力支持等，通过这些方式帮助幼儿园不断提高教育质量。

2. 物质资源

幼儿园教育活动物质资源是指以历史、现实和将来存在的物为载体的资源，即物化形态的资源。这类资源较多，只要是附载信息的物，如自然环境、教育活动时间和场地、教学设施和设备、玩教具和游戏材料、师幼读物等，都有可能成为此类资源，关键是要根据需要灵活开发和利用。这里仅谈谈玩教具、游戏材料的建设。

游戏是正在成长中的儿童最大的心理需求。儿童需要游戏，就如需要安全和食物一样。如果儿童能获得与其发展相适宜的游戏环境，那么游戏对儿童来说，就不只是“工作”或生活，还是主动、自觉及愉快的、有益的学习，是一种对社会、对自然的有益探寻，也是儿童接触社会文化的重要途径。因此，充足的游戏材料、适当的场地配置、数量与品种适宜的玩教具、自由摆弄玩具材料的时间和空间等支持游戏顺利进行的物质资源与隐性资源，是极其重要的教育活动资源。

幼儿园应改变玩教具、游戏材料等资源的提供仅仅是由资料室人员做好计划，购买后发放给班级使用的现状，在玩教具与游戏材料等资源建设上逐步做到以下几点：充分挖掘自然资源和生活中废旧物品的教育价值，收集、整理后投放到班级，运用于各类教育活动中；根据不同班级主题活动的不同阶段配置资源，如发放一定数额的费用给教师购买各种书籍、材料等；同一年龄班的活动区材料可以资源共享；成立教育活动支持小组，外聘教育专家分析教师和幼儿的需要，在进行资源调查与分类的基础上建立资源库；设置资源室，陈列不同年龄主题活动所需要的材料和各种信息资料，以便教师自由取放等。

3. 社区资源

社区指“在一定地域形成的社会生活共同体”（《现代汉语词典》，商务印书馆2016年第7版）。社区为人们提供了社会交往的组织空间和活动区域；同时，社区对人的思想观念、行为规范、生活和发展有着深刻的影响。社区蕴藏着的丰富资源，其优势往往是幼儿园内的资源所不可比拟的。

（1）社区物质环境资源

社区的文化基础设施如图书馆、体育馆等始终是幼儿教育的重要场所，如何最大限度地开发和利用以满足幼儿活动的需求，是资源建设过程中必须关注的。对幼儿来说，社区儿童活动场所、社区幼儿实践基地、工厂、农村、机关、部队、商场等，都是幼儿向社会学习的场所。这些单位在社区所辖范围内，与幼儿园建立长期的合作关系，可以为幼儿提供了解社会、从事实践活动的条件，充实幼儿园教育的内容，增强教育活动实效性。

（2）社区民间艺术资源

有一定区域特征的民间艺术是一种大众的艺术形式，是最直接的来自生活、反映生活的艺术。形式多样化的社区民间艺术，如民间美术（民间绘画、手工、雕塑等）、民间音乐（民间歌曲、舞蹈、戏曲等）、民间文学（民间歌谣、故事、传说等）等，是最为鲜活的、不可或缺的幼儿园教育活动资源。

4. 网络资源

网络信息技术的发展，为幼儿园教育活动资源的开发利用提供了信息平台，各种类型的网络教育资源是幼儿园获得高质量数字化、信息化教育资源的途径。

由于网络信息一般都是以网页的形式存储在服务器中，所以网络资源往往依附于一定的网站。以信息处理数字化、存储光盘化、呈现方式多媒体化、传输网络化、学习资源系列化等为主要特征的网络教育资源，主要来自一定的教育网站和科普网站。因此，网络教育资源的质量是与其依附的教育网站的质量密切相关的。幼儿园要想获取高质量的网络教育资源应首先选择优秀的教育网站，如科学育儿网（http://yuer.cbern.com.cn/）、中国学前教育研究会（http://www.cnsece.com/）等。

尽管网上教育资源库的种类有很多，但是，适合幼儿年龄特点的学习、交流方面的教育资源依然不足——主要是缺乏科学的、系统的、理论与实操兼顾的素材库以及使用资源的工具（如搜索引擎），且资源的更新不够，资源管理、检索系统也比较复杂。

随着信息技术的深入发展，网上教育资源建设的不足成为制约幼儿教育信息化发展的瓶颈，教师很难快速准确地找到所需要的资源，获取资源的效率较低。因此，应明确幼儿园教育活动网络资源库的建设目标，建立便捷的分类检索系统、资源档案系统和各类教育活动资源库，拓宽园内外教育活动资源及其研究成果的分享渠道，提高使用效率。

三、幼儿园教育活动资源建设的应然路径

路径，指到达目的地的路线。本书所指的幼儿园教育活动资源建设路径，主要涉及幼儿园教育活动资源建设应秉承的观念、应遵循的原则以及建设的基本步骤三个方面。

（一）幼儿园教育活动资源建设应秉承的观念

观念是人们对事物的主观与客观认识的系统化之集合体。人们会根据自身形成的观念进行各种活动，如对事物进行决策、计划、实践、总结等。因此，观念具有主观性、实践性、发展性等特点。形成正确而清晰的观念，有利于做正确的事情，提高做事的水平和质量。对幼儿园教育活动资源建设而言，秉承正确而清晰的观念，有利于提高资源建设的水平和质量。

1. 需求观

幼儿园教育活动资源建设的目的，是要为各类教育活动服务，为幼儿的学习与发展服务，因而无论在内容上还是在功能上都应充分考虑幼儿园教育活动的需求，考虑幼儿学习与发展的需要，使幼儿园教育活动的开展有“支架”，使幼儿的学习与发展有抓手，使幼儿园教师和其他幼教工作者能方便及时地获取所需要的信息，使资源具有可利用性。在了解需求的基础上，必须进行需求分析，即结合实际情况，从专业的角度对需求信息进行科学的分析和表述。

2. 系统观

幼儿园教育活动资源建设是一个系统工程，牵涉不同类型的教育活动和

幼儿学习与发展的多方面需求，需要综合幼儿年龄特点、幼儿教育规律、政策法规、硬件配置、师资水平等来考虑各个因素之间的复杂关系，因而决定了幼儿园教育活动资源建设的系统性。幼儿园教育活动资源建设不仅要处理系统内各个子模块之间的结构关系，更要正确处理其与幼儿教育这个大系统中其他子系统之间的关系，只有真正实现了模块之间、系统之间的协调发展，幼儿园教育活动资源才能被高效地利用起来，这是避免重复建设而浪费资源的必要因素。

3. 规范观

幼儿园教育活动资源的建设必须符合幼儿教育的规律和特点，对年龄段、资源种类、呈现方式、文件格式等进行确定时要根据统一的规范标准，符合国家相关规定。由于各地区幼儿教育水平发展不一致，因而在幼儿园教育活动资源建设方面必然存在差异，只有按照相对统一的要求或标准建设资源，实现资源统筹、资源交流与共享才具有可行性，并与世界接轨。

4. 动态平衡观

幼儿园教育活动资源的建设并不是一步到位的，而是一个“缺失—供给—平衡—缺失—供给—平衡……”不断循环的动态过程，它和整个幼儿教育的发展是相辅相成的。随着幼儿教育水平的提高和幼儿教育需求的不断增加，幼儿园教育活动资源的功能和内容应该不断地完善和更新，以适应时代发展的要求。

(二) 幼儿园教育活动资源建设应遵循的原则

原则规范着人们的行为，是正确行动的依据、尺度和准则。幼儿园教育活动资源的建设不是随意而行的，同样需要一定的原则来规范。

1. 开放性原则

幼儿园教育活动资源的建设要以开放的心态对待人类创造的一切文明成果，尽可能开发与利用有益于教育活动的一切可能的资源。资源建设的开放性包括类型的开放性、空间的开放性和途径的开放性。类型的开放性，是指不论以什么类型、形式存在的资源，只要有利于提高教育质量和效果，都应是开发与利用的对象。空间的开放性，是指我国地域广阔，地区之间差别大，资源组合有所差异，不同地区间的幼儿园教育活动资源具有很强的互补性和动态交流的必然性，因此不论园内的还是园外的，城市的还是农村的，国内的还是国外的，只要有利于提高教育质量，都应加以开发与利用。途径的开放性，是指资源建设不应局限于某一种途径或方式，而应探索多种途径或方式，并且尽可能地协调配合使用。

2. 经济性原则

幼儿园教育活动资源的建设要尽可能用最少的开支和精力，达到最理想的效果，具体包括开支的经济性、时间的经济性、空间的经济性和学习的经济性。开支的经济性，是指用最节省的经费开支取得最佳效果，尽可能"少花钱多办事""不花钱也办事"，不应借口资源建设而"大兴土木"，不计高昂的经济代价。时间的经济性，是指应尽可能开发与利用那些对当前教育活动有现实意义的资源，而不能一味等待更好的条件或时机，否则就会影响幼儿园教育活动的实施。空间的经济性，是指资源建设要尽可能就地取材，不应舍近求远，好高骛远。园内有的不求助于园外，本地有的不求助于外地。学习的经济性，是指尽可能开发与利用能激发幼儿学习兴趣的资源。

3. 针对性原则

幼儿园教育活动资源的建设是为了教育目标的有效达成，针对不同的目标应该建设与之相适应的资源。一般说来，每一种资源对于特定的目标具有不同的作用和功能，不同的目标就需要建设不同的资源。但是，由于资源本身的多质性，同一的资源又可以服务于不同的目标，所以，幼儿园教育活动资源的建设就必须在有明确目标的前提下，认真分析与目标相关的各种资源，认识和掌握其各自的性质和特点，这样才能保证资源建设的针对性及有效性。

4. 个性化原则

尽管幼儿园教育活动资源多种多样，但是相对于不同的地区、幼儿园、教师和不同类型的教育活动，可供开发与利用的资源具有极大的差异性。因此，资源建设不应强求一致，而应从实际出发，发挥地域优势，强化园本特色，区分活动特性，展示教师风格，扬长避短乃至补短。资源建设本身就是一项极具创造性的实践活动，每个地区的资源都是独特而丰富的，因为不同区域、不同民族的文化是有差异的，从本地资源中开发出更多可利用的教育因素，既要保持文化的独特性，同时又要引导幼儿学会理解和尊重多样文化。

（三）幼儿园教育活动资源建设的基本步骤

步骤，指事情进行的程序、次第。幼儿园教育活动资源的建设步骤，指的是为了达到教育目的所设计的资源建设的程序。我们认为，应按照"团队组建—调研论证—方案设计—资源收集、遴选与研发—推广应用—评价反馈—持续更新"的路径来展开幼儿园教育活动资源建设，具体步骤见下图。

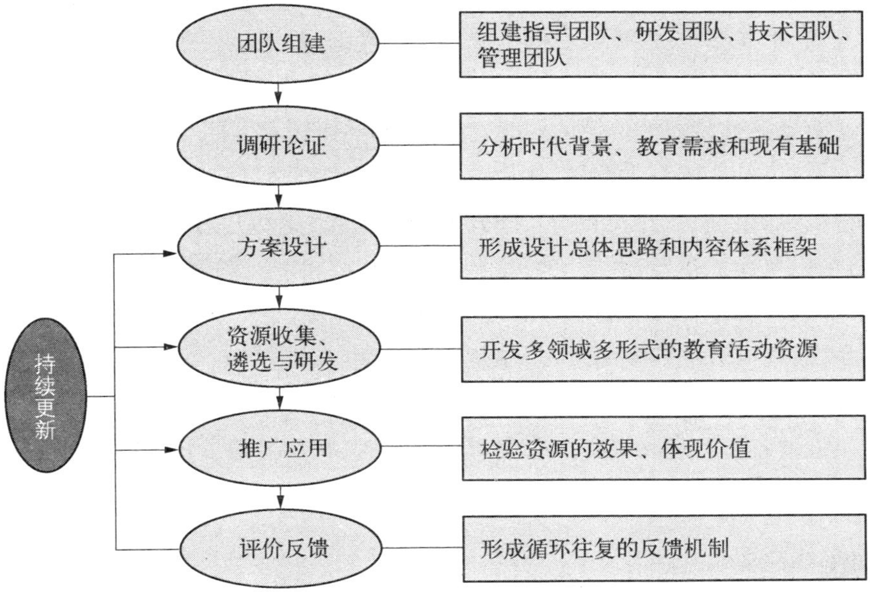

从上图可以看出，幼儿园教育活动资源建设是一个滚动发展、不断充实的过程，同时需要注意以下几点：

第一，在开展调研论证时，要认真领会《规程》《纲要》《指南》等政策精神，全面了解儿童学习与发展的研究成果，全面调查城乡各类幼儿园的教育活动资源需求情况，形成资源建设整体方案，规划并确定资源建设的具体内容，如根据各类教育活动需求，全面建设生活活动资源、区域活动资源、游戏活动资源、集体教学活动资源、亲子活动资源等。每类资源分利用和开发两个维度，每个维度又分别从内容、与内容相关的配套资源、活动设计与实施策略方面展开研究，构建资源库。

第二，在进行方案设计时，应注意系统设计、整体解决。即要构建起既能满足幼儿学习与发展需要，又能契合当前广大教师实际专业发展需要的整体解决方案。为此，要整体建设生活、区域、游戏、集体教学、亲子等活动资源，以最大限度地支持和满足幼儿通过"直接感知、实际操作和亲身体验"获取经验的需要，最大限度地支持和满足教师专业成长的需要。

第三，在进行资源收集、遴选与研发时，首先应注意合作共建、资源共享。即采取多方合作共建模式，最大范围地汇集幼儿园、高等院校、教科研机构的人力和社会资源，共同开展资源收集、整理工作，并采用原创、改造、组合、借鉴、选用相结合的方法，全面系统地建设符合不同年龄段幼儿身心发展特点的资源，形成内容充实、形式多样、贴近实际的资源体系。其次，要把握共性、体现特色。根据《纲要》“城乡各类幼儿园都应从实际出发，因地制宜地实施素质教育”的要求，在建设具有普适性特点的资源的同时，应兼顾不同区域和不同等级、类别园所的需要，充分考虑幼儿的个体差异，体现共性和个性的结合、普适和特色的统一。再次，要注意网络互动、共同参与。即开发网络平台，为幼儿园提供检索、查询、下载、咨询以及业务指导、人员培训等服务。教师可通过网络便捷地找到所需要的资源，并通过讨论、交流、展示等活动，不断丰富资源。

第四，在进行推广应用时，应注意推荐使用、实践检验。即将建设的资源推荐给城乡各级、各类幼儿园使用，在实践中检验资源的科学性、适宜性。

第五，在进行评价反馈时，应注意调整完善、持续改进。即根据实践检验情况，采用行动研究法，不断修改、完善、丰富幼儿园教育活动资源体系。

四、结语

“幼儿园教育活动资源建设”课题组历经近十年的预研究和三年的开题研究，汇集学前教育行政、教研和一线幼儿园的各类优秀教育活动资源，形成了《幼儿园教育活动资源建设研究丛书》。本丛书以全面贯彻落实《3—6 岁儿童学习与发展指南》精神、服务于幼儿园各类教育活动的实施为宗旨，内容涵盖幼儿园各领域集体教学活动、各类游戏活动、各类区域活动、各类生活活动、各类亲子活动以及班级管理活动及其相应资源，共计 12 册。丛书编著的具体分工如下：

湖南省教育科学研究院基础教育研究所学前与特殊教育研究室副主任、特级教师周丛笑担任丛书主编，负责确定 12 册的编写思路，拟定 12 册的目录、提纲及编写体例，进行 12 册书稿的统稿与修改，并撰写丛书前言《幼儿园教育活动资源建设的理论构想》；湖南省株洲市芦淞区芦淞教育幼稚园园长肖瑛、湖南省株洲市教育科学研究院幼教教研员邓艳共同担任《直击〈指南〉幼儿园游戏活动》的编著工作；湖南省长沙市芙蓉区教育局德政园幼儿园园长罗霞担任《直击〈指南〉幼儿园区域活动》的编著工作；湖南省怀化市新晃县幼儿园园长、特级教师李奕担任《直击〈指南〉幼儿园生活活动》的编著工作；湖南省军区幼儿园书记杨燕、湖南省湘潭市教育科学研究院幼教教研员陈丹共同担任《直击〈指南〉幼儿园亲子活动》的编著工作；湖南省人民政府直属机关第三幼儿院院长刘娟担任《直击〈指南〉幼儿园健康教学活动》的编著工作；湖南大学幼儿园园长、特级教师肖晓敏担任《直击〈指南〉幼儿园语言教学活动》的编著工作；湖南省长沙市岳麓幼儿教育集团第一幼儿园园长杨立群担任《直击〈指南〉幼儿园社会教学活动》的编著工作；湖南省长沙市人民政府机关第三幼儿园园长陈浩军担任《直击〈指南〉幼儿园科学教学活动》的编著工作；湖南省长沙市雨花区教育局第一幼儿园园长、特级教师邓益云担任《直击〈指南〉幼儿园数学教学活动》的编著工作；湖南省人民政府直属机关第一幼儿院院长罗红辉担任《直击〈指南〉幼儿园音乐教学活动》的编著工作；湖南省长沙市岳麓幼儿教育集团第二幼儿园园长向松梅担任《直击〈指南〉幼儿园美术教学活动》的编著工作；湖南省长沙市岳麓幼儿教育集团第八幼儿园园长彭青青担任《直击〈指南〉幼儿园班级管理》的编著工作。

和其他课程资源一样，本丛书涉及的幼儿园教育活动资源建设基本属于“预设”，不可能包括全部内容，也不可能适应所有园所、班级、教师、幼儿。同时，幼儿教育的对象是千变万化的，幼儿园教育活动的过程也是千变万化的，再好的预设也不可能预见教育过程中可能出现的所有情况。苏霍姆林斯基曾言：教育的技巧并不在于能预见教学的所有细节，而在于能根据当时的具体情况，巧妙地作出相应的变动。教师只有把关注的焦点真正放在幼儿身上，思考幼儿在做什么、需要什么，在教育过程中放手让幼儿活动，才能真正彰显幼儿的主体性。因此，在资源建设及教育活动过程中，教师要灵活应变，以更好地适应实际的教育活动需要。为了驾驭好这一过程，教师的教学基本功、教育机智、知识结构等都要进一步加强或改善。

周丛笑

2017 年 8 月

目 录

第一章

幼儿园美术教学活动概述

美术是人类用于获得想象形式、美化环境的基本方法，是一种基本的人类行为，是人们表达感情和交流观念的特别方式。美术教育被称为“视觉艺术教育”“造型艺术教育”，通过美术教育可以培养人的视觉阅读、表达和交流能力。幼儿美术教育立足于真、善、美的和谐统一，是为了满足幼儿成长性的需要，没有直接的功利性，是一种特殊的纯艺术的领域。奥地利美术教育家弗兰兹·西泽克主张儿童美术教育“就是要让儿童自己去注意、去画、去创造，让儿童以自己的方式表达自己独特的思想和情感，树立自我表现的信心”。幼儿美术教育是旨在延续和发展人类的美术文化而实施的教育的最初环节，通过美术教育，可以培养幼儿的审美情趣、创造性、认知能力、意志品质以及道德感，促进幼儿身心的健康成长。

一、幼儿园美术教学活动的界定

幼儿园美术教学活动是指教师遵循国家教育部颁发的《幼儿园教育指导纲要（试行）》《3—6岁儿童学习与发展指南》等学前教育纲领性文件的总体要求，根据幼儿身心发展的规律，有目的、有计划、有组织地通过美术欣赏和美术创作活动，感染幼儿，并培养其美术审美能力和美术创作能力，最终促进其人生和谐发展的一种审美教育，其强调幼儿在活动过程中的体验，是以活动过程本身为目的的一种教学活动。

二、幼儿园美术教学活动的价值

幼儿园美术教学活动对幼儿发展的价值是多方面的，我们可以从审美发展与全面发展两个层面进行阐述。

(一) 幼儿园美术教学活动促进幼儿审美发展

1. 促进审美感知的发展

幼儿审美感知主要通过幼儿的视觉来获得。这种视觉是积极主动有选择性的,它优先捕捉审美对象最突出的特征。幼儿审美感知是幼儿视觉器官对欣赏对象的线条、形状、色彩等要素组成的形象的整体把握,是一种区别于日常感知的特殊感知,是审美主体的一种积极主动的心理活动。幼儿园美术教学活动的内容经过科学的筛选,能帮助幼儿通过视觉去获得审美感知。

2. 促进审美想象的发展

幼儿的美术活动是靠想象来进行的。幼儿往往可以超越时空和心理的限制在想象的海洋里自由驰骋。所以,我们常看到幼儿一边画,一边说,还一边手舞足蹈,完全沉浸在自己的创作世界里。审美想象的实现过程是一个具体的过程,最后的效应往往是意象的生成。在美术教育中,培养幼儿的审美想象就是要帮助幼儿形成审美意象,让幼儿在宽松自由的心理环境中放松地专注于自己的活动,为美术创作积累丰富的、生动的、鲜明的图式。

3. 促进审美创造的发展

不论是美术创作还是美术欣赏,都没有唯一的标准答案。这就为幼儿的自由创造提供了一种现实的、形象的、丰富多彩的形式,使幼儿的创造能够借助于美术媒介表达出来。幼儿美术教育是培养幼儿创造力的最佳途径之一。

4. 促进审美情感的发展

因为情感这一因素,使幼儿的审美意象成为有生命的形式,幼儿在以情观物的同时,也将自己的情感移入了观察对象,给观察对象赋予了浓厚的情感色彩,作品内容被幼儿情感化,幼儿能与它们进行情感交流。我们不难发现,几乎每个幼儿在完成一幅画或制作出一件手工作品时,都会流露出一种愉悦的、放松的情感,美术活动过程与美术作品加强了幼儿的满足感。

(二) 幼儿园美术教学活动促进幼儿全面发展

1. 促进幼儿身体的发展

美术教学活动,是需要动手动脑的活动。首先,幼儿在美术活动中可以促进感觉器官、大肌肉和小肌肉的发展。其次,从创造活动的生理机制而言,美术活动是左右脑协同活动的结果。美术活动能调动右脑的功能,使经常处于兴奋状态的左脑得到休息。再次,美术活动带来有趣、新奇的刺激,启发和诱导幼儿去感知事物的外形、结构,这种想象和形象思维,有利于右脑的发展。

2. 促进幼儿认知的发展

手的活动关系到认知的发展，动手操作可使幼儿获得思维能力所必需的数理逻辑经验，能促进幼儿认知经验的进一步丰富和内化，从而使思维活动的水平越来越高。

3. 促进幼儿情感发展和个性塑造

无论是欣赏、绘画还是手工活动，都能有效地促进幼儿产生积极的、快乐的情感，积蓄愉快的学习体验，有助于培养幼儿的学习兴趣，形成活泼开朗的性格和稳定的情绪。同时，创作美术作品具有开放性、陶冶性、趣味性的特点，有利于培养幼儿的好奇心、求知欲和独立性等品质。

4. 促进幼儿社会性发展

美术教学活动中，有的活动要求幼儿以小组为单位共同完成任务，有的创作有一定的操作方法和步骤。这种规则意识会对幼儿产生潜移默化的作用，久而久之形成幼儿美术操作的自觉行为，也为幼儿今后遵守社会规范，适应社会秩序打下良好的基础。每一个幼儿都不是一个孤立的个体，他们在创作中相互交往，分享自己的经验，或帮助同伴解决困难。这能在不知不觉中引导幼儿学习建立良好的社会人际关系，发展交往能力。

三、幼儿园美术教学活动的特点

美术是人类高级精神活动的产物，幼儿喜欢涂涂画画是一种自然而然的需要，幼儿美术教学活动是对幼儿进行美育教育的有效方式。

（一）幼儿园美术教学活动是满足幼儿感受美、表现美这一需要的情感教育活动

幼儿心理发展的一大特点是以自我为中心，因此，他们经常情不自禁地把自己的情感依托到客体上，把对象生命化、拟人化。他们会把秋天飘落在地上的叶子看作是蚂蚁的房子；把汽车前面的灯说成是汽车的眼睛；把天上的星星看作是一盏盏的电灯；把大椅子说成是椅子妈妈……这种移情作用为幼儿美术教育提供了心理基础。而美术教学活动则为幼儿实现自我情感表达和与他人情感沟通构建了通道，在美术活动中，他们可以自由自在地、尽情地表达自己的想法，抒发内心世界的情感，得到各种各样的情绪体验。同时，幼儿将自己体验过的情感、情绪，通过绘画及手工活动方式，运用外在符号形式表达、表现出来，传递给他人，让他人被其情绪所感染，与之发生共鸣，他人又将这些感受反馈给幼儿，幼儿

从中对自己有了新的认识，体验到用美术作品与别人交流的喜悦，获得一种因自我肯定而产生的内心满足感。

我们发现幼儿特别喜欢美术活动，教师应抓住这一特点，借助审美欣赏和审美创造活动，引导幼儿体验和感受美术作品或自然环境中的线条、形状、色彩情感与美，激发幼儿用线条、形状、色彩来表达自己的情感情绪，用对称、均衡等形式实现其内心情感与外在表现的同构。

（二）幼儿园美术教学活动是以培养幼儿创造力为核心的教育活动

幼儿极具创造潜能。他们从涂鸦期的乱涂，到逐渐画出东西并给它命名，到象征期为事物象征性地再造一个多半是不完整的、粗略的轮廓的形象，再到图式期用画来表达多种概念或凭自己的主观经验重新组合、加工变形画面等。不管哪个阶段，幼儿的表现都呈现着他们独特的创造力。这种能力不仅能在作品中反映出来，还能从其制作的过程中显示出来。在幼儿的美术创作过程中，他们先是通过感官对外部世界的审美客体进行有情感的感知，然后通过其视觉和大脑理性思维对感知所获得的审美经验进行加工，并把审美经验在记忆中进行储存，再经过美术创作活动表现出来，创造性地用作品来传达内心活动。这一过程带有明显的个人色彩。因此，可以说，幼儿的美术作品及其创作过程充分展示个性，彰显了他们的创造力。

教师应引导幼儿以自己的眼光观察、感受美术作品的造型、色彩、构图，观察周围环境中事物的结构、特征、运动模式，并通过语言的描述，让幼儿把通过审美感知所把握到的整体的艺术形式和自然形式在头脑中形成表象。当幼儿开始运用色彩、形状创造形象时，教师要启发他们思考，让他们对自己头脑中的表象进行加工改造，并加入大胆的想象，形成全新的审美意象，最后运用艺术语言在作品中创造性地表现出来。教师对这种创造性的美术作品的赞赏和鼓励必然会使幼儿对美术创作活动产生更大的兴趣，从而更进一步地促进其创造能力的发展。

（三）幼儿园美术教学活动是培养幼儿手、眼、脑协调一致的操作性教育活动

幼儿的美术活动是一种手、眼、脑并用的活动，美术活动需要他们用多种感官去感知审美对象，用脑去想象、理解、加工审美意象，用语言去表述自己的审美感受，用手去操作美术工具和材料来表现自己的思想、情感和所见所闻。这一过程包括心理操作和实际操作两个方面。心理操作是指对那些头脑中存在的印象的操作。例如在美术创作中，幼儿首先要选择他们感到重要的事物，并探索这些事物之间的关系，最后根据一个具有个性意义的系统组织它们，即将所选择的题

材变成自己设计的视觉形式。心理操作建立在幼儿心理发展的基础上。在学前阶段，幼儿的心理发展正处于象征思维和直觉的、半逻辑思维阶段，主要受直觉表象的控制。实际操作则是幼儿外在的手的动作，它建立在幼儿生理发展的基础上。在学前时期，幼儿的手、眼初步协调，但未达到随心所欲的程度，肌肉的发展遵循着从早期的大肌肉动作（如手臂动作）逐渐到小肌肉动作（如手腕动作）再到精细肌肉动作（如手指动作）的顺序。在幼儿美术教学中，教师应根据幼儿身心两方面的发展水平和年龄特征创设最近发展区，围绕教育目标，精心设计美术教学活动。幼儿在这些活动中进行心理操作和实际操作，把自身对美的感受传达给他人。例如在绘画活动中要依靠头脑中已生成的意象，并配合画纸、画笔、颜料等绘画材料的操作，在二维空间的画面上表现出三维立体的形式。为此，幼儿必须在教师的引导下学习如何积累内在图式，如何生成绘画所需的心理意象，如何使用美术工具和材料，如何组织画面等形式语言和技能。这种手、眼、脑并用的心理操作和实际操作过程促使幼儿手部小肌肉群逐渐发育成熟，手、眼、脑逐渐协调一致。

（四）幼儿园美术教学活动是促进幼儿多领域发展的整合性教育活动

美术教育是促进本领域和其他领域共同发展的教育，多领域协调发展才能共同建构幼儿的整体心理结构。只注意其中任何一个方面都难以实现幼儿一体化的发展。首先，教师应注重本领域美术教育的发展，通过美术教学活动来培养幼儿的审美感受能力和审美创造能力，以幼儿的审美情趣的养成以及审美能力与艺术修养的提高为主要目的，以幼儿在其他领域的发展为次要目的，主次兼顾。因此，美术教育过程中要注重幼儿的审美体验与艺术想象等方面的发展，更要注重幼儿对艺术形式要素与表现手法的理解以及艺术的表现力，同时整合幼儿其他领域的发展情况，这种整合应从目标追求、内容选择和实施过程等各个方面来进行。

（五）幼儿园美术教学活动是形成幼儿良好个性心理品质的教育活动

个性心理品质，是指幼儿比较稳定的心理特征，是兴趣、爱好、能力、气质和性格的总和。它是在一个人的生理素质的基础上，在一定条件下，通过实践活动而形成和发展起来的。美术教学活动，就具有形成和发展幼儿个性心理品质的特殊作用。美术教学对幼儿来说，主要是强调感受美和审美情绪的体验。无论教幼儿绘画，还是教幼儿做手工，都离不开激发幼儿审美的情绪需要和帮助幼儿获得愉快的情绪体验。因此，正确地实施幼儿美术教学，能有效地促进幼儿社会情感的发展，有益于幼儿积累愉快学习的体验，培养幼儿的学习兴趣与学习能力，能有效地帮助幼儿形成积极的个性特征。幼儿美术活动还能增强幼儿对生活的热情。生活对幼儿来讲是亲切而有趣的，会使他们兴奋和向往；许多材料构成的艺术造型，千姿百态，会使他们惊喜和追求。

通过美术教学活动可引导幼儿建立良好的社会人际关系，培养他们的交往能力，使之富于同情心，善于和勇于帮助同伴解决困难，并为同伴的进步和成就而获得愉悦感。

四、幼儿园美术教学活动的类型

幼儿园美术教学活动分三大类型：欣赏、绘画、手工。

(一) 幼儿园美术欣赏活动

幼儿园美术欣赏活动是教师引导幼儿欣赏和感受美术作品、自然景物和周围环境中美好的事物，了解对称、均衡等形式的初步概念，感受形式美和内容美，从而丰富幼儿的审美经验，培养幼儿的审美情感和审美评价能力的教育活动。

1. 幼儿园美术欣赏活动的特点

(1) 注重视觉感知

美术欣赏活动重在视觉的充分感知，幼儿通过观察、欣赏事物获得相关信息，并在审美中获得愉悦感。

(2) 突显个性表达

引导幼儿大胆用语言、肢体对欣赏对象进行美的表达、表现。美术欣赏不存在完全正确的答案，对于同一内容，每个人都有自己的感受和理解。个体差异使得幼儿有完全不同的体验，教师需要尊重每个孩子的个性，尊重每一种表达的方式。

(3) 强调自由想象

在美术欣赏活动中，教师为幼儿创造视觉、听觉、动作表现等多通道感知的条件，引发他们把静物想象成动态的，把无声的想象成有声的，对物体进行移情，并结合欣赏对象进行自由想象。

2. 幼儿园美术欣赏活动组织的基本环节

(1) 整体感知描述

引导幼儿集中注意力，观察欣赏对象，给幼儿一定的时间进行独立欣赏，鼓励幼儿把初步获得的认识描述出来，充分发挥他们的观察力、艺术想象力和语言表达能力。

(2) 形式分析

引导幼儿分析作品中各部分之间组合的情形,如造型、色彩、构图等形式语言和对称、均衡、节奏、韵律、变化、统一等构成原理的应用。让幼儿在充分表达自己的感性体验之后,再进行理性的分析。

(3) 领会和表达作品

引导幼儿先理解美术作品各部分的意义,再根据各部分进行整体意义的解释,从而形成一个或多个合理的解释;鼓励幼儿根据自己对作品所传达的信息的体验和理解,充分发挥想象力、创造力,发表自己的见解,用语言、动作等表达自己对作品的感受和联想。

(4) 评价小结

重点宜放在对作品的审美判断以及揭示作品对于人类美术活动的意义上,以帮助幼儿从多样化的作品表达方式中吸取审美经验,提高其审美评价能力和审美趣味。

(5) 外化创新

引导幼儿进行深层情感体验,联系外物进行移情,尝试创新(临摹体验、游戏法、尝试制作、表演活动等)。

(二) 幼儿园美术绘画活动

幼儿园美术绘画活动是指幼儿使用笔、纸、颜料等绘画工具和材料,运用线条、形状、色彩、构图等形式创造出可视的、有空间感的艺术形象。幼儿绘画是幼儿园美术教育的基本领域,是培养幼儿审美创造的主要活动之一。

1. 幼儿园美术绘画活动的分类

(1) 幼儿绘画从所使用的工具材料上区分,可分为彩笔画、毛笔画、棉签画、印章画、手指画、拓印画、蜡笔水彩画、吹画、滚画、喷洒画、泡泡画等。

彩笔画包括用蜡笔、油画棒、彩色水笔、彩色铅笔等工具在纸上绘画。

毛笔画包括水彩画、水粉画和水墨画,它们是用毛笔和不同的颜料进行绘画。

印章画是用橡皮、土豆、萝卜等的切面,以及用积木、笔帽、牙膏盖或纸团、布团、手、脚等蘸上颜料盖印在纸上。

手指画是幼儿用手指蘸上颜料在纸上作画。

拓印画是将硬币、钥匙、树叶等放在图画纸下面,然后用铅笔在纸上来回涂画,拓印出纸下的物体形象,或将物体涂色后印在纸上。

吹画是先将颜料滴在纸上,然后吹出不同的形状。

滚画是先准备浅盒子(无盖,大小与图画纸相同)、各种颜料、玻璃球,然后将玻璃球蘸着颜料放入纸盒中来回滚动,让带有各种颜色的线条不规则地留在纸上。

喷洒画是在图画纸上摆放不同形状的纸片或窗花等,然后将牙刷刷头蘸上颜料,用小竹片往自己身体的方向轻轻地拨动牙刷刷头,让颜料均匀地洒在图画纸上;当颜料覆盖纸面后,轻轻拿开纸片、窗花等,纸上就出现了纸片、窗花的图案。

泡泡画是在吹泡泡的肥皂水里调入不同的颜料,然后用吸管蘸上肥皂水吹,将吹出来的泡泡轻轻地碰在图画纸的适当位置,泡泡破了,就在纸上留下了图形。

(2) 幼儿绘画从教师是否命题上区分,可分为命题画和意愿画。

命题画是指教师确定绘画的主题,明确要完成的某种技巧任务和教育要求,幼儿按指定的主题绘画的方式。

意愿画是指幼儿自己确定绘画的主题,按照自己的想法自由自在地表达创作的绘画方式。

(3) 幼儿绘画从内容上区分,可分为物体画、情节画和图案画。

物体画是指以单一物体为描绘对象,培养幼儿的造型能力。

情节画是以一件事情为主要描绘对象,反映一定的主题,表达一定的思想感情,培养幼儿的构图能力及处理物体间相互关系的能力。

图案画是指幼儿利用各种纹样和色彩在不同形状的纸上进行和谐的有规律的美化和装饰。

2. 幼儿园美术绘画活动的特点

(1) 感知体验在先

绘画形象源于生活,幼儿自主绘画的前提是充分感知周围事物,感知、体验物体表达的形状美、色彩美、结构美等,在观察感知的基础上才能使表现对象在幼儿的头脑中留下深刻的印象。

(2) 想象表达充分

幼儿在绘画过程中,不断地积累物体的物象,使绘画的内容日益丰富。教师可在此基础上引导幼儿对审美对象开展自由的审美想象和审美创作,让想象表达更为充分。

(3) 自主表现为主

在创作前,教师提供丰富的操作材料,幼儿自主选择、自主尝试。在创作中,幼儿自主表达、自主创作。幼儿从活动材料、绘画表达等方面充分体现自主。

(4) 作品评价多元

评价在整个绘画活动中起着画龙点睛的作用。要从内容、对象、表达方式等多个角度,通过幼儿自评、同伴互评、教师点评等多种方式,对幼儿的作品实行综合评价,确保评价更全面、更客观、更科学、更积极。

3. 幼儿园美术绘画活动组织的基本环节

(1) 感知与体验

幼儿自主绘画的前提是充分感知对象,需要引导幼儿通过看、摸、玩等多种方式,对即将表现的事物进行观察和感受,从中进一步熟悉和把握日常生活中习以为常的事物的形态,发现蕴含其中的美的形式。

(2) 探索与发现

这是幼儿对各种工具材料的特征和某些操作方法与技能进行探究和尝试的过程,这一环节一般应以幼儿自主探究基础上的自我发现为主,教师可以给予一定的提示,最后进行必要的总结、提升和推动。

(3) 创作与表现

这是幼儿在已具有一定的内在感受和体验,对工具材料的特征和相关操作方法与技能有所探究与发现的基础上,大胆表达自己的经验、想法或情绪、情感的过程。此时教师应该为幼儿创设一个宽松自由的创作氛围,鼓励孩子大胆想象和采用与众不同的表现方式,在积极的情绪状态中用自己喜欢的方式进行个性化表达。

(4) 欣赏与评议

这是教师引导幼儿对自己和同伴的作品开展欣赏和评价的过程。教师应为幼儿创设展示自己作品的条件,引导幼儿大胆表达自己的想法,相互交流、欣赏,共同提高。

(三) 幼儿园美术手工活动

幼儿园美术手工活动是幼儿靠手的技能,使用剪刀、竹刀、糨糊、胶水等各种工具,对泥、纸、布以及其他自然材料、废旧材料进行加工,创造出平面或立体的艺术形象的艺术造型活动。在幼儿园,幼儿手工教学活动包括泥工、粘贴、纸工、制作活动。

1. 幼儿园美术手工活动的特点

(1) 观察感知激趣

幼儿对于手工操作活动的兴趣,对于造型、色彩、构成等艺术手法的学习是可以通过观察、欣赏来获得的,幼儿在观察中感知物体表征,在观察中了解材料特性,在观察中激发动手创作的欲望。

(2) 共同探讨寻法

手工活动形式丰富多样，其操作方式也是多样的，在创作前需要给予幼儿探讨操作原理、操作技能的机会，让幼儿寻找解方之法，并将技能迁移到手工活动中。

(3) 材料操作自主

主要体现在三个方面，即自主选择、自行取材、自由创作。自主选择要求教师提供的材料能体现内容层次、难易层次，满足不同兴趣、不同能力水平幼儿的需求；自行取材强调幼儿要自行领取与收整材料，培养良好的操作习惯；自由创作需要教师营造轻松愉悦的活动氛围，给予幼儿自主思考、表现的机会。

(4) 作品展示多元

幼儿的手工作品，不仅可以用于陈列展示，还可以投放到各区域当中，为幼儿开展其他游戏活动提供素材。

2. 幼儿园美术手工活动组织的基本环节

(1) 欣赏与积累

在手工活动中引导幼儿观察和欣赏，引导幼儿选择形象、捕捉形象，丰富对各种物品的印象，并把它们作为创造新形象的基础。

(2) 操作与探索

为幼儿提供与手工工具和材料充分接触的机会，鼓励幼儿用剪刀、纸以及各种自然物、废旧物根据选择好的形象进行改造与重组。

(3) 联想与创造

引导幼儿寻找各种手工制作的规律，在现有操作水平的基础上，运用所学技能技巧，进行简单的、基本的、有规律的联想和想象，体验手工制作的乐趣，获得成就感。

(4) 展示与分享

引导幼儿大胆展示作品，并分享手工制作方法。幼儿从多方面、多角度交流手工活动的技能技巧，体验成就感。

五、幼儿园美术教学活动的设计与指导

(一) 幼儿园美术教学活动的设计与指导依据

1. 设计依据

(1) 以政策文件为依据

教育部颁发的《幼儿园教育指导纲要(试行)》(以下简称《纲要》)、《3—6 岁

儿童学习与发展指南》(以下简称《指南》)关于幼儿艺术教育的论述是美术教学活动的首要设计依据。《纲要》第二部分教育内容与要求中,对艺术领域从目标、内容与要求、指导要点三个方面进行了阐述,提出了幼儿园艺术领域的要求和基本原则,给教师提供了明确而宽泛的艺术教育空间和适宜的自由度;《指南》则从"感受与欣赏""表现与创造"两个子领域,对幼儿的艺术学习与发展进行了划分,并明确了不同年龄段幼儿在这两个子领域的典型表现与教育建议,这也成为实施中最重要的依据。

(2) 以美术学科为依据

美术学科有五个核心素养：图像识读、美术表现、审美态度、创新能力、文化理解。不同类型的美术活动培养的核心素养偏重不一样。如美术欣赏可偏重于图像识读、文化理解;绘画活动可偏重于美术表现;手工活动可偏重于创新能力。在实施美术教学时,教师要有意识地去培养幼儿的美术核心素养。同时,美术学科的教学内容丰富多彩,要求教师以有利于激发幼儿兴趣的多种富有创意的教学方法开展教学活动,在活动中科学有效地指导幼儿创作。

(3) 以幼儿年龄特点为依据

在美术欣赏方面,2—7 岁幼儿正处于艺术符号感知占优势时期。在绘画方面,3—3.5 岁幼儿处于命名涂鸦期,也是一个小小的过渡期。因为身体与心智发育的差异,有的孩子 4 岁还处于涂鸦期,有的孩子 3 岁就进入了象征期。3.5—5 岁幼儿处于象征期,在绘画中不管是造型上、色彩上还是空间构图上都开始有目的地进行设计。5—7 岁幼儿处于图式期,开始真正地用绘画的方法有目的、有意识地再现周围事物和表现自己的经验。手工方面,2—4 岁幼儿处于无目的活动期,没有明确的目的,不理解手工工具和材料的性质,还不能正确地使用手工工具和材料。4—5 岁幼儿处于基本形状期,他们无目的的动作逐渐转变为有意图的尝试。5—7 岁幼儿处于样式化期,他们表现欲望强,喜欢用各种工具和材料进行制作,以表达自己的意愿。

2. 指导依据

(1) 以幼儿美术能力为依据

① 美术欣赏活动

2—7 岁的幼儿处于艺术符号感知占优势时期。幼儿面对美术作品和物象内容的感知,先于美术作品或物象形式的感知。他们对美术作品内容的感知,仅仅局限于画面上画了什么,对内容的关注总是多于对形式的关注。在教育的干预下，幼儿能感知美术作品的某些形式审美特征。幼儿更喜欢感知和描绘熟悉的物体和令人愉快的现实主义美术作品，以及色彩明快的美术作品。随着经验的丰富和教育的干预，幼儿的美术欣赏会经过一个从笼统到分化的过程。

② 美术绘画活动

3—3.5 岁幼儿处于命名涂鸦期，他们的肌肉控制能力逐步增强，产生了美术表现的意愿，会把线条、图形加以简单地组合来表现事物的大致特征。但是他们能表现的图形很少，所以一形多义是此阶段幼儿作品的主要特征，相似的图形在幼儿不同的作品中可能表现为许多物体。在教师的引导下，这个年龄阶段的幼儿能将简单的线条、色彩、形态、构图等绘画语言要素运用到作品当中。3.5—5 岁的幼儿处于象征期，随着心理能力的发展，已经开始能够进行有目的、有意识的绘画活动，从造型上来看，他们常常会用所画的图像来表达自己的意象。他们在教师的引导下，可以达到“用线条和形状表现感受过的事物的基本结构和主要特征，并根据物体上下、左右关系进行构图”的能力。5—7 岁的幼儿处于图式期，随着手部的小肌肉进一步的发育以及视觉感受性的提高，开始有意识、有目的地通过绘画的形式表现周围的美好事物。从造型、色彩、构图上分析，幼儿已经有较为明确的想法，能以自己特有的思维方式、绘画手段表现。因此，这个年龄阶段的幼儿能在教师的引导下用线条、图形完整地表现感受过的或想象中的物体的动态结构和简单情节。

③ 美术手工活动

2—4 岁幼儿处于无目的活动期，此阶段的幼儿没有表现的意图，只是满足于手工操作的过程，享受着自主活动的快感，体验着手工工具和材料的特性。他们在教师的引导下，可以达到“学习用撕、贴、折、印、剪等方法塑造简单的平面和立体形象”这一目标。4—5 岁幼儿在手工方面正从无目的活动期向基本形状期发展。幼儿无目的的动作逐渐转变为有意图的尝试，开始真正对各种类型的手工活动感兴趣，已经不再是无目的地随意玩耍。在教师的引导下，这个年龄阶段的幼儿在手工方面可以达到“初步学习用点状、线状、面状和块状自然物和废旧材料制作玩具及美工作品和装饰，并能用自己的美工作品积极地参与到环境布置中来，美化生活”这一目标。5—7 岁左右的幼儿处于样式化期，由于手部精细肌肉的发育，他们的手眼协调能力增强，表现手法也越来越多，在捏、剪、折、拼等过程中能初步跟随自己的特有想法进行设计、制作、构思并进行丰富多彩的创作表现。因此，他们在教师的引导下可以达到“综合运用各种工具、材料和技法制作简单的教具、玩具等，用来布置环境，并注意装饰美”的目标。

(2) 以幼儿创作表现为依据

在美术活动中，幼儿由于个性特点、美术欣赏水平、表达方式、美术能力等多方面的差异，创作表现各具特色，那么教师的指导就不能千篇一律，要针对每个幼儿的不同表现给予适宜的指导干预。幼儿在创作过程中会有很多问题，也会遇到很多困难，如有的幼儿胆怯，不能热情、大胆地进入到创作阶段，有的幼儿创作的画面很小，有的幼儿创作的画面很混乱，有的幼儿没画几笔就说自己画完了，等等。幼儿在作画时需要老师去理解、支持、鼓励、引导和帮助。如在《小鱼捉迷藏》的创作活动中，有的幼儿喜欢自己一个人独立创作，那么教师一是要尊重幼儿，二是要鼓励他去与人合作。有的幼儿喜欢不断换合作的小伙伴，绘画不专心，教师就要特别关注这样的孩子，可以问他：“你画的小鱼在哪儿？你的小鱼在做什么？”以此暗示幼儿要专心地完成自己的作品。幼儿在创作中表现各异，教师的指导要因人而异，因异而导。

(二) 幼儿园美术教学活动的设计与指导原则

1. 设计原则

(1) 整体性原则

整体性原则在幼儿美术教学过程中体现为知识与知识、技能与技能、学科之间或领域之间、教学与生活之间的联系。教师在进行美术教学设计时要求统整学前儿童美术教学构成要素，编制合适的教学活动程序，保证教学目标的达成，也应从整体的高度理顺心理目标、年龄层次目标、分类目标内部与相互之间的关系，并有效落实。

(2) 发展性原则

研究发现，几乎每个幼儿都有艺术潜能，但这种艺术的潜在能力如果在幼儿的早期缺少或者只经过短时间的艺术实践刺激，就很难发展为显性的艺术能力。因此，教师设计的美术教学活动要有一定的挑战性，能激活幼儿的美术表现欲望，并须充分领会幼儿美术教育的价值取向，设计符合幼儿心理需求的教学活动。

(3) 审美性原则

艺术是人类感受美、表现美和创造美的重要形式，审美性是幼儿美术教育的本质所在，教师在设计美术活动各个环节时，要特别关注创造美的环境、提供美的作品，以激起幼儿的审美热情，让幼儿在获得丰富美感体验的基础上表现美、创造美。

(4) 自主性原则

教师应本着以幼儿为活动主体的原则，根据幼儿的不同层次、不同兴趣和能力差异，提供有层次、有梯度的美术材料，创造一个让幼儿主动探究、大胆表达、自主创作的学习环境，促进幼儿最大限度地发展。

(5) 生活化原则

充满着意义和关系的生活环境对于幼儿活动主题的生成至关重要。依据生活化原则内涵，教师重点应创设条件，提供认知工具，必要时根据主题要求组织幼儿进行有针对性的生活体验，为幼儿认知活动、审美表达活动的顺利展开服务。

(6) 多元化原则

多元化是丰富性和个性化的统一，具体体现在活动形式(以绘画活动为例：水彩笔画、水粉画、拓印画、油水分离画、漏印版画、线描画……)、活动类型(以绘画活动为例：想象画、装饰画、写实画……)、绘画材料(以绘画活动为例：绘画纸、砂纸、瓶子、石头……)、评价方式(幼儿自评、同伴互评、教师点评)等方面的丰富多样，并且教师要特别重视幼儿美术作品个性化的表现，让幼儿在多元化的美术空间中自由想象。

(7) 师生协同性原则

幼儿美术教学活动的过程也是教师与幼儿双向互动的过程。教师的教、引导、启发与幼儿的学、探究、思考是两个密不可分、相互交织的过程。教师设计美术教学活动时应该将教师与幼儿两方面有效地整合在一起，创造条件构建教学过程，创造主体间的交往(对话、合作、沟通)关系，并注意深入研究学前幼儿审美体验、美术表现与创造、美术欣赏的过程和特点，精心设计美术教学策略，为幼儿的主动性美术表现、创造服务。

2. 指导原则

(1) 开放性原则

教师应为幼儿创设开放性的环境(幼儿能根据自己的喜好选择性地开展活动)，设计开放性的提问(幼儿能根据提问进行思考、回答)，尊重幼儿独特的想法，开放性地予以接纳。在评价作品时，教师应充分尊重幼儿自己对作品的解读，重视幼儿同伴对作品的评价，并给予画龙点睛的指导。

(2) 启发性原则

教师遇到幼儿的提问、置疑不能马上将答案、问题指出来告诉幼儿，而是要以引导、启发的态度去对待，这有助于培养幼儿主动思考的习惯和能力。

(3) 快乐原则

本着让幼儿在活动中感受快乐的宗旨，教师在设计、组织活动时应多通过游戏、情景体验等形式导入，在创作表现、评价等环节也应该考虑幼儿的感受，快乐至上。

(4) 因材施教原则

教师应该尊重幼儿的个体差异，并根据幼儿的能力、发展水平、兴趣进行教学，使幼儿都能在活动中获取快乐，得到不同程度的提高和发展。

(5) 创造性原则

应重视激发幼儿的创新意识，尊重幼儿主观的和情感的表达。幼儿对周围世界的认识和感受各不相同，幼儿美术活动带有鲜明的个性，教师应对幼儿富有个性的表现予以鼓励，要创设富有探索性、创造性的环境，支持幼儿大胆地想、放手地画。

(三) 幼儿园美术教学活动的设计与指导策略

1. 设计策略

(1) 活动内容选择的策略

幼儿园美术教学活动的内容是实现美术教学目标的载体，内容选择的恰当与否，决定着幼儿园美术教学活动的质量。选择美术活动的内容，除了遵循一般的教学原则，注重内容的思想性、艺术性、科学性以外，还应以幼儿发展的特点和美术教育自身的规律为标准。

① 内容选择的趣味性

幼儿的创作热情，在很大程度上取决于某种动力，它可能是来自幼儿固有的自我表现欲望，也可能是来自教师的鼓励、支持和新颖有趣的教学内容。因此，教师在选择内容时，一定要注意内容必须具备可激发幼儿兴趣的因素，能使他们体验到美术活动是属于他们自己的。比如考虑到小班幼儿年龄很小，教师在内容选择上要更加体现简单与趣味性的特点。

② 内容选择的针对性

幼儿美术活动的选择要面向全体幼儿，应从保证和满足每个幼儿当前活动的需要，并适应未来发展的需要出发，有针对性地选择幼儿乐于表现、勇于表现，而且是大多数幼儿稍作努力都能完成的内容。如绘画活动：小班年龄阶段，可更多选择玩色的活动内容；中班年龄阶段，更多的是进行物体画、动物画；大班年龄阶段，更多的是选择人物画、情节画等。手工活动：小班年龄阶段，教师可更多选择泥工及粘贴的内容；中班年龄阶段，教师可更多选择以纸工为主的内容；大班年龄阶段，教师可更多选择以制作为主的内容。

③ 内容选择的关联性

美术活动内容的关联性表现在将各种美术活动的内容按其特征归类，有系统地由浅入深，由易到难，循序渐进，保证前后连贯。内容的关联性，有助于幼儿在美术创作中的联想和想象，有助于图式和经验的迁移。

④ 内容选择的审美性

教师在选择内容时，必须从审美性和幼儿的可接受性两个方面去考虑，善于发现美、选择美，按照幼儿的审美标准和美的规律，将幼儿感受世界的审美能力变为他们的心中需要和自我发展的内在动力。如在引导幼儿进行图案欣赏时，一般不能将成人的图案画作品或带有图案的豪华的工艺美术作品直接给幼儿欣赏，而应选择幼儿生活中常见的、能很快引起幼儿注意的、带有美丽图案装饰的物品作为欣赏的内容。

⑤ 内容选择的灵活性

美术活动的内容选择应突出其活动的操作性和创造性的特点。在美术活动中，每个幼儿具体图式的表达不应由教师来规定，而应由幼儿自己来创造；因此，在内容的选择上，教师要根据不同地区、不同场合、不同年龄的幼儿，灵活地选择内容。

（2）PCK 分析的策略

PCK 作为教师最有用的指导教育教学活动的知识，不但为教师的专业成长提供了基础，更为其专业发展提供了有效路径。PCK 包含了“学科领域知识”、“学习者知识”和“教学法知识”，这些知识是专家教师必备的。第一，学科领域知识。在全面发展的教育目标下，艺术领域美术教育在幼儿园课程中有着非常重要的地位，也有着其自身的特点和规律。第二，学习者知识，即关于 3—6 岁儿童美术认知发展规律及其特征的知识。第三，教学法知识，即在儿童学习过程中，应该采用哪些教学方法与策略来促进儿童的美术认知和表达表现的发展。现以装饰画《背果子》为例，对其内容进行 PCK 分析。学科领域知识：手指点画作为幼儿绘画的一种表现形式，有游戏性强、操作方便、艺术表现直观简洁、色彩鲜艳等特征。而以手代笔，蘸取颜料在纸材上印压、涂抹等动作，直接拓展了小班幼儿的认知和触觉体验。手指尖蘸色后在纸上点触，画出的是圆点形图样，适合表现果实等事物的形象。幼儿特点与经验：3—4 岁幼儿由于生理体征发育还没有完成，手的动作还比较笨拙，通过手指点画可以适当进行手部锻炼。同时幼儿进入命名涂鸦期，能将自己的生活经验、果实的形状与自己的涂鸦动作、点画果子联系在一起，再加上小刺猬的形象，让活动充满情趣，更符合小班幼儿的特点。教师的教学方法与策略：为了达到目标，教师可引导幼儿从观察实物出发，感知果实的外形特征。活动中可出示作品，运用探究讨论法，激发幼儿创作的欲望。同时让幼儿猜测用手指蘸取颜料点画的表现方法，并辅以简单易记忆的儿歌，引导幼儿通过徒手练习、自由点画等多种方式反复进行创作，进一步体验手指蘸颜料让小刺猬背上"果子"——点画的乐趣。以上从 PCK 视角解析了此活动的"核心经验"。PCK 分析可为教师组织好每一个美术教学活动提供很好的理论支撑。

（3）活动组织流程化策略

① 美术欣赏活动

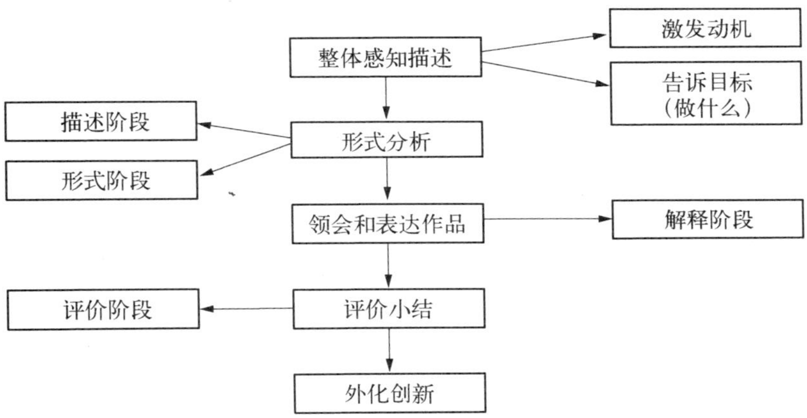

美术欣赏是对美术作品的一种和谐的、令人愉快的、无拘束的探索。幼儿园美术欣赏活动组织的基本环节包括整体感知描述、形式分析、领会和表达作品、评价小结、外化创新。以大班美术欣赏活动《京剧脸谱》为例，第一步为欣赏京剧视频，初步感受京剧脸谱，此设计让幼儿整体感知欣赏对象京剧脸谱，激发幼儿兴趣。第二步为欣赏色彩，了解色彩与人物之间的关系，目的是让幼儿欣赏对象的外在色彩，从而和人物的个性之间建立关联。第三步为欣赏脸谱图案，了解脸谱图案花纹，目的是让幼儿通过欣赏京剧脸谱的图案和花纹，了解其特点为对称和夸张，从其特定的夸张手法和图案来与人物建立联系，如有月牙印的脸谱是包公等。第四步是听音乐《京剧联唱》，相互彩绘，让幼儿在评价小结的基础上进行体验，尝试创新。

② 美术绘画活动

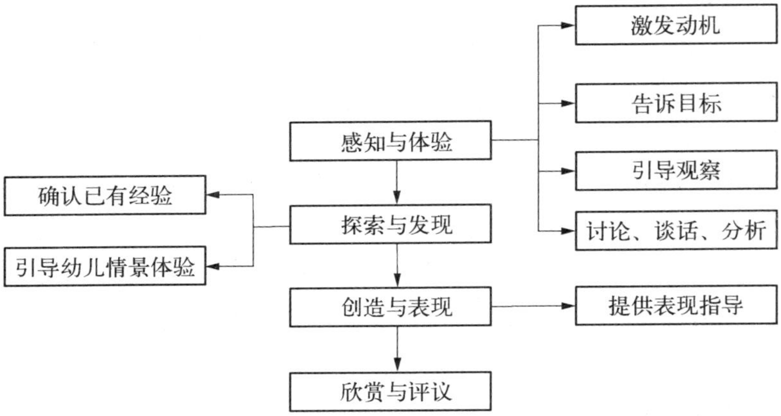

在绘画活动设计环节包括感知与体验、探索与发现、创造与表现、欣赏与评议。以小班绘画活动《画饼干》的活动设计为例，第一个环节为看、尝圆形饼干，感知其典型外形特征，目的是让幼儿通过看、说、摸、尝等方式感知与体验绘画对象。第二个环节为观赏课件《圆圆的饼干》，学习作画方法。教师向幼儿提问："图片上有什么？是什么样的？这些圆圆的饼干要怎样画？"让幼儿了解画圆形的方法。第三个环节为自取操作材料，尝试创作，这是让幼儿进行自主创作。第四个环节为分享与交流，将作品作为礼物赠送给他人，这是让幼儿对自己和同伴的作品进行欣赏和评价的过程。

③ 美术手工活动

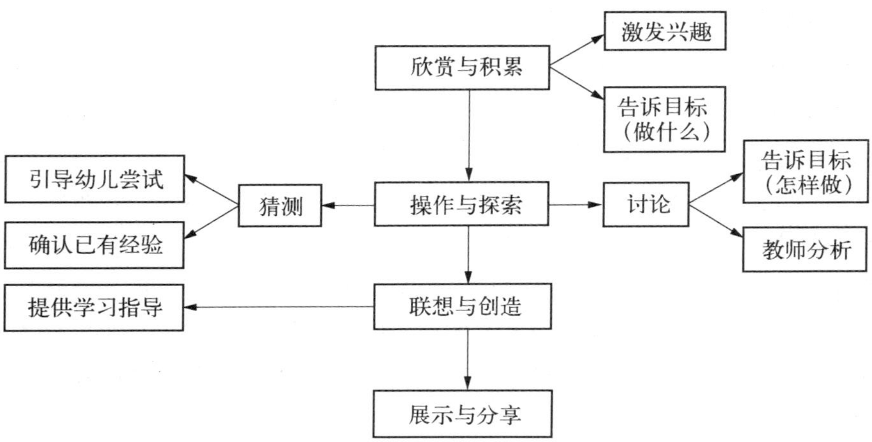

美术技能教学是学前美术手工部分不可缺少的重要内容。手工活动教学过程包括欣赏与积累、操作与探索、联想与创造、展示与分享等环节。以中班手工活动《绿色的头环》的活动设计为例，第一步教师头戴绿色头环随音乐走秀，让幼儿感知欣赏、激发兴趣，从中知道制作目标(要做什么)。第二步教师提问："请看一看这个头环是怎样做出来的？先做什么？再做什么？这些叶片是怎样粘贴的？"让幼儿进行猜测、尝试，教师从中确认幼儿已有经验。第三步师幼讨论并探索制作方法，此环节教师进行分析并提炼制作方法，告诉幼儿目标(怎样做)。第四步为幼儿创造环节，教师交代要求，幼儿按顺序有规律地制作，粘贴时要注意树叶深浅的相对间隔，注意正确使用剪刀，注意粘贴牢固等，教师重点为幼儿提供技能学习的指导。

2. 指导策略

(1) 幼儿园美术欣赏活动的指导策略

① 幼儿园美术欣赏活动可采取的"三种形式"

第一，先欣赏后创作。这是欣赏与创作活动的一般方式。教师先根据教学需要选择合适的欣赏作品，引导幼儿对作品的色彩、造型等形式美进行欣赏，了解作品的创作背景和创作方式，再尝试根据作品所提供的样式进行摹画或创作。例如，在大班欣赏活动《京剧脸谱》中，教师运用视频、图片等媒介引导幼儿欣赏、了解常见的京剧脸谱的色彩象征意义和特殊寓意，感受图案的夸张；有了一定的欣赏经验后，教师又引导幼儿两两结伴，自行商量分工，听音作画。

第二，先创作后欣赏。在幼儿有了一定的美术经验的基础上，可以让幼儿进行命题美术创作活动，先让他们表达自己的想法和创作思路，再提供可欣赏的相关作品进行比较，寻找出更丰富的创作方式和素材。这种方法既尊重了幼儿自我表现的需要，同时也可以拓宽幼儿的创作思路，让他们在过程中学习思考，提升审美能力。例如，在大班欣赏活动《奔马图》中，教师可在第一个环节中播放音乐，师幼随音乐用动作表现和创作马奔跑时的状态，然后再进行作品欣赏。

第三，边欣赏边创作。边欣赏边创作通常运用在一个画家的多幅作品或一个系列作品的欣赏与创作活动中。这种类型的活动由几个子活动组成，历时较长，每个活动都是前一个活动的经验延伸和扩展。例如，在大班欣赏活动《大碗岛的星期天》中，教师边引导幼儿欣赏、感受作品中悠闲、恬静的氛围，边让幼儿自由分组合作表演，用语言、动作表现自己的想法与感受；幼儿进行重点欣赏后，再次进行创作。

② 幼儿园美术欣赏活动组织要关注的“三个阶段”

第一，审美注意形成阶段。在幼儿阶段，受其心理发展水平的限制，幼儿还不能完全自发地把注意力集中在对象的形式和结构上面，他们只会注意欣赏对象的内容，而忽略其形式。所以，在这一阶段，可以顺应幼儿发展的特点让他们尽可能地进行直接的描述，而不涉及作品的含义及其价值的认定。这个阶段在小班的欣赏活动中更为突出。例如，在小班欣赏活动《秋天的菊花》中，教师都是较为直接地进行提问：“你最喜欢哪盆菊花？它是什么样子的？是什么颜色的？花瓣像什么？”

第二，感受阶段。美术欣赏感受包括感知、想象、理解等多种因素的交错融合，这一阶段是教师指导的关键阶段。当幼儿进入这一阶段后，其主要的活动就是对作品的形式和内涵意义进行欣赏。因此，形式分析的指导是幼儿美术欣赏教育的关键环节。这个阶段在中班的欣赏活动中更为突出。例如，在中班美术欣赏活动《走在街道上》中，教师提出如下问题：“这幅画用了哪些颜色？什么颜色用得多些？它们在一起对比强烈吗？给你么样的感觉？看了这幅画，你们想到了什么？”

第三，审美判断形成阶段。幼儿的审美判断主要是一种感性的印象的评论。他们往往不对欣赏对象进行综合分析，而是带着强烈的个人感情来判断欣赏对象是美的还是丑的。因此，审美趣味和鉴赏力的提高是美术欣赏的间接效应，也是美术欣赏教育的终极目标。这个阶段在大班的欣赏活动中更为突出。例如，在大班欣赏活动《凡·高的自画像》中，教师提出以下问题：“为什么画中人的表情看上去是不高兴的，却又用了高兴的色彩？你们喜欢这幅画吗？为什么？弯弯的线条给你什么感觉？”

③ 幼儿园美术欣赏活动要呈现三个年龄阶段的特点

教师在开展美术欣赏活动时应考虑孩子的年龄特点。小班欣赏活动，教师的提问要更加直观、形象，引导幼儿观察作品，重在作品与生活的关联度。中、大班欣赏活动，教师在提问时要更具针对性、引导性和开放性，重在作品的背景知识，让幼儿进一步感受和理解作品的形象和主题意义，知道美术作品如何反映现实生活和人的思想感情。

(2) 幼儿园美术绘画活动的指导策略

① 幼儿园美术绘画活动过程要把好“四大环节”

第一，感知与体验。幼儿由于受到年龄的限制，生活经验缺乏，积累的形象极其有限，这制约着他们的想象力。所以，在绘画活动开始时应尽可能让幼儿通过欣赏多运用各种感官，通过评议了解周围的一切，获得细致、深刻的生活感受，在脑中留下对大自然和社会生活的印象，绘画时才能有感而发。例如，在小班绘画活动《圆圆的饼干》中，教师为幼儿提供饼干实物，引导幼儿看一看、摸一摸、尝一尝，了解饼干的外形特征。这样有助于让幼儿养成对事物进行有目的的观察的习惯，为绘画创作积累素材，使幼儿有内容可画。

第二，探索与发现。当幼儿对绘画活动的内容有了一定的认识和了解，并且兴趣高涨的时候，教师可帮助幼儿巩固认识，帮助幼儿将经验进行归纳、提升，使幼儿在活动过程中更加自如。同时，教师的引导提问要涉及情绪感受、绘画重点、作品构图等几个方面。例如，在大班绘画活动《小蝌蚪找妈妈》(情节画)中，教师设计了四个提问，帮助幼儿思考、整理。

“小蝌蚪刚生下来是什么样子?”(唤起幼儿对小蝌蚪的记忆，调动已有经验)

“小蝌蚪把哪些动物当成自己的妈妈了?”(回顾梳理故事中的情节)

“小蝌蚪去找妈妈，分别碰到了谁?”(帮助幼儿加深对故事中多种动物的印象，为之后的作画积累经验、打下基础)

“它找到妈妈了吗?”(引导孩子体验找到妈妈的快乐心情)

第三，创造与表现。在绘画活动中，幼儿是活动的主体，教师扮演的是活动的引导者、指导者，幼儿创作环节是整个活动的重要环节。因此，在这个环节中，教师要做有心人，善于捕捉幼儿的每一个闪光点。同时，在指导的过程中，教师也应该给幼儿自主学习、交流的机会。

第四，欣赏与评议。观察教师评价环节的组织，以下现象较为常见：以“像不像”为标准来衡量绘画作品的好坏；强调知识、技能的掌握，如线条是否流畅，构图是否大胆，涂色是否均匀……这些方面固然重要，但评价太注重作品本身，并且基本上都是教师说了算，约束了幼儿的发展。教师应重视幼儿自身对作品的评价和幼儿之间的互评，使评价从“学术性”转变为“情感性”。

② 幼儿园美术绘画活动的示范内容可选用“四种形式”

在绘画活动中，教师可根据需要，灵活把握和选择示范内容的形式，主要有以下四种。第一种是提供半成品。例如，在小班绘画活动《蒲公英藏哪了》中，教师提供了只用白色油画棒画好的“蒲公英”作品，然后再引导幼儿采用油水分离的绘画形式。第二种是提供他人作品。例如，在大班绘画活动《海底世界》中，教师先出示一幅成人作品，引导幼儿猜测内容再进行创作表现。第三种是提供生活中的实物。例如，在中班绘画活动《萝卜》中，教师在第一个环节为幼儿提供萝卜实物，让幼儿看一看、摸一摸，交流萝卜的大小、形状、颜色、种类等，为幼儿后面的创作奠定了基础。第四种是提供操作示范。例如，在中班绘画活动《小蝌蚪》中，教师用毛笔、墨汁、宣纸等向幼儿示范如何用水墨画表现小蝌蚪的形象。《纲要》中建议不提供范画，但示范不等于范画，教师应正确看待。

③ 幼儿园美术绘画活动评价要体现“三要”

第一，评价活动要全员参与。有的教师认为幼儿绘画活动的评价就是教师评价。这样会压抑幼儿的兴趣与积极性，造成对绘画的倦怠情绪。幼儿作品评价要有幼儿自评、同伴互评、教师点评三种评价形式。

幼儿自评：教师可请幼儿自由地说说自己的作品，如可提问：“你画的什么?”鼓励孩子们欣赏、交流，并让幼儿向大家介绍自己的想法，如可提问：“你是怎样想的，怎样画的?”同时，教师还可引导幼儿对自己的作品进行评价，如可提问：“你觉得你的画怎么样？好在哪里?”

同伴互评：在幼儿相互交流的时候，大家会不由自主地表达出自己对同伴作品的看法，教师应引导幼儿学会赏识他人的作品，并给予正确、客观的评价，这样可以促进幼儿审美能力的提高，帮助幼儿之间加深交流。如可提问：“你喜欢这幅作品吗？为什么?”然后请出作画者，问问他是否同意同伴的看法。通过这样的形式，引导孩子与孩子之间碰撞出思想的火花。需要注意的地方：幼儿的评价有时十分直接、尖锐，这时教师不仅要引导幼儿要有良好的心态，接受同伴提出的建议，也要引导幼儿学习怎样正确评价、合理表述；其次，幼儿的评价有时不一定是全面、正确的，只是个人的观点和立场，教师应适时予以引导。

教师点评：教师应赞赏幼儿的每一个新奇创意，帮助他们树立自信心，增强幼儿的绘画热情。教师在对幼儿作品进行评价时，说明“画什么”比“画得怎样”更重要。对幼儿的作品，教师都应积极引导，及时肯定他们的想象，从而激发其无穷的创造力。教师可以从杨景芝(《中国当代儿童绘画解析与教程》，科学普及出版社 1996 年版)提出的以下五个方面对儿童美术作品进行评价：

- 作品是否符合幼儿的年龄特点。幼儿的作品应与其年龄阶段的心理发展和绘画能力相符合。

- 作品是否具有童真稚趣。作品的内容和形式应能表现出幼儿的感受和天性。儿童独特的思维方式，他们取材的角度和表现方式是不同于成人的，因此，儿童的美术作品应具有天真、童稚、充满内心情感的特点。

● 作品是否具有独特性。凡最能反映儿童个性的作品，往往是最有创造力的。那种因为过多临摹成人作品，致使造型陷于程式化的作品是不可取的。

● 看作品的艺术水平。画面构成是否饱满，用线、用色大胆，具有美感，充满信心。

● 使用材料和表现技法是否有独到之处。儿童敢于探索，不怕失败，能认真创作作品，而不是模仿成人或抄袭，因而时有创新。教师要善于发现，多加鼓励。

第二，评价活动要突出情感性。在绘画过程中的评价上，不仅应该注重美术学科的知识和能力，还要关注幼儿在学习过程中的参与意识、合作精神、审美情趣、态度习惯、兴趣爱好、构思创意、探索表现等全面的能力。高涨的学习热情、良好的学习习惯、积极的学习情感是幼儿健康发展的根基。

第三，评价活动要抓住重难点。在活动中教师要通过提问使评价更加深入，让幼儿有话说、乐意说，如可提问："这件作品什么地方很特别?""你为什么用这种颜色作背景色呢?""这个作品材料用得怎样?""你是怎样与同伴合作的?"通过提问引导幼儿，使评讲内容落到实处，而不是只有一句"我喜欢某某的作品，因为他画的颜色很漂亮，很好看"。幼儿对评价作品毫无目的时，教师应当围绕活动的重难点提问，逐步引导幼儿，这样评价环节才不会是走过场。

④ 幼儿园美术绘画活动组织要呈现"三个年龄特点"

教师在组织开展绘画活动时，应呈现出三个年龄阶段的指导特点。小班年龄阶段重点是在兴趣上引导幼儿，使幼儿愿意参加绘画活动，养成大胆作画的习惯；中班年龄阶段，教师可重点引导幼儿学习多种绘画方法，如漏印版画、漫画、水墨画、水粉画等；大班年龄阶段教师应引导幼儿利用多种绘画工具和材料，运用不同技法表现自己的思想和感受。

(3) 幼儿园美术手工活动的指导策略

幼儿手工活动是丰富多彩的，根据使用材料以及活动方式的不同，大致可以分为泥工、粘贴、纸工、制作四种形式。其中泥工主要包括泥拓印、泥塑、泥贴画和彩塑等；粘贴主要包括自然物粘贴、废旧物粘贴等；纸工主要包括折纸、剪纸等；制作主要包括硬纸制作、自然物制作、废旧物制作等。

① 泥工活动的指导策略要把握三大要点

一是养成幼儿良好的泥工活动习惯。开始泥工活动时，教师应要求幼儿在泥工板(硬纸板或塑料板)上进行操作，并注意不能将操作对象放入嘴里或塞进鼻子、耳朵里，活动结束后，要求幼儿用肥皂认真清洗双手，养成良好的泥工活动习惯。

二是引导幼儿从基本技能出发，塑造物体形象。团、搓、压、捏是幼儿泥工的基础，教师要引导幼儿在熟练掌握这些技能的基础上，结合自己的美术知识和生活经验，探索塑造出更多的物体形象。随着幼儿手腕动作的逐步灵活，手眼之间的逐步协调，观察物体的逐步精确，以及想象力的逐步发展，教师应指导幼儿用泥塑出或贴出他们喜欢的、较为复杂的物体和有情节的画面，并能用生动的语言描述自己创作的内容。

三是引导幼儿学习使用辅助材料。收集豆子、树叶、羽毛、纸片等材料，让幼儿探索使用这些辅助材料的方法，如用豆类装饰动物的眼睛，用羽毛或树叶装饰动物的尾巴等。

② 粘贴活动的指导策略要关注三个层面

一是粘贴内容的选择。根据幼儿年龄特点和发展水平的不同，粘贴内容和材料也应有相应变化。小班幼儿可提供芝麻、纸等材料，粘贴的形状可以是老师画好的；随着幼儿年龄的增长，可逐步提升难度，提供豆子、绳子、树叶等材料，并让幼儿自己设计粘贴造型。

二是粘贴技能和规则的传授。开始粘贴活动时，应让幼儿认识和了解工具和材料的名称，各自的使用方法和规则，如不同的胶带、胶水怎样使用，涂抹胶水时的方法，纸屑、垃圾应放在哪里，等等。

三是粘贴构图的指导。幼儿在粘贴前，教师要引导幼儿将图形或材料摆放在背景的适当位置上，先确定大的、主要的形象，将粘贴的主要部分摆放在中间、突出、显要的位置，再根据画面的需要安排次要的形象位置。

③ 纸工活动的指导策略要区分四大类型

纸工活动是指幼儿经过思考，对纸进行折、剪、撕等操作，制作出各种不同的形象、物品或玩具的制作活动。

● 折纸活动

首先是技能的指导。教师应根据折纸技巧的难易程度，从易到难开展折纸教学。同时，折纸的技能和规律要通过反复练习才能掌握，教师要引导幼儿探索出每种折纸的技巧和规律。

其次是想象力的培养。折纸的重要性还在于它需要幼儿概括和抽象地表现事物，这就为开发幼儿的想象力和创造力提供了很大的空间。在出示折纸作品时，教师先不要急于告诉幼儿是什么，而要让幼儿看看像什么。没有教师先入为主的答案限定，幼儿可以有丰富的想象。在折纸过程中，教师可以引导幼儿举一反三，在作品造型的基础上，再加以自由创造，变化出新的作品。

最后是作品的展示和应用。折纸作品不仅可以用来展示，还可以与游戏、环境创设或与其他活动相结合。如小班下学期进行折小狗头的活动后，教师可将作品与粘贴活动结合，提供小狗之家的背景图，引导幼儿进行粘贴。

● 剪纸活动

首先，创设情景，激发幼儿对剪纸的兴趣。将剪纸作品渗透到环境布置中，并创设“剪纸艺术展”、“剪纸活动角”、“窗花小屋”等，为幼儿提供创作空间。

其次，剪纸学习游戏化。教师应选择游戏性较强的活动内容，引导幼儿投入活动。如在“过新年”活动中，教师可引导幼儿剪窗花，鼓励幼儿装扮教室。

最后，循序渐进地引导。不论是剪刀使用方法的教授，还是剪纸的教学，都要从易到难，让幼儿逐步产生成功感。如剪纸初期，可让幼儿随意剪，剪成碎片即可；随后，可引导幼儿剪完整图形；最后，可让幼儿进行命题剪、自由剪。

● 撕纸、撕贴活动

撕纸活动操作性强，深受幼儿喜爱。撕纸的主要技巧是双手的大拇指和食指紧紧靠在一起，一前一后、一点一点地往下撕。撕贴活动包括撕纸和粘贴两个部分，如果背景不够丰富，还可以用笔添画一些合适的背景内容。

④ 制作活动的指导策略要把握三个方向

一是鼓励幼儿大胆动手尝试。幼儿起初不知道能制作出什么，不知道该从哪里下手，教师要鼓励幼儿大胆动手尝试。

二是准备充足的制作材料。充足的材料将使幼儿在做错时有重做的机会，也让较快完成的幼儿有再次尝试的机会。同时，材料应难易兼备，让幼儿能根据自己的能力水平进行选择。

三是融入游戏情节。在制作中或制作后，教师可创造一些情节让幼儿去探索，在不知不觉中达成教育目标。其次，还可以将作品运用到游戏中，如制作的小汽车可以用于超市游戏等。

总之，不管什么类型的手工活动，教学组织都要呈现和遵循三个年龄阶段幼儿的特点。如小班年龄阶段要重点引导幼儿体验手工活动的快乐，对手工活动感兴趣，愿意尝试各种手工工具和材料，并培养幼儿良好的手工活动习惯；中班年龄阶段要重点引导幼儿正确使用多种手工工具和材料，喜爱各种手工活动；大班年龄阶段要重点引导幼儿较为熟练地使用和选择手工工具和材料，表现自己的意愿。

第二章

小班篇(3—4岁)

一、小班美术教学的目标建构

(一) 目标体系建构意义

小班美术教学目标体系的建构是对小班幼儿美术学习所要达成的预期结果的定位和要求。科学建构小班美术教学目标体系，可以让教师清晰地看到小班年龄阶段在欣赏、绘画、手工三方面的具体目标内容，更好地帮助教师科学有效地组织小班幼儿的美术教学活动。

(二) 目标体系建构依据

小班美术教学目标体系是服从于小班年龄阶段(3—4岁)幼儿的身心发展规律及美术认知发展特点的，因此，教师在建构小班美术教学目标体系时，应以以下三点为依据。

1. 依据小班幼儿美术方面的发展特点

小班幼儿的美术欣赏处于直接感知美术形象期，对作品内容的感知先于形式的感知；小班幼儿的绘画处在涂鸦期，重在感受涂鸦过程中的快乐；小班幼儿的手工处于随意期，对材料更多的是无目的的玩耍。这些发展规律为目标的建构提供了科学依据。目标建构应既立足于3—4岁幼儿美术方面的发展水平，又考虑其最近发展区，满足其发展需要，让其能“跳一跳摘桃子”，充分表现自我，实现螺旋式的发展。

2. 依据美术学科本身的特点

幼儿美术是幼儿从事的视觉艺术活动，它有其独特的艺术语言，如线条、造型、色彩等，教师要让幼儿通过对美术符号系统的学习，掌握一些基本的美术技巧，来表达自己的审美感受、审美想象和审美创造。

3. 依据相关法规要求

《纲要》《指南》中提出的“关于美术领域的目标与 3—4 岁年龄段的典型表现”，是目标建构的直接依据。

（三）目标体系建构说明

小班美术教学的目标建构分为三个层次：一是总目标，二是各类型的分类目标，三是基于各类型的小班上、下学期目标，构成方式类似一个金字塔。总目标位于塔顶，下层目标则是对上层目标的分解和具体化。其中，总目标 4 条，分类目标 9 条，学期目标中上学期 10 条，下学期 9 条，为教师进一步理解美术教育目标，科学开展小班美术教育活动提供参考。

总目标	分类目标	学期目标	
		上学期	下学期
1. 喜欢观看自然界中花草树木、日月星空等美的事物。	**1. 欣赏活动：** (1) 喜欢观看自然界中花草树木、日月星空及绘画、泥塑或其他艺术作品，并产生愉快的情绪。 (2) 观看美的事物和作品时，能较为专注地持续一段时间（大致为 5—7 分钟）。 (3) 能对美的事物进行简单的即时模仿，加深美的体验。	**1. 欣赏活动：** (1) 在成人的引导下，愿意参加美术欣赏活动，喜欢观看自然界的花草树木、日月星空等美的事物，并产生愉悦的情绪。 (2) 欣赏具有鲜明色彩的作品和自然风光时，表现出兴趣，并保持一定的时间。 (3) 用简单的肢体动作或者声音模拟看到的美的事物。	**1. 欣赏活动：** (1) 喜欢观看自然界中美的事物，以及与自己生活经验相关的艺术形式作品，并产生愉悦的情绪。 (2) 欣赏自然风光和作品时，用简单的语言对其特征进行表述，如颜色、形状等。 (3) 在教师的引导下，运用美工工具，对美的事物进行简单的即时模仿。
2. 乐于观看绘画、泥塑或其他艺术形式的作品。	**2. 绘画活动：** (1) 愿意经常涂涂画画，并从中体验到乐趣。 (2) 初步学习将简单的线条、色彩、形态、构图等绘画语言要素运用到作品当中。	**2. 绘画活动：** (1) 愿意运用常见的美术工具和材料进行涂涂画画，并选择自己喜欢的颜色进行大面积涂色。 (2) 用长线、短线画出事物的基本轮廓，尝试用曲线画出封闭的圆圈。	**2. 绘画活动：** (1) 愿意参加绘画活动，自主选择自己喜欢的颜色大胆作画、涂色。 (2) 用单线条表现日常生活中熟悉的、简单的人或事物轮廓特征，并尝试将主要形象大胆安排在中心位置。

（续表）

总 目 标	分 类 目 标	学 期 目 标	
		上 学 期	下 学 期
3. 愿意经常涂涂画画、粘粘贴贴，并从中体验到乐趣。	（3）正确使用常见的美工绘画材料，并养成良好的作画习惯。	（3）初步了解基本的日常绘画工具、材料，并大体掌握其使用方法，如油画棒、水彩笔等。 （4）知道正确的握笔姿势，不使用工具时，能及时盖好或收到盒内。	（3）正确使用常见的绘画工具，如油画棒、水彩笔、水粉笔等，并养成良好的绘画习惯。
4. 能用简单的线条和色彩大体画出自己想画的人或事物。	**3. 手工活动：** （1）愿意动手体验玩泥，尝试用搓、团、压、粘贴等方法塑造简单的平面物及立体物。 （2）学习用撕、贴、折、印、剪等方法塑造简单的平面和立体形象。 （3）养成卫生、安全、整洁的手工活动习惯。	**3. 手工活动：** （1）在轻松的氛围中，愿意用美工工具进行粘粘贴贴，并体验手工活动的乐趣。 （2）初步了解并大致掌握2—3种常见的美工工具、材料，如扭扭棒、胶棒、橡皮泥等。 （3）在成人的提醒下，养成干净、整洁、有序等良好的手工活动习惯。	**3. 手工活动：** （1）愿意参与到手工活动中来，并体验手工活动的乐趣。 （2）大体掌握泥工、纸工、废旧材料操作中的1—4种技能，如泥工中的团圆、搓长压扁，纸工中的对边折、目测撕，废旧材料操作中的粘贴。 （3）参与手工活动时，较为主动地保持环境干净、整洁、有序。

二、小班美术欣赏活动的内容与相关资源

学 期	名　　称	配 套 资 源
上学期	哥哥姐姐的画真美 （儿童美术作品欣赏）	用哥哥姐姐的画布置的绘画展；油画棒。
	秋天的菊花 （自然景物欣赏）	课件《秋天的菊花》；菊花盆栽；棉签，水粉颜料（红、黄、紫），大幅秋天公园背景图。

(续表)

学 期	名　　称	配 套 资 源
下学期	美丽的糖纸 (工艺美术作品欣赏)	课件《美丽的糖纸》;糖纸;纸球、橡胶泥、小棒。
	红色的世界 (绘画作品欣赏)	课件《红色的世界》,音乐《欢乐的啦啦歌》(自备);红色水粉颜料。
	扇子的聚会 (工艺美术作品欣赏)	课件《扇子的聚会》;欢快的音乐(自备);扇子;扇形白纸、印章、水粉笔、水粉颜料(红、黄、蓝、绿)。

小班美术欣赏活动案例

哥哥姐姐的画真美(儿童美术作品欣赏)

PCK 分析

小班幼儿最"崇拜"哥哥姐姐,在美术方面也是如此。大班幼儿的绘画作品,在色彩、造型和构图方面均能成为他们欣赏的对象,如丰富的色彩、新奇的构思、生动的画面等。欣赏哥哥姐姐的作品,能使幼儿在情感上感到亲切,由于表现手法相近,更容易满足和激起幼儿欣赏美和创造美的欲望。

3—4 岁幼儿正处于直接感知美术形象期,对作品内容的感知先于形式的感知。因此,"引导幼儿欣赏哥哥姐姐的画,鼓励他们以自己的方式表达自己看到的、喜欢的画面,从而引发幼儿创作的愿望"是本次活动的重点。

活动中,教师可创设宽松的环境,通过提问的方式逐步引导幼儿表达出自己看到的、喜欢的画面。教师不应追求答案的唯一,而应以包容的心态,鼓励幼儿用多种形式表达自己的喜好。同时,注意为幼儿表现美提供机会,以满足他们的创作需求。

活动目标

1. 喜欢欣赏哥哥姐姐的画,有学习哥哥姐姐作画的愿望。
2. 在喜欢的作品前,能保持一定的注意力,能自主地用油画棒在画纸上涂画。
3. 在教师的引导下,尝试用语言描述画面内容和色彩,有初步的审美意识。

活动准备

1. 活动前,从大班甄选出不同主题、不同作画形式的绘画作品布展。

2. 油画棒、白纸。

活动过程

1. 悬念导入，引起幼儿欣赏绘画展的兴趣。

提问：今天哥哥姐姐要送小朋友一份礼物，可漂亮了，我们一起去看看吧。

2. 参观画展，欣赏哥哥姐姐的画，并尝试用语言描述。

(1) 教师交代欣赏的要求：说一说你看到了什么？你最喜欢哪幅画？看的时候，不要用手摸画，要爱护哥哥姐姐的画。

(2) 幼儿自由看一看、说一说，教师巡回观察、倾听。

教师视情况提问：哥哥姐姐画了什么？你最喜欢哪一幅？你在画中看到了什么？

(3) 师幼共同交流、讨论，重点观察画面的内容和色彩。

提问：你最喜欢哥哥姐姐的哪幅画？上面画了什么？有哪些颜色？

教师根据幼儿的回答梳理和小结。

3. 向哥哥姐姐学习，尝试用油画棒在画纸上自主涂画。

(1) 提问：你们想不想像哥哥姐姐一样画出这么美丽的画呢？老师为你们准备了油画棒和画纸，去试试吧！

(2) 幼儿自主涂画，教师指导幼儿正确握笔。

(3) 将幼儿作品粘贴在活动室内共同欣赏，进一步激发幼儿画画的兴趣。

活动建议

1. 活动前，教师应注意甄选大班幼儿的绘画作品，以确保欣赏的目的性和有效性。

2. 活动后，可在美工区创设涂鸦墙，为幼儿的涂涂画画提供条件；也可建议家长为幼儿准备家用小黑板，满足他们的涂画需求。

秋天的菊花(自然景物欣赏)

PCK 分析

自然景物是美的源泉，引导幼儿欣赏大自然之美是美术欣赏的主要内容之一。而秋天是菊花绽放最灿烂的季节，菊花有鲜明靓丽的色彩、姿态不一的花瓣，在充分欣赏菊花的自然美时，鼓励幼儿大胆地用语言和动作表达，有助于他们将审美情感带入到欣赏表现中。

《指南》在艺术领域3—4岁幼儿的典型表现中指出，此年龄段幼儿“喜欢观看花草树木、日月星空等大自然中美的事物”。此活动安排在秋天，幼儿能实地欣赏自然环境中菊花的颜色、形态，感受菊花的美，进而引发对身边花草树木的关注。

活动中，教师可运用对话法，按描述、形式分析、解释、评价四个阶段引导幼儿欣赏，其中重点是引导幼儿欣赏菊花的不同颜色和形态，用语言和动作进行表达和表现，同时，激发幼儿创作的欲望，鼓励他们用棉签画的方式大胆表现对菊花的感知体验。

活动目标

1. 乐于欣赏生活中的菊花，感受菊花的美丽。

2. 重点欣赏菊花的颜色和形态美，大胆地用语言和动作进行表达和表现。

3. 在充分欣赏的基础上，尝试用棉签画的方式创作美丽的菊花。

活动准备

1. 幼儿对菊花有一定认识，并初步观察过。

2. 课件《秋天的菊花》；不同种类的菊花盆栽；棉签，水粉颜料（红、黄、紫），大幅秋天公园背景图。

活动过程

1. 参观菊花展，初步欣赏菊花。

(1) 教师提出参观要求：秋天到了，我们一起去参观菊花展。请看看菊花是什么样子的？在参观的时候，要记得保护好菊花哦！

(2) 幼儿自由结伴观赏，教师视情况个别交流。

(3) 集体交流：你最喜欢那盆菊花？它是什么样子的？

教师根据幼儿的回答梳理、小结。

2. 观看课件《秋天的菊花》，重点从颜色、形态两方面欣赏。

(1) 提问：这里面有你喜欢的菊花吗？它又是什么样子的？视情况追问：是什么颜色的？花瓣像什么？

教师逐一点开大图，幼儿自由表达，鼓励幼儿用语言或动作表达、表现。

(2) 教师根据幼儿的回答梳理、小结：菊花有黄的、红的、白的，很多种颜色。花瓣有的是细细长长的，像卷的头发；有的是一片片的，中间有黄色的花蕊，像太阳……

3. 教师出示大幅秋天公园背景图，引导幼儿用棉签画的方式创作美丽的菊花。

(1) 激发幼儿创作的欲望。

提问：我们一起让这个公园开满菊花吧！你想用棉签蘸上什么颜色？怎么画呢？

(2) 幼儿共同作画，教师巡回观察、指导。

(3) 引导幼儿欣赏作品，体验创作的快乐。

活动建议

1. 本次活动是以欣赏为主、创作为辅，所以最后环节教师不必再过于强调作品，只要幼儿愿意、敢于创作即可。

2. 活动后，班级的自然角可增设菊花盆栽，供幼儿在一日生活中随时观察。

3. 活动前，请家长带幼儿去公园、植物园欣赏不同种类的菊花，并简单介绍，以丰富幼儿的相关经验。

附：课件《秋天的菊花》二维码

美丽的糖纸（工艺美术作品欣赏）

PCK 分析

糖是幼儿最喜欢的食物之一，漂亮的糖纸下包裹着的糖果对孩子而言是不可抗拒的诱惑。“以糖纸作为欣赏、感知主体，让幼儿在分享交流中感知糖纸的花纹美及色彩美，并在糖纸的再利用中，感知创作的神奇”，是本次活动的核心目标。

3—4 岁幼儿有意注意发展还不够稳定，他们往往被外在事物本身的特征所吸引。糖纸图案丰富、色彩绚丽，在视觉上能够带给幼儿美的感受，从而激发幼儿的欣赏兴趣。

活动中，教师以分享交流的形式，鼓励幼儿相互交流、欣赏自己喜欢的糖纸，整体感知糖纸的美；以观察体验的方法，拓展幼儿认知，引导幼儿动手操作，将糖纸再利用，美化环境，体验创作的乐趣。

活动目标

1. 对糖纸感兴趣，喜欢用糖纸装扮环境。

2. 欣赏多种多样的糖纸，感知其花纹、色彩的多样性。

3. 愿意用语言表达自己的观察发现，尝试将糖纸再利用。

活动准备

1. 共同收集自己喜欢的糖纸，并带至幼儿园。

2. 课件《美丽的糖纸》；纸球、橡胶泥、小棒。

活动过程

1. 相互交流、分享自己喜欢的糖纸，整体感知糖纸的美。

幼儿拿出自己收集的糖纸，相互看一看、说一说。教师巡回观察，鼓励幼儿与同伴交换欣赏。

2. 集中交流，重点感受糖纸的花纹、色彩之美。

(1) 请幼儿在集体中展示、介绍自己喜欢的糖纸。

提问：你的糖纸是什么样的？上面有什么图案？边上的花纹是怎样的？都有些什么颜色？

(2) 请幼儿将糖纸集中展示，举行糖纸展览会。

教师根据幼儿的表达梳理、小结：大家带来的糖纸都很漂亮。有的中心是花纹，有的是小动物，有的是人物，还有的是水果；有的糖纸的两边或四边有花纹，而且都是相同的纹样；棒棒糖的糖纸是圆的，中间有单独的形象，四周是花纹，像一个花盘子。

(3) 提问：你最喜欢什么样的糖纸？为什么？

3. 观看课件《美丽的糖纸》，拓展认知经验。

(1) 提问：除了我们带来的糖纸，还有哪些独特的糖纸呢？我们一起来看看！

(2) 播放教学课件中独特的糖纸，幼儿再次欣赏，并用语言表达自己的观察发现。

4. 尝试将糖纸再利用，美化环境，体验创作的乐趣。

(1) 欣赏课件中的糖纸再利用部分，感受创作的神奇。

提问：看看用糖纸做成了什么？你最喜欢哪一个？

(2) 幼儿自选材料进行糖纸再利用。

可引导幼儿包糖果(内放纸球)，做棒棒糖(与橡皮泥、小棒一起)，做糖纸蝴蝶等。

(3) 将幼儿的作品展示在活动室内，可摆放，可悬挂，供幼儿自主欣赏。

活动建议

1. 活动后，也可将幼儿制作的糖果、棒棒糖投放到商店或娃娃家，供幼儿在角色游戏中使用；在美工区投放糖纸大小的纸张，供幼儿自主画糖纸。

2. 活动前，请家长与幼儿一起收集各式糖纸，并将糖纸洗净、压平，带到幼儿园供幼儿欣赏和操作使用。

附：课件《美丽的糖纸》二维码

红色的世界（绘画作品欣赏）

PCK 分析

红色是纯度较高、鲜艳明快的原色，同时也是最吸引小班幼儿注意力的颜色。“引导幼儿欣赏以红色为主色调的绘画作品，多维度感知红色色彩变化，初步感知红色鲜明、热烈的色彩特点，从而带他们走进红色奇幻魅力世界”，是本次活动的核心目标。

3—4 岁幼儿已经对美有明显的、直接的感知，喜欢描绘熟悉的物体，欣赏形式简单、色彩明快且令人愉快的现实主义美术作品。当幼儿面对一件美术作品时，他们首先感知到的是美术作品的内容，很少能有意识地做到形式审美。在色彩上，能够辨认红色色相，对红色和浅红色等同种色有了一定的辨别能力。

在活动中，可以对话方式引导幼儿多维度感知红色，鼓励他们说出自己的感受，从而能由红色联想到带有红色色彩的事物；在此基础上，借用音乐创设情境，引导幼儿跟随音乐的节奏，运用红色大胆进行涂鸦创作，感知红色的独特魅力。

活动目标

1. 体验红色带给人的热烈情感，愿意大胆地用语言描述，说出自己的想法。
2. 在与作品的对话中产生相应的联想，多维度感知红色的特点。
3. 尝试跟着音乐的节奏，运用红色大胆进行涂鸦创作。

活动准备

课件《红色的世界》;音乐《欢乐的啦啦歌》(自备);大开素描纸,水粉颜料(红色)。

活动过程

1. 欣赏课件,多维度感受红色。

(1) 提问:有喜欢红色的小朋友吗?为什么喜欢红色?看到红色,你会想到什么?(如果有孩子说到课件中的物品,点击数字进行播放)

(2) 欣赏课件中的两幅作品,多维度感受红色。

欣赏马蒂斯《红色的画室》,可提问:你看到了什么?这幅画上什么颜色最多?看了以后,你有什么感觉?(引导幼儿感知红色和橘红色)

欣赏克利《带小旗的面具》,可提问:画上有什么?这些红色都一样吗?(引导幼儿感知深红色到大红色的转变)

2. 听音乐玩红色,创作红色世界。

(1) 教师出示创作材料,提问:在我们的生活中,你还发现什么是红色的?可以怎么画?

(2) 请幼儿尝试,自主绘画。教师视情况提炼:先用手指蘸颜料,在纸上点一点,先来个小点点,再来个大点点,转一转,转出一个大火球,用手指蘸颜料抹一抹,抹出别样光芒。

(3) 播放音乐,幼儿绘画。教师巡回观察,适时给予指导,鼓励幼儿画出不同大小的红色物体。

教师:在你们听到节奏比较快的音乐时可以加快手上的动作,加大幅度,加重力量;在听到节奏比较慢的音乐时可以放慢点速度,用轻一点的力。

3. 展示作品,进一步感受红色的特点。

(1) 幼儿自我介绍并相互欣赏作品。

(2) 提问:你们喜欢红色吗?它给我们什么样的感觉?

活动建议

1. 无论是引导幼儿与作品对话,还是鼓励他们用红色进行创作,都是为了让其感知红色的特点。因此,教师在组织过程中,应时刻围绕这个目标开展。既不能过分强调对作品的欣赏,也不能太关注幼儿的创作。

2. 活动后,可请家长与幼儿共同寻找身边红色的物品和事物,并交流红色带来的感觉。

附：课件《红色的世界》二维码

扇子的聚会(工艺美术作品欣赏)

PCK 分析

工艺美术作品是以美术技巧制成的、与实用性相结合的、具有审美价值的艺术品。引导幼儿欣赏工艺美术作品时，重点让幼儿欣赏造型美、装饰美和形式美，以及作品所洋溢出来的趣味、情调和生活气息。活动中，可将不同图案、不同造型、不同材质的扇子收集在一起，引导幼儿从不同角度(图案、造型、材质)欣赏扇子，感受扇子的美。

幼儿受心理发展水平的限制，有意注意发展还不够稳定，还不能完全自发地将注意力集中在欣赏扇子的图案、造型和材质上，需要通过多样化的欣赏材料，激发其审美注意的自觉性和稳定性。

教师可通过创设扇子聚会的情境，激发幼儿欣赏的兴趣，引导他们初步感知不同扇子的特点；再用启发式提问给予幼儿线索，引导其观察、欣赏扇子的造型美和图案美，并尝试用简短的语言描述扇子；最后，给予幼儿即时模仿的条件，引导他们在装饰扇子的操作体验中，大胆展现美。

活动目标

1. 对欣赏扇子感兴趣，能感受到扇子带给生活的美。

2. 在教师的引导下，从不同角度(图案、造型、材质)欣赏扇子，并能较清楚地表达。

3. 在充分欣赏扇子的基础上，尝试用自己喜欢的方式装饰扇子。

活动准备

1. 活动前，请家长收集不同的扇子带至幼儿园，并丰富幼儿的认识。

2. 课件《扇子的聚会》；自备欢快的音乐；扇形白纸若干、印章、水粉笔、水粉颜料(红、黄、蓝、绿)。

活动过程

1. 参观“扇子的聚会”，初步感知不同的扇子。

(1) 提问：今天扇子都来到我们班聚会了，请小朋友看一看、摸一摸，说说你最喜欢哪把扇子？它是怎样的？

(2) 幼儿自主参观，教师巡回观察，适时引导。

(3) 教师引导幼儿交流、表达，主要从造型、材质方面进行梳理、小结。

2. 欣赏课件《扇子的聚会》，进一步感知扇子的造型与图案的美。

(1) 提问：老师把刚刚大家看到的一些扇子拍成了照片，我们一起来看一看，并说一说你最喜欢的扇子是什么样的？

(2) 引导幼儿较清楚地描述扇子的造型及扇面上的图案，并适时追问。

(3) 根据幼儿的描述梳理、小结。

3. 装饰扇子，选择自己喜欢的方式大胆表现。

(1) 提出操作要求：老师为你们准备了印章和水粉颜料，你们可以印一印，画一画，把扇子装饰得更漂亮。

(2) 幼儿创作，教师巡回指导。

(3) 教师引导幼儿在音乐的伴随下，拿着自己装饰的扇子自由舞蹈。

活动建议

1. 收集的扇子种类不宜太多，重点选择造型或图案有特色的扇子供幼儿欣赏。

2. 活动后，可将扇子投放到表演区，供幼儿自主表演扇子舞或进行扇子游戏。

附：课件《扇子的聚会》二维码

三、小班美术绘画活动的内容与相关资源

学 期	名　　称	配 套 资 源
上学期	送给老师的花裙子 (装饰画)	拓印好的自制连衣裙；时装秀音乐(自备)；连衣裙形的纸张、印章、水粉颜料(红、黄、蓝)。

（续表）

学期	名称	配套资源
上学期	背果子 （装饰画）	作品《背果子》（自备）、画有刺猬的白纸；欢快的音乐（自备）；果实；水粉颜料（黄、橙、红、绿）。
	画饼干 （物体画）	课件《圆圆的饼干》；圆形饼干；绘画纸、油画棒。
	美丽的手指花 （想象画）	小瓶分装好的水粉颜料（红、黄、蓝、紫）。
	蒲公英藏哪了 （物体画）	已用白色油画棒画好的蒲公英；水粉颜料（蓝、绿、紫），排笔、白纸、白色油画棒。
	装饰棉衣 （装饰画）	作品《漂亮的棉衣》（自备）；有一定装饰感的棉衣；棉签、挂“衣服”的绳子；水粉颜料（红、黄、蓝、绿、黑）。
	雪娃娃 （物体画）	两个大小不一的圆；浅蓝色纸、水粉颜料（白、黑、红），棉签。
	爸爸长胡子啦 （装饰画）	画有无胡子男性轮廓的绘画纸；软毛刷、水粉颜料。
下学期	新年烟火 （想象画）	课件《新年烟火》；燃放烟火的背景音乐（自备）；弹珠、装有黑色卡纸的鞋盒；颜料、小勺。
	我的妈妈真漂亮 （装饰画）	妈妈的半身照、画有女性轮廓且光头的绘画纸；油画棒。
	爱旅行的小蜗牛 （情节画）	课件《爱旅行的小蜗牛》；画有树干的大白纸、画有草地的大白纸、贴有一次性纸碟的大白纸；音乐《蜗牛与黄鹂鸟》（自备）；水粉颜料（红、黄、蓝），水粉笔、记号笔、水彩笔。
	可爱的鸡宝宝 （物体画）	课件《可爱的鸡宝宝》；棉签、颜料、水彩笔、油画棒。
	大海里的宝宝 （装饰画）	课件《海底世界》；舒缓的轻音乐（自备）；操作卡《大海里的宝宝》（自备）；油画棒、波浪形海绵棒、蓝色水粉颜料。
	扭来扭去的线线 （想象画）	课件《有趣的线条》；音乐《跟着我来扭扭》（自备）；报纸、扭扭棒、水粉笔、油性笔、签字笔、水彩笔、水粉颜料。
	漂亮的小汽车 （装饰画）	课件《漂亮的小汽车》；汽车玩具；长方形铅画纸、车型底版、长卷画纸，水彩笔、油画棒、水粉颜料，印画工具（刷子、积木、纸团、各种印章）。
	手掌印画 （想象画）	仙人掌；调稀的绿色颜料、记号笔、牛皮纸。

小班美术绘画活动案例

送给老师的花裙子(装饰画)

PCK分析

拓印是一种有趣的玩色游戏,所用的材料多种多样,幼儿容易接受并喜爱。小班幼儿需要达到“经常涂涂画画、粘粘贴贴并乐在其中”的目标,而拓印对小班幼儿来说是一种较好的活动方式。

从绘画发展的年龄特点来看,3岁以后幼儿进入象征期,已经能用手腕和手指画画,但在拓印中幼儿更多关注的是拓印的动作和过程,频繁、随意移动印章或在同一地方重复拓印,忽略画面的清晰与整洁。

活动中,教师可提供三原色颜料(红、黄、蓝)及不同图案的印章工具,促使幼儿在拓印游戏中感知三原色的颜色美、印章的图案美及拓印工具的多样化,激发幼儿的创作兴趣和热情;并通过观察、讨论、操作体验等教学策略,支持幼儿寻找印出清晰、干净、整洁画面的拓印方法。

活动目标

1. 对拓印感兴趣,体验玩色的快乐。

2. 装饰过程中,尽量注意色彩的搭配,并知道不随意移动印章,以保持画面整洁。

3. 尝试用印章进行拓印,主动将自己装饰的裙子送给老师,并对老师说一句好听的话。

活动准备

拓印好的自制连衣裙;时装秀音乐(自备);大白纸、连衣裙形的纸张、印章、水粉颜料(红、黄、蓝)。

活动过程

1. 看一看、说一说连衣裙,欣赏连衣裙中图案的颜色。

(1) 在音乐伴随下,教师和配教表演时装秀,摆出造型后请幼儿观察各自穿的连衣裙。提问:小朋友,老师的裙子漂亮吗?裙子上有些什么?是什么颜色的?

(2) 邀请当天穿裙子的幼儿一起走秀,请其他幼儿找一找、看一看:今天有哪些小朋友也穿了裙子,她们的裙子上又有什么,分别是什么颜色的?

2. 观察拓印好的自制连衣裙,讨论并学习拓印的方法。

(1) 提问：这是小猫准备在教师节时，送给老师的漂亮连衣裙。看看这条裙子上面有些什么？猜一猜这些漂亮的花纹是怎么画出来的？

(2) 幼儿自主表达，教师视情况回应。

(3) 教师出示印章、颜料和作画纸张，梳理、介绍操作的方法，讲解制作要求：这条裙子上的漂亮花纹是用不同的印章，蘸上好看的颜料印出来的。小朋友做的时候要先想一想，你想怎样打扮老师的裙子，用哪种印章？然后拿着自己想用的印章上端，将印章下端放在颜料盘子里蘸上颜料，而后印在裙子上。印下去的时候不要移动印章，按一会儿再拿起印章，这样，裙子上就有了漂亮的花纹。

(4) 请幼儿试着用不同的印章、不同的颜料在大白纸上拓印，观察用不同印章、不同颜色拓印出的图案和色彩，提醒幼儿印画时不要移动。

3. 自取操作材料制作连衣裙，进一步感知拓印的方法。

(1) 提问：你想用什么颜色的印章装饰裙子？

教师梳理、小结：装饰裙子的时候，可以用一种颜色，也可以用两种或三种颜色。

(2) 幼儿自主创作，教师巡回观察，提示幼儿可以选择自己喜欢的色彩进行拓印，拓印时尽量不移动印章。

4. 送作品，说好听的话，表达对老师的感谢。

(1) 教师鼓励幼儿将作品送给喜欢的老师，并说一句好听的话。教师注意致谢，并询问幼儿拓印过程。

(2) 教师将幼儿的作品集中展示，引导幼儿进行简单评价。

提问：你最喜欢谁做的连衣裙？为什么？

活动建议

1. 此活动重在激发幼儿对美术的兴趣，因此活动中的欣赏体验很重要，技能可以介绍，但不要有过多过高的要求。

2. 将活动中的材料投放到美工区，供幼儿继续操作、体验。

3. 活动后，请家长在家里自制蔬果切面印章，并提供多种颜料，陪伴幼儿一起开展拓印游戏。

背果子(装饰画)

PCK 分析

手指点画作为幼儿绘画的一种表现形式，有游戏性强、操作方便、艺术表现直观简洁、色彩鲜艳等特征。而以手代笔，蘸取颜料在纸材上印压、涂抹等动作，直接拓展了小班幼儿的认知和触觉体验。手指尖蘸色后在纸上点触，画出的是圆点形图样，适合表现果实等事物的形象。

3—4 岁幼儿由于生理体征发育还没有完成，手的动作还比较笨拙，通过手指点画可以适当进行手部锻炼。同时幼儿进入命名涂鸦期，能将自己的生活经验、果实的形状与自己的涂鸦动作、点画果子联系在一起，再加上小刺猬的形象，让活动充满情趣，更符合小班幼儿的特点。

为了达到目标，教师可引导幼儿从观察实物出发，感知果实的外形特征。活动中可出示作品，运用探究讨论法，激发幼儿创作的欲望。同时让幼儿猜测用手指蘸取颜料点画的表现方法，并辅以简单易记忆的儿歌，引导幼儿通过徒手练习、自由点画等多种方式反复进行创作，进一步体验手指蘸颜料让小刺猬背上“果子”——点画的乐趣。

活动目标

1. 有兴趣观赏秋天的果实，对因季节更替带来的自然界的变化产生好奇。

2. 初步尝试用黄色、橙色、红色、绿色等装饰画面，感受用手指蘸颜料点画的乐趣。

3. 感受不同色调组合在一起带来的视觉美，养成作画中讲卫生的良好习惯。

活动准备

1. 幼儿已观察过不同颜色的果实。

2. 作品《背果子》(自备)、画有刺猬形象的白纸若干；欢快的音乐(自备)；洗干净的不同颜色的果实若干；水粉颜料(黄、橙、红、绿)若干、擦手布。

活动过程

1. 师幼随欢快的音乐，做手指点点的律动，进入活动室。

2. 观察果实，感知果实的外形特征。

(1) 教师出示水果，提问：这是什么？是什么颜色的？是什么样子的？漂亮吗？你还见过什么颜色、什么样子的果子呢？

(2) 幼儿自由表达，教师视情况回应。

3. 观察作品，猜测并学习绘画方法。

(1) 教师出示作品：图上有什么？秋天到了，果子都成熟了，小刺猬采了很多果子，准备背回家过冬，看一看刺猬身上的果子有些什么颜色？猜一猜这些好看的果子是怎么画出来的？

(2) 根据幼儿的猜测,教师视情况回应,并演示手指点画的方法:小手指,蘸颜料,印在刺上不动弹,然后轻轻提起来。这样果子才能印得很清楚、很漂亮。

(3) 请幼儿一起边念儿歌,边随教师徒手点画。

(4) 请个别幼儿尝试,教师适时评价,强化点画方法。

4. 在画有刺猬形象的白纸上进行点画,感受手指点画的方法。

在欢快的背景音乐中幼儿自取操作材料、自选颜料进行创作,教师巡回观察、指导,提醒幼儿在换色时,用擦手布将手擦干,鼓励幼儿多次尝试并注意卫生。

5. 展示作品,相互欣赏、评价。

(1) 请幼儿自评:你画了什么颜色的果子?

(2) 引导幼儿互评:你最喜欢谁画的果子?为什么?

(3) 教师从果子的颜色搭配、画面整洁度等方面予以评价。

(4) 分享果实,结束活动。

活动建议

1. 活动后,将颜料投放到美工区供幼儿进一步操作,并借机引导幼儿观察颜色相融产生的变换,进一步激发幼儿对色彩的兴趣。

2. 活动前,请家长在带幼儿外出时,注意引导其观察秋天的果实,并向幼儿介绍,鼓励他/她画一画。

画饼干(物体画)

PCK 分析

涂鸦是随着幼儿的动作与手、眼、脑协调的发展而产生和发展的,小班幼儿在创作与表现中应能达到“用简单的线条和色彩,大体画出自己想画的人或事物”这一目标。圆圆的饼干,正好适合充当小班幼儿尝试有控制地画圆的对象。

3—4 岁幼儿在画圆的涂鸦过程中,能获得画线条所带来的愉悦感,饼干的香甜美味、圆圆的形象能吸引幼儿保持一定时间的有意注意,在这一年龄阶段,他们能在观察饼干的大致轮廓中形成一个基本的视觉印象。

活动中,幼儿在教师的引导下通过观察体验法、交流讨论法,运用看、闻、描、尝等多种方式感知圆形饼干的特征,在探索中尝试用较流畅的线条较自然地画圆。

活动目标

1. 喜欢涂鸦活动，体验画饼干的快乐。

2. 学习画圆，能画出线条较流畅、线条连接较自然的圆形饼干。

3. 观察、品尝圆形饼干，巩固感知其典型特征。

活动准备

1. 幼儿接触过圆形物品；对饼干的色、形有比较充分的感知；已洗手。

2. 课件《圆圆的饼干》；圆形饼干若干块；绘画纸、油画棒。

活动过程

1. 看、尝圆形饼干，巩固感知其典型外形特征。

(1) 请幼儿自取饼干，自由看一看、说一说饼干的样子、颜色等。

(2) 请幼儿用手指沿饼干边缘移动，勾画圆形轮廓。

(3) 请幼儿品尝饼干，相互交流饼干的味道。

2. 出示课件《圆圆的饼干》，学习作画方法。

(1) 教师出示图片，提问：图片上有什么？是什么样子的？这些圆圆的饼干要怎么画？

(2) 幼儿伸出手指在空中画一画圆圆的饼干，教师提醒幼儿将圆连接封口。

3. 自取操作材料，尝试创作。

(1) 教师介绍作画工具，请幼儿尝试使用。教师视情况提示握笔方法，并引导幼儿迁移之前步骤中用手指勾画圆形轮廓的经验，尝试画圆圆的饼干。

(2) 幼儿自由画饼干。教师巡回观察、指导，鼓励幼儿尝试给饼干涂色、画点、画线进行装饰。

4. 分享与交流，将作品作为礼物赠送给他人。

(1) 教师请幼儿说一说自己画的饼干以及想将饼干送给谁做礼物。

(2) 举行赠送仪式。

活动建议

1. 活动中，幼儿画的饼干若线条不流畅或欠自然，教师不要强求，应允许幼儿有自己的发展速度。

2. 活动后，可鼓励幼儿在美工区中继续进行绘画活动。

3. 请家长在家里提供多种材料供幼儿进行绘画游戏。

附：课件《圆圆的饼干》二维码

美丽的手指花(想象画)

PCK 分析

在小班幼儿的绘画创作中，玩色游戏是一种主要的类型，此次活动采取了滴色和印画相结合的方式，运用放、挤、滴、提的方法，以趣味游戏的形式操作，将蘸有颜料的手指印在纸上，组合成花朵的样子。活动操作容易、表现随意、趣味性强。

3—4 岁幼儿对三原色已有一定的认知，此次活动中增加一种颜色，丰富幼儿对颜色的感知与认识，引导幼儿大胆尝试玩色游戏，用小瓶滴画，并用手指在水滴的旁边印出花瓣和叶子，创作美丽的手指花。这样的操作特别适合小班幼儿，能让幼儿对色彩有愉快的情绪体验。

活动中，教师可根据小班幼儿的年龄特点，创设情境，让幼儿在情境中进行玩色游戏。趣味的儿歌和教师示范能吸引幼儿的兴趣，并能激发幼儿大胆创作的欲望。

活动目标

1. 喜欢与颜料宝宝玩游戏，能主动选择多种颜色大胆作画。

2. 尝试用滴色和印画的方式，创作美丽的手指花，获得愉悦的情绪体验。

3. 在滴色与印画游戏中，观察画面变化，感受变化的神奇。

活动准备

红、黄、蓝、紫水粉颜料装入洗净的小瓶和颜料盒里；擦手布。

活动过程

1. 观察颜料宝宝，导入活动。

教师：我现在要和大家做游戏，请按颜料宝宝的颜色为它们起名字。如红娃娃、紫娃娃。

2. 观察滴色演示，学习滴色方法。

(1) 教师：红娃娃要出来玩了，它是怎么玩的？请仔细看一看。

(2) 教师演示如何滴色：先请出红娃娃，找个地方，侧着身子捏一捏(滴一滴颜料)。瞧，它在纸上，轻轻地站稳，呼——一下子就滑下来了(把纸提起来，让颜料流下来)！哇，它在做什么游戏啊？原来红娃娃在滑滑梯呢！

同法演示黄娃娃玩滑滑梯。

(3) 请幼儿徒手操作颜料宝宝玩滑滑梯。

(4) 请个别幼儿操作蓝娃娃、紫娃娃玩滑滑梯。

3. 自取操作材料，进行滴色创作。

(1) 教师：许多娃娃都想来玩滑滑梯，大家和它们一起玩吧！每个娃娃都要请到哦！

(2) 幼儿自主滴色。教师巡回观察、指导，提示幼儿换颜料时要用抹布擦手。

4. 娃娃变花朵：用手指在水滴的旁边印画花瓣和叶子。

(1) 教师演示：娃娃滑到地上，变出什么来了？这一次要请我们的小手来帮忙。伸出手指头，喝喝颜料水，围着娃娃亲一亲，再请小手帮忙长出许多叶子，美丽的花朵开放了。

(2) 幼儿用手指印画，提醒幼儿印画花瓣的时候，花瓣要围着花心，每个娃娃都要变出一朵花。

5. 展示作品，欣赏评价。

提问：你最喜欢哪朵花，为什么？给花儿起个名字吧。

活动建议

1. 将颜料投放到美工区，鼓励幼儿再次创作，变出其他的美丽画面。

2. 请家长给幼儿准备颜料，和幼儿一起玩色，进行滴画、印画、添画游戏。

蒲公英藏哪了(物体画)

PCK 分析

油水分离画是在油画棒绘制的画面上刷上水彩的作画方式，由于油画棒以油和蜡为基料，水彩“抗拒”与之混合，产生明显的油水分离效果。蒲公英的果实形似一白色绒球，十分可爱，将其用油画棒“藏”在白色纸上，当幼儿刷上颜料后，白色绒球立即跃然纸上。此活动是小班幼儿第一次运用水粉颜料，会令他们十分惊喜。

3—4 岁幼儿初次接触水粉颜料，对此感到新鲜，而且此阶段的幼儿热衷于重复某一动作，简单自由的平涂会让他们乐此不疲。

活动中，教师主要使用游戏激趣法、讲授教学法，在寻找蒲公英的过程中，引导幼儿感知油画棒和水粉颜料不相融的特性及油水分离的作画方式，体验创作带来的快乐。

活动目标

1. 喜欢尝试新的方法——油水分离，体验创作带来的快乐。

2. 大胆地运用油画棒与水粉颜料不相融的特性，进行自主创作。

3. 在游戏中，感知油水分离的作画方式。

活动准备

1. 幼儿对蒲公英有初步的认识，并能运用螺旋线画圈表现蒲公英。

2. 已用白色油画棒画好的蒲公英每人一幅；水粉颜料（蓝、绿、紫），排笔、白纸、白色油画棒。

活动过程

1. 游戏：蒲公英藏哪了，初步感知油水分离。

（1）教师出示画有蒲公英的白纸，引导幼儿观察。

提问：这张纸上藏了一朵蒲公英，谁能找出来？

（2）出示水粉颜料和排笔，引导个别幼儿尝试。

提问：蒲公英找到了吗？他是怎么做的？

教师梳理、小结：把颜料涂在白纸上，蒲公英就找到了。

2. 游戏：找出蒲公英，在操作中感知油画棒和水粉颜料不相融的特性。

（1）幼儿自主操作，找出蒲公英。

（2）教师引导幼儿交流自己的发现，可提问：你是怎么找出蒲公英的？猜一猜，蒲公英用什么笔画在白纸上就能藏起来？

（3）教师边示范边讲解：我们先在白纸上，用白色的油画棒画出蒲公英，然后，刷上颜料，蒲公英就能出现在纸上。

3. 游戏：我藏你猜，尝试利用油水分离的方法进行创作。

（1）教师提出创作要求：自行用白色油画棒在白纸上作画，然后与同伴交换画作，猜一猜、看一看对方画的是什么，并用颜料进行验证。

（2）幼儿自主创作，教师巡回指导，重点提醒幼儿用油画棒作画时，尽量丰富些、轮廓大些，这样呈现的作品会更好看。

（3）将作品进行集中展示，并相互评价。

提问：你是怎么做的？你最喜欢谁的画，为什么？

活动建议

1. 活动后，将材料投放到美工区，供幼儿自主创作。

2. 活动前，请家长带幼儿认识蒲公英。

装饰棉衣(装饰画)

PCK 分析

幼儿的装饰画主要是指幼儿运用各种花纹、色彩在各种不同的纸形上，按照形式美的规律进行装饰，它的描绘需要遵守一定的规则。棉衣是幼儿生活中常见的服饰，在棉衣上装饰图案和颜色也可以促进幼儿增加对形式美、色彩美的敏感性和创造能力的发展。同时，本活动所用的材料是棉签，它短小，运用其装饰可以促进小班幼儿手部动作的精准性的发展。

3—4 岁幼儿对棉签这种新鲜的作画工具有强烈的好奇心，能刺激他们的创作欲望。用棉签蘸取颜料进行装饰，更有助于该年龄阶段的幼儿表达装饰棉衣的主题，使其获得成就感，增加对绘画活动的兴趣。

教师在活动中可运用谈话交流法，对颜色、装饰方法等方面进行探讨，巩固幼儿对红、黄、蓝、绿、黑等常见颜色的认知，让幼儿在交流创作中相互学习模仿，并尝试使用点、线、面进行简单装饰。

活动目标

1. 对观察棉衣有一定的兴趣，喜欢用自己的方式进行装饰。

2. 在充分观察实物和作品的基础上，尝试采用多种方法装饰“棉衣”。

3. 自主选择颜色进行装饰，巩固对红、黄、蓝、绿、黑等常见颜色的认识。

活动准备

1. 已初步观察过有一定装饰感的棉衣，并将其穿至幼儿园。

2. 作品《漂亮的棉衣》(自备)；棉签、挂“棉衣”的绳子；水粉颜料(红、黄、蓝、绿、黑)。

活动过程

1. 观察画有棉衣形状的纸和身上的棉衣，萌发为娃娃装饰“棉衣”的愿望。

(1) 教师提问：冬天到了，你们穿的衣服和夏天穿的有什么不一样？你们的棉衣是什么样的？娃娃的“棉衣”没有颜色、没有图案怎么办呢？

(2) 幼儿讨论，教师从棉衣的颜色、图案上进行小结梳理，并激起幼儿为娃娃装饰“棉衣”的愿望。

2. 观察作品并讨论，了解“棉衣”的装饰方法。

(1) 教师出示作品，幼儿欣赏。提问：这件“棉衣”有些什么颜色？你知道是怎样画出来的吗？

(2) 介绍几种装饰的方法（点、线、面、图案等），示范操作或请个别幼儿尝试创作。

3. 自取纸张，尝试用不同的装饰方法进行创作。

(1) 鼓励幼儿选择不同的颜色装饰“棉衣”。

(2) 鼓励幼儿用不同的方式装饰“棉衣”（点、线、面、图案等）。

(3) 提醒幼儿注意棉签的正确用法，注意保持画面及衣服整洁。

4. 将作品夹在绳子上，共同欣赏交流。

(1) 幼儿介绍自己装饰的“棉衣”。

(2) 教师与幼儿互相评价。

活动建议

1. 活动前，教师应对幼儿穿来的棉衣和作品进行甄选和思考，以确保欣赏有针对性。

2. 活动中，可提供多种颜料，但每张桌子上放两种较合适，如幼儿有多种需要，可鼓励幼儿去邻桌借用；棉签提供要稍多些，鼓励幼儿选用不同颜色和方式装饰“棉衣”，注意安全。

3. 活动后，将幼儿的作品放在“服装店”游戏中“出售”；将棉签、颜料等材料投放到美工区，鼓励幼儿大胆使用棉签作画。

4. 请家长在生活中引导幼儿对自己及周围人的衣服图案进行观察，丰富他们的相关经验。

雪娃娃(物体画)

PCK 分析

物体画是命名画中的一种，它主要的描绘对象是单一的物体，侧重于幼儿的造型能力的培养。雪娃娃的主要特征是两个一大一小的圆形，有利于小班幼儿达成“表现封闭的圆形”这一目标。

幼儿喜爱堆雪人的情景,说到雪娃娃都充满向往的情感。雪娃娃在造型上是简单而拟人化,符合3—4岁幼儿手工操作涂涂画画的需求以及常把无生命的对象看作是有生命的这一心理特点。这个年龄阶段的幼儿表现物体画,只要求他们在教师的引导下观察物体大致轮廓,画出一个基本的外形即可。

活动中,教师让幼儿通过观察与欣赏,充分发现雪人的形象特点。同时,运用谈话的形式,赋予雪人生命和情感,给幼儿的想象和创作提供充分的空间。

活动目标

1. 喜欢画雪人,乐于表达对雪人的认识,体验创作的乐趣。
2. 尝试画两个一大一小的圆形,组合成雪人造型。
3. 巩固棉签画的技能,了解雪人的造型特点。

活动准备

1. 幼儿通过不同途径看到过雪人或有堆雪人的经验。
2. 两个大小不一的圆;浅蓝色大纸一张,水粉颜料(白、黑、红),棉签,擦手布。

活动过程

1. 相互交流,初步认识雪娃娃。

(1) 提问:你们见过雪娃娃吗?它是什么样子的?它的身体、眼睛、鼻子是什么颜色呢?

(2) 幼儿自由交流对于雪娃娃的认识,教师适时小结梳理。

2. 在拼摆雪娃娃的过程中,了解雪娃娃的外形特征。

(1) 教师出示两个大小不一的圆,提问:雪娃娃什么样子的?你能用这两个圆摆出雪娃娃吗?

(2) 师幼共同小结:雪娃娃的头像小圆球,身体像大圆球,头和身体是连在一起的。

(3) 鼓励个别幼儿上台为雪娃娃添上眼睛和嘴巴。

3. 自取作画材料,尝试大胆表现雪娃娃。

(1) 请个别幼儿在浅蓝色大纸上画雪人,根据幼儿的绘画,引导他们总结绘画要领:圆圆的头和圆圆的身体要连在一起,画好后涂色,画眼睛、嘴巴等。

(2) 鼓励全体幼儿大胆作画,教师巡回观察指导,提醒幼儿注意卫生。

4. 展示作品,相互欣赏、评价。

(1) 请幼儿说说自己画的雪娃娃。

(2) 请幼儿说说:你最喜欢哪一个雪娃娃,为什么?

(3) 教师从造型、着色、习惯等方面进行评价。

(4) 收拾作画材料,结束活动。

活动建议

1. 画雪人对小班某些幼儿可能难度较大,教师在提供绘画纸张时,可提供一些已画好雪人轮廓的纸张,让幼儿添色和添五官。提供给幼儿的白色颜料水分不可太多,以防棉签进水后脱落。

2. 活动后,将幼儿的作品布置成一幅雪景图,引导幼儿欣赏、交流。

3. 请家长和幼儿进行亲子活动,在雪地里滚雪球、堆雪人、装饰雪人等。

爸爸长胡子啦(装饰画)

PCK 分析

装饰画的描绘需要遵守一定的规则,它能促进幼儿手部精细动作的发展。爸爸是幼儿最亲近的人,给爸爸添画胡子在他们看来是件很有意思的事情。幼儿在感知胡子长短、疏密的基础上,用手指蘸颜料有控制地画短线表现爸爸的胡子。

幼儿绘画是从线条开始的,因此,对线条的感受和学习对 3—4 岁的幼儿而言是很重要的。处于象征期的他们,不善控制自己的动作,缺乏绘画的技能,所画线条凌乱、不清晰,需要多次重复练习才能掌握方法,逐渐变得熟练、灵活。教师鼓励幼儿用手指蘸颜料,用短直线画胡子,同时,能有控制地表现胡子的疏密、长短。

活动中,教师应从情感体验出发,引导幼儿回顾爸爸胡子的特点:短短的、一根一根的、密密的、扎扎的,再通过朗诵儿歌《爸爸的胡子》,加深幼儿对爸爸胡子的印象,从而激发他们用短直线组合的方法展现爸爸胡子的创作的愿望。

活动目标

1. 喜欢表现爸爸的胡子,体验玩色的快乐。

2. 能用手指蘸颜料画短线的方法表现爸爸的胡子。

3. 尝试有控制地画短线。

活动准备

1. 幼儿有被爸爸的胡子扎过的体验;熟悉儿歌《爸爸的胡子》。

2. 画有无胡子男性轮廓的绘画纸;软毛刷、水粉颜料。

活动过程

1. 复习儿歌《爸爸的胡子》,产生活动兴趣。

(1) 幼儿用软毛刷子刷脸,说说感受。

(2) 幼儿回忆被爸爸胡子扎的情景,说说被爸爸胡子扎的感觉。

提问:爸爸亲你的时候,你有什么感受?

(3) 师幼声情并茂地朗诵儿歌,表现儿歌的情趣。

2. 想一想、画一画,表现爸爸的胡子。

(1) 提问:你觉得爸爸的胡子像什么?你能把手指当作画笔画一画吗?

(2) 幼儿尝试画爸爸的胡子,了解用手指画笔蘸颜料绘画的方法与注意事项。

教师出示水粉颜料:今天,我们用手指蘸颜料画爸爸的胡子,都来试一试吧!

视情况小结、介绍用手指蘸颜料画画的注意事项,提醒幼儿控制手指动作,将线条画得长短适宜。

3. 自取绘画纸,大胆添画爸爸的胡子。

(1) 幼儿自取绘画纸和作画材料。

(2) 幼儿自主创作,教师巡回观察,重点指导幼儿在爸爸的嘴巴周围画满胡子,提醒幼儿注意作画时保持整洁。

4. 展示作品,相互欣赏,结束活动。

(1) 请幼儿介绍自己的作品:你爸爸的胡子是什么样的?

(2) 请幼儿评价他人的作品:你喜欢哪位爸爸的胡子?为什么?

(3) 教师视情况评价,共同收拾材料,洗手结束活动。

活动建议

1. 在美工区,鼓励幼儿画画爸爸的头发,进一步巩固幼儿画短线的技能。

2. 请家长和幼儿一起继续用短线创作其他作品。

附:儿歌

爸爸的胡子

文/蓝星

爸爸一脸大胡子,
就像一把大刷子,
刷子老想刷我脸,
刷得我呀咯咯笑。

新年烟火(想象画)

PCK 分析

滚珠画是将圆形的、蘸有颜料的弹珠放入小筐,通过晃动筐子,使弹珠在筐内随意来回滚动,留下轨迹形成的画面。其特点是作画形式有趣、作画方式简单,便于小班幼儿掌握,同时,它也适用于表现新年烟火。

3—4 岁幼儿对非常规的作画工具兴趣极为浓厚。本活动让幼儿以他们生活中熟悉且喜欢的材料——弹珠作为绘画工具,用滚珠的方法,在听、说、玩、想中创作出漂亮的烟火图画,体验弹珠滚画趣味创作的乐趣。

小班幼儿第一次接触滚珠画,教师可采取直观演示法、讲授教学法,让幼儿通过观察、倾听初步了解滚珠画的基本步骤和要求,从而运用到自主表现中去。

活动目标

1. 初步尝试用滚珠的方法作画,体验其中的快乐。
2. 能自主选择自己喜欢的颜色大胆创作,并乐于分享。
3. 知道放烟火的安全事项,提高安全意识。

活动准备

课件《新年烟火》;燃放烟火的背景音乐(自备);弹珠、装有黑色卡纸的鞋盒;颜料、小勺、擦手布。

活动过程

1. 观看课件《新年烟火》,相互交谈,导入活动。

(1) 提问:这些烟火是什么样的?漂亮吗?喜欢吗?

(2) 教师:许多小朋友都很喜欢新年烟火,因为烟火非常漂亮,又能增添节日的喜气。有些小朋友也想自己放烟火,那么放烟火时应该注意些什么呢?

(3) 幼儿相互讨论,教师适时进行安全教育。

2. 观察工具和材料,了解作画方法。

(1) 教师出示弹珠和装有黑色卡纸的鞋盒:这是什么?它可以用来做什么?

(2) 教师:今天老师要用弹珠来放烟火,它会是什么样子的呢?你们可要看仔细了哦。

(3) 教师边演示边讲解:先把弹珠放在你喜欢的颜料里滚一滚,让它全身蘸满了好看的颜色,然后用小勺舀进鞋盒里,用手随意晃动鞋盒,这样烟火就放好了。

(4) 请个别幼儿上台操作,教师观察、梳理。

3. 自取操作材料,创作新年烟火。

(1) 教师:请每个小朋友都来放烟火,可以是一种颜色,也可以是多种颜色的。

(2) 教师播放音乐,幼儿自主创作,巡回观察指导,鼓励他们大胆逐步尝试有意识地控制弹珠的走向,同时,提醒幼儿注意作画卫生。

4. 展示作品,交流欣赏。

(1) 请幼儿相互交流创作的过程和作画的乐趣。提问:你的烟火有哪些颜色?像什么?

(2) 请幼儿观察同伴的作品,提问:你最喜欢哪幅烟火?

活动建议

1. 活动后,将作画工具投放到美工区供幼儿进一步尝试、创作,并用幼儿的作品布置环境。

2. 请家长带幼儿实地观看烟火晚会或者观看烟火视频,并给他们提供弹珠、鞋盒、颜料、白纸等工具,和他们一起创作弹珠滚画。

附:课件《新年烟火》二维码

我的妈妈真漂亮(装饰画)

PCK 分析

小班下学期的幼儿,已具有画短直线的技能,并能尝试有控制地表现。以妈妈的发型作为创作对象,鼓励幼儿“尝试用密密的曲线、短直线、长线添画的形式表现妈妈的头发,体验给妈妈设计漂亮发型的快乐与成就感”是这一活动的核心目标。

从绘画发展的年龄特点来看,3—4 岁幼儿处于绘画象征期,已经能控制手腕和手指画画。随着心理能力的发展，他们愿意表现日常生活中熟悉的、简单的人或事物的轮廓特点，能够进行有目的、有意识的绘画活动。

活动中，教师从引导幼儿观察自己妈妈的照片开始，了解几种表现头发的绘画方法。再以游戏形式，动手练习画长线和曲线，为下一步用油画棒绘画做好铺垫。在幼儿自主表现时，教师引导幼儿在呈现头发造型的基础上，画出头发的疏密。

活动目标

1. 体验给妈妈设计漂亮发型的快乐与成就感。

2. 有初步的构图能力，能用较清晰的语句进行描述。

3. 尝试用密密的曲线、短直线、长线表现妈妈的头发。

活动准备

1. 幼儿画过短直线，对妈妈的发型进行过观察。

2. 妈妈的半身照、画有女性轮廓且光头的绘画纸；油画棒。

活动过程

1. 观察妈妈的照片，夸夸自己的妈妈。

提问：你的妈妈漂亮吗？哪里很漂亮？

2. 观察交流妈妈的头发是什么样的，了解几种表现头发的方法。

(1) 教师引导幼儿观察妈妈的头发：妈妈的头发是什么样子？可以怎么画出来？

(2) 请幼儿尝试通过画长线、曲线、短直线的方式表现妈妈的头发，教师视情况梳理提炼。

(3) 请幼儿模仿帮妈妈梳头(徒手练习画长线和曲线)。

3. 自取绘画材料，尝试为妈妈设计新发型。

(1) 幼儿自取绘画纸和作画工具。

(2) 幼儿自主创作，教师巡回观察，提示幼儿将妈妈的头发画得密密的、一根接一根，重点指导幼儿画出头发密密的感觉。

4. 举办图片展览“漂亮妈妈”，互相欣赏为妈妈设计的各种发型。

提问：妈妈的头发漂亮吗？哪里漂亮？

活动建议

1. 此活动宜结合三八妇女节开展。

2. 在美工区，提供多种工具，如棉签、印章、纸团、毛线等，鼓励幼儿运用多种方式和材料,继续为妈妈设计新发型。

3. 请妈妈们在收到幼儿作品后,谢谢他们给自己设计的发型,对作品进行正面评价。同时,鼓励幼儿大胆画画家里其他人的发型。

爱旅行的小蜗牛(情节画)

PCK 分析

情节画是以物体画为基础的,是在物体画基础上的进一步提高。这是小班幼儿第一次接触情节画,活动以小蜗牛为创作对象,引导幼儿在画有树干和草地的大白纸或贴有一次性纸碟的大白纸上,自主进行表现,以构成"小蜗牛在旅行"的情节。

在让 3—4 岁幼儿表现情节时,可更多采用添画的方式,让幼儿围绕主题在适当的位置上添画出另一种景物或形象,从而突出画面主题,丰富画面内容的情境。

活动中,教师通过课件,引导幼儿先观察蜗牛的外形特点,再了解蜗牛的生活环境,为他们表现情节打下基础。其次,教师为幼儿提供三种不同类型的白纸,目的在于让幼儿自主选择表现某一情景下的蜗牛,既降低了小班幼儿表现情节画的难度,又为不同能力的幼儿获得成就感提供了适宜的条件。

活动目标

1. 喜欢小蜗牛,对观察小蜗牛感兴趣。

2. 大胆地运用点或线装饰蜗牛的壳,并进行合理添画。

3. 在了解蜗牛身体特征和生活习性的基础上,自主选择喜欢的方式表现蜗牛。

活动准备

1. 活动前,对小蜗牛有一定的认识。

2. 课件《爱旅行的小蜗牛》;画有树干的大白纸、画有草地的大白纸、贴有一次性纸碟的大白纸;音乐《蜗牛与黄鹂鸟》(自备);水粉颜料(红、黄、蓝),水粉笔、记号笔、水彩笔。

活动过程

1. 教师让幼儿伴随音乐《蜗牛与黄鹂鸟》进入活动室,引发幼儿兴趣。

2. 观看课件《爱旅行的小蜗牛》,了解蜗牛的身体特征和生活习性。

(1) 引导幼儿对蜗牛从头到身体的进行观察,可提问:小蜗牛长得什么样子？

教师梳理、小结：小蜗牛头上有两个触角，身体软软的，背上有一个圆圆的壳。

（2）引导幼儿重点观察蜗牛的壳，尝试用手指在空中描绘螺旋线。

提问：蜗牛的壳上有什么样的线条？你能用手指在空中画出来吗？

（3）观看课件，了解蜗牛的生活习性。

提问：这是一只爱旅行的小蜗牛，看看它都去了哪里？

3. 了解作画材料，选择自己喜欢的方式表现蜗牛，并进行合理添画。

（1）教师介绍绘画材料和要求，重点介绍贴有一次性纸碟的白纸。

提问：看看老师为你们准备了什么材料？在这张贴有纸碟的白纸上怎么表现蜗牛呢？

教师梳理小结：除了有水粉颜料、水彩笔和记号笔外，老师还准备了三种白纸。这张贴有纸碟的白纸，可以把纸碟作为蜗牛的壳，先在它的下面添上蜗牛的身体，然后用点和线把蜗牛壳打扮得漂漂亮亮的。

（2）幼儿自主分成三组，选择喜欢的方式表现蜗牛，教师巡回指导。

指导选择在画有树干或草地的纸上作画的幼儿，用线条表现蜗牛的特征，再进行装饰和添画；指导选择在贴有纸碟的纸上添画的幼儿，先在纸碟合适的位置画出身体和触角，再进行装饰和添画。

4. 展示作品，感受创作带来的乐趣。

（1）教师将三组作品进行展示，引导幼儿进行介绍。

提问：你画的小蜗牛在哪里？你是怎么画的？

（2）鼓励幼儿相互评价，可提问：你最喜欢哪只小蜗牛，为什么？

活动建议

1. 活动后，可将作品及材料投放到美工区，供幼儿进一步欣赏或创作。

2. 可请家长在家用超轻彩泥和幼儿一起进行亲子创作，进一步感受小蜗牛的特征。

附：课件《爱旅行的小蜗牛》二维码

可爱的鸡宝宝(物体画)

PCK分析

物体画是教师确定某一物体,引导幼儿掌握和表现该物体的基本形象和主要特征,画出该物体的形状、色彩、结构。小鸡是幼儿较熟悉的小动物,小鸡圆圆的身体、小小的眼睛、尖尖的嘴巴的外形特征,便于小班幼儿表现。"在尝试画出小鸡形象的基础上,通过眼睛、嘴巴等的方向变化来表现小鸡的不同动态"是活动的核心目标。

圆是幼儿绘画中最早表现的形状。3—4岁幼儿由于肩、肘、手腕等关节的发育,已经能注视笔的运动方向,能够有目的、有意识地进行绘画活动,能够有控制地画圆。在画小鸡时,教师需要引导幼儿尝试用简单的线条、封闭的大椭圆表现鸡宝宝。其次,教师要引导幼儿观察物体的大致轮廓外形,形成一个基本的视觉印象,即知道小鸡的外形特征:黄黄的毛色,圆圆的身体,小小的眼睛,尖尖的嘴巴,有点像三角形的翅膀等。

活动中,教师采用探究发现的策略,引导幼儿在课件及故事中感受鸡宝宝的可爱形态,了解鸡宝宝身体的基本结构;通过创设"鸡妈妈找小鸡"的情境,激发幼儿画小鸡的兴趣;引导幼儿在课件的提示下,了解不同方向、不同动态的表现方法(鸡的眼睛、嘴巴等方向不同,能呈现它的不同动态);之后,为幼儿提供三种熟悉的作画工具:颜料、水彩笔、油画棒,供他们自主选择,大胆表现。

活动目标

1. 感受鸡宝宝的可爱形态,体验绘画的快乐。
2. 初步了解鸡宝宝的基本身体结构,大胆地用简单的线条、图形表现。
3. 尝试画封闭的大椭圆,并通过眼睛、嘴巴等的方向变化来表现小鸡的不同动态。

活动准备

1. 幼儿已于餐前餐后活动中熟悉儿歌《公鸡、母鸡和小鸡》。
2. 课件《可爱的鸡宝宝》;棉签、绘画纸、颜料、水彩笔、油画棒。

活动过程

1. 边朗诵儿歌《公鸡、母鸡和小鸡》,边做动作模仿角色,进入活动室。

2. 观看课件，倾听故事，了解小鸡的外形特征。

(1) 教师出示课件，讲述故事并提问：鸡妈妈，生鸡蛋，孵小鸡。21 天后，终于孵出了自己的宝宝。小鸡宝宝从壳里探出脑袋，东看看、西瞧瞧，尖尖的小嘴啄啄这、啄啄那，两只翅膀不停地摆动，可爱极了。快看看，小鸡是什么样子的？

(2) 引导幼儿模仿小鸡的不同动态，总结小鸡的外形特征：圆圆的身体，小小的眼睛，尖尖的嘴巴，有点像三角形的翅膀等。

3. 自主尝试，了解作画的方法和步骤。

(1) 教师创设“鸡妈妈找小鸡”的情境，激发幼儿绘画的兴趣：鸡妈妈的小鸡不见了，鸡妈妈很伤心，我们一起用画笔帮鸡妈妈把小鸡变出来还给它吧！

(2) 请幼儿伸出小手，做出抚摸小鸡的身体、眼睛、嘴巴、脚等的动作，提示幼儿注意小鸡的身体是长一点、扁一点的。

(3) 请幼儿迁移抚摸小鸡的经验，尝试在黑板上画小鸡，教师视情况添画嘴巴、脚等，引导幼儿通过观察物体，发现不同方向、不同动态的表现方法。

4. 在绘画纸上大胆地表现小鸡的不同动态。

(1) 幼儿自取绘画纸和作画工具。

(2) 自主表现可爱的鸡宝宝，教师巡回观察、指导，提醒幼儿迁移抚摸小鸡的经验，注意作画时的卫生，鼓励幼儿添画其他景物。

5. 欣赏作品，交流分享。

(1) 将幼儿的作品展示在“鸡妈妈”的周围，营造母鸡带小鸡的温馨场面，并讨论：你画的鸡宝宝是什么样的？你最喜欢哪张画？画中的小鸡在干什么？

(2) 教师用描述性的语言评价幼儿的作品。

(3) 师幼一起收拾作画工具，边朗诵儿歌《公鸡、母鸡和小鸡》边做动作走出活动室。

活动建议

1. 活动中，对不同能力的幼儿，可提出不同的要求，如要求能力较强的幼儿添加辅助物丰富画面，增加小鸡的数量等。

2. 将小鸡图片、作画工具投放到美工区，鼓励幼儿再次创作。

3. 请家长带幼儿找找生活中椭圆形的东西，也可以带他们饲养小鸡，了解小鸡的动态特征。

附 1：课件《可爱的鸡宝宝》二维码

附 2：儿歌

公鸡、母鸡和小鸡

小小鸡，叽叽叽，
跑到东，跑到西，
快快乐乐做游戏。
鸡妈妈，真能干，
会捉虫，会生蛋，
孵出小鸡真喜欢。
大公鸡，真美丽，
红鸡冠，花花衣，
每天清晨喔喔啼，
它叫我们早早起。

大海里的宝宝(装饰画)

PCK 分析

对于小班幼儿而言，装饰画更多的是感知装饰图案的形式美和色彩美，在不同色彩的运用中，感受色彩带来的美丽景色。大海是美丽而又神秘的，幼儿对大海及海底生物有着强烈的好奇心。本活动中，幼儿通过给鱼儿涂色及添画自己喜欢的海星、贝壳、海草等海洋生物，并用波浪形海绵棒滚印波浪，表现大海的神奇与美丽。

3—4 岁幼儿在绘画发展中处于象征期，这阶段幼儿绘画的画面颜色通常达到三种以上，喜欢在每种东西上都涂上颜色，并开始注意按物体的本来颜色选择相应颜色涂染，如树叶是绿色，树干是棕色，大海是蓝色。但他们不太注意整个画面色彩的和谐美，涂色容易涂出轮廓线，涂色时既无顺序，也不均匀，有的地方线条过于浓密，有的地方线条又过于稀疏，留下许多空白。

活动中，教师借助多媒体课件，让幼儿在欣赏海底世界中感受大海的神奇和美丽，由此产生涂色、添画的兴趣。其次，通过谈话交流的方式引导幼儿感知鱼的主要外形特征及多样的色彩。最后，边念儿歌边引导幼儿使用波浪形海绵棒滚印波浪，感知油水分离画法的神奇效果。

活动目标

1. 乐于欣赏海底世界，感受大海的神奇和美丽，感知鱼的主要外形特征。

2. 能大胆均匀地涂色，添画其他海洋生物，学习用波浪形海绵棒滚印波浪。

3. 能大胆且认真细致地操作，体会动手创作带来的快乐。

活动准备

1. 幼儿已玩过鱼的拼板玩具，在拼拼玩玩中感知鱼的各个部分。

2. 课件《海底世界》；舒缓的背景音乐（自备）；操作卡《大海里的宝宝》（自备，可参考附2），油画棒、波浪形海绵棒、蓝色水粉颜料。

活动过程

1. 观看课件《海底世界》，感受海底世界的神奇和美丽，产生创作兴趣。

（1）播放课件，提问：你们看到了什么？海底世界里有些什么？是什么样子的？鼓励幼儿大胆表述，并试着模仿鱼的动态形象。

（2）提问：鱼宝宝是由哪几个部分组成的？大海里的鱼有什么特点？

小结：鱼宝宝有鱼头、鱼身、鱼尾和鱼鳍。大海里的鱼有红色、黄色、紫色、蓝色、绿色，五颜六色、五彩缤纷，真美！

2. 学习用涂色及波浪形海绵棒滚印波浪，感知油水分离画法的神奇效果。

（1）出示操作卡，示范、讲解涂色要点。

教师：今天，我们一起来布置一片美丽的大海。这里有很多大海的图片，看看这些图片有没有刚才我们看到的大海漂亮？怎样打扮这些图片呢？

小结：今天我们要用到油画棒给鱼儿涂颜色，要想鱼儿变漂亮，就要慢慢地、均匀地给鱼儿涂上美丽的颜色，颜色不要跑出线外哦！

（2）演示、讲解用波浪形海绵棒滚印波浪的方法。

出示已涂完色的自制操作卡：看，老师已经给图片打扮好了，你们觉得还缺少什么？

出示波浪形海绵棒：今天，我们一起学习用海绵棒滚印波浪的本领。大家要认真听、仔细看哦！

边念儿歌边演示：双手抓住小耳朵，颜料里面滚一滚，轻轻放在画纸上，推一推，滚一滚，再推推，再滚滚，波浪波浪出来了。

(3) 幼儿边跟念儿歌边徒手模仿用波浪形海绵棒滚印波浪的方法。

3. 大胆创作、表现，完成作品。

(1) 教师：孩子们，现在我们一起动手吧！先将鱼宝宝的照片用蜡笔涂上颜色，并添画自己喜欢的海星、贝壳、海草等，最后用海绵棒滚印海水波浪。

(2) 幼儿自取操作卡《大海里的宝宝》创作，教师播放背景音乐，巡回观察、指导。

4. 展示作品，欣赏评价。

(1) 教师：来，把你们的作品都铺在地板上，布置成一片美丽的大海。

(2) 幼儿相互介绍、欣赏作品，为自己的小鱼取名字。

(3) 教师评讲幼儿作品后：大海真美啊！走，我们请好朋友一起欣赏吧！

活动建议

1. 幼儿美术教育的价值不在于教会幼儿画什么，而在于培养他们大胆地创造，表达自己对事物的感受，这样的美术作品才富有生命力，才是真正的儿童作品。

2. 将幼儿作品沿轮廓剪下，穿线挂在活动室里，布置成海底世界。将材料投放到美工区，供幼儿再次创作。

3. 请家长带幼儿观察各种各样的小鱼，丰富孩子对鱼的种类和形态的认知，鼓励他们用自己喜欢的方式表现鱼。

附 1：课件《海底世界》二维码

附 2：操作卡参考

扭来扭去的线线(想象画)

PCK 分析

小班幼儿喜欢用画笔在画纸上涂涂画画,而线条是绘画造型的基本要素之一,它简洁、朴质,富于表现力和情感色彩,通过扭来扭去的线条能够呈现动感,横纵交错的线条组合中能够表现物象。

幼儿绘画是从线条开始的,因此,对线条的感受和学习,在 3—4 岁幼儿的绘画教学中占很大成分。而涂鸦是 0—7 岁幼儿喜欢的游戏活动,对于这一阶段的幼儿来说,他们不关心画的结果,而是热心于画的过程,喜欢随意涂画。在这一过程中,幼儿获得动作的快感和画面线条本身带来的愉悦感。

因此,教师采用游戏激趣策略,让幼儿在"扭来扭去"的游戏情境中,体验美术活动的快乐,激发他们使用线条进行创作想象的兴趣。在观察体验中,引导幼儿通过欣赏图片、运动身体、用扭扭棒造型等方式,多通道感受曲线的多样性。在幼儿自主创作时,给他们提供丰富多样的绘画材料,鼓励其大胆使用线条进行创意想象,尝试表现曲线与其他线条的组合。

活动目标

1. 在扭来扭去的情境中体验美术活动的快乐,并愿意大胆进行自主创作。

2. 通过欣赏图片、运动身体等方式,多通道感受线条的特点。

3. 感受曲线的多样性,尝试表现曲线与其他线条的组合,并能大胆进行创意想象。

活动准备

1. 幼儿会玩音乐游戏"跟着我来扭扭";多次感受和表现过直线。

2. 课件《有趣的线条》;音乐《跟着我来扭扭》(自备);报纸、扭扭棒、水粉笔、油性笔、签字笔、水彩笔、水粉颜料。

活动过程

1. 做音乐游戏"跟着我来扭扭",感受身体的弯曲。

(1) 提问:我们一起来跳一个"扭一扭"的舞吧!可以用身体的哪里扭呢?

(2) 幼儿在教师带领下随音乐玩游戏"跟着我来扭扭"。

2. 欣赏课件《有趣的线条》,感受线条弯曲的特点。

(1) 播放图片二,引导幼儿发现作品中的曲线,充分观察、想象,用手腕动作表现作品中不同的曲线。

提问：出现的线条像什么？你能用动作学一学吗？

教师根据幼儿回答梳理小结。

提问：躲起来的线条一点点出现了，组合成了一幅完整的画，有谁能够告诉我线条宝宝们变出了什么？

教师：线条宝宝一笔一笔凑在一块儿，变成了一幅人脸画像。接下来，我们再一起去看看，他们还会变出什么来。

(2) 播放图片三，教师：线条和线条又在找朋友了，我们一起来看看线条们都找到了哪些朋友。你们先用小眼睛仔细找找，待会儿我会请你们上来找！

(3) 邀请幼儿找一找，说一说。

提问：你找到的线宝宝像什么？你来学一学。

3. 自主绘画，感受曲线。

教师：你们变的魔术真有趣！我们让笔宝宝也来跟我们扭一扭，把这些好朋友弯弯曲曲的样子画下来吧！

(1) 教师出示绘画材料：水粉笔、油性笔、签字笔、水彩笔、各色水粉颜料、报纸及扭扭棒，供幼儿自主选择。

(2) 交代绘画要求：轻拿轻放笔宝宝，用完了之后要记得帮它把帽子戴上，安全地将它送回家。

(3) 幼儿进行绘画，教师巡回指导。

4. 欣赏作品，再次感受曲线。

(1) 提问：你们画的这些弯弯曲曲的是什么呀？

(2) 小结：小魔术师可真棒，用各种笔宝宝变出了这么多有意思的东西。有的像毛毛虫，有的像楼梯，有的像小蜗牛，有的像电话线……真神奇！

活动建议

1. 活动中，教师应控制好环节一、二的时间，也可将其放在活动前做经验准备，以确保幼儿的创作时间。

2. 引导幼儿运用扭扭棒时，感受曲线的不同变化，并能大胆动手操作。

3. 尝试分组进行，让幼儿能根据自己的意愿自选材料进行创作。

4. 请家长和幼儿一起观察、摆弄家里的毛线，感知线里的秘密及变化。

附：课件《有趣的线条》二维码

漂亮的小汽车（装饰画）

PCK 分析

对于小班幼儿而言，装饰画更多的是让他们感知装饰后的美，并体验装饰过程的快乐。小汽车是幼儿最熟悉，也是最感兴趣的交通工具，以“小汽车”作为装饰原型，能激发幼儿动手创作的愿望。丰富多彩的装饰工具，让他们在充分感知、自主创作中，体验装饰的成就感。

3—4 岁幼儿有意注意开始萌发，往往容易被事物外在的特征所吸引，他们对新鲜事物有强烈的好奇心，因而多样化的工具和材料能够刺激他们的操作欲望，促使其从事美术活动。相反，如果活动工具总是单调重复，就难以激发幼儿进行美术活动的兴趣。

活动中，教师先引导幼儿通过课件，感受汽车装饰的美；再引导幼儿观察认识操作材料，鼓励他们按照自己意愿选择不同材料装饰车身，大胆表现汽车的美。

活动目标

1. 在看看、说说、画画、玩玩中感受创作的快乐。
2. 能按意愿选择不同材料装饰车身，大胆表现汽车的美。
3. 尝试利用车轮滚画的形式合作制作展示背景。

活动准备

1. 幼儿已观察过热闹的大马路和不同的车辆。
2. 课件《漂亮的小汽车》；各式汽车玩具；长方形铅画纸、各式车型底版（可参考附 2）、长卷画纸，水彩笔、油画棒、水粉颜料，印画工具（刷子、积木、纸团、各种印章）。

活动过程

1. 欣赏、感受各式汽车车身上图案的漂亮，萌发创作兴趣。

(1) 播放课件《漂亮的小汽车》,提问:你们看到了什么?你坐过什么车?你觉得汽车什么地方很漂亮?

(2) 演示课件中汽车车身上的漂亮图案:你们想不想把自己最喜欢的车也打扮得很漂亮?

2. 观察操作材料,了解创作方法。

(1) 提问:看看老师为你们准备了哪些材料?它们可以怎么为汽车进行装饰?

(2) 幼儿自主表达,教师根据幼儿发言进行小结:玩色区用水粉颜料和印画工具给小汽车印上漂亮的花纹;涂色区用油画棒和水彩笔给小汽车涂上漂亮的颜色或画上漂亮的花纹。

3. 自主选择区域,创作漂亮的小汽车。

(1) 幼儿按意愿选择汽车车型底版和活动区域。

(2) 教师根据每个区域的要点进行指导,并着重关注涂色区,提醒幼儿将颜色涂得均匀,且不涂到轮廓外。

4. 玩一玩,进行集体创作。

(1) 将玩具汽车放在有颜料的盘中开一开,使轮子蘸上颜料,在长卷画纸上随意开动,使车轮花纹印在纸上,形成背景画。

(2) 将装饰好的车辆贴在画中,展示作品,相互欣赏、评价。

活动建议

1. 活动前,教师可根据幼儿兴趣,为两个区投放不同数量的材料。

2. 活动后,教师可将操作材料投放到美工区,鼓励幼儿用不同的形式再次创作;或提供多种粘贴材料,供幼儿装饰车身。收集多种玩具车,利用自由活动、区域活动,请幼儿玩一玩、看一看,说说自己的发现。

3. 活动后,可建议家长带幼儿观察热闹的马路、不同的车辆,丰富他们的认知经验。

附 1:课件《漂亮的小汽车》二维码

附 2：车型底版参考图

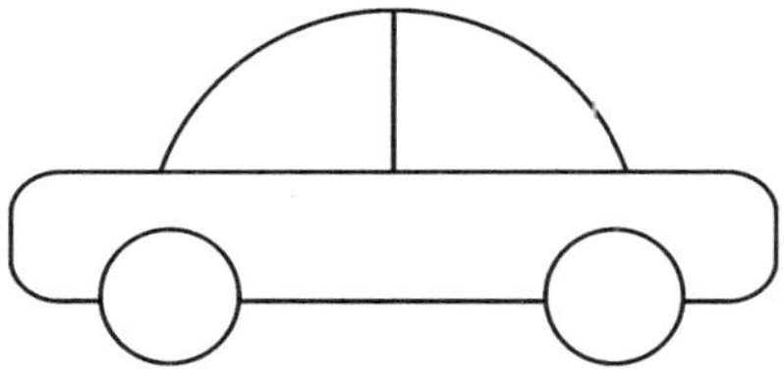

手掌印画(想象画)

PCK 分析

想象添画是幼儿在原有的简单画面形象的基础上，通过想象加工，添画后形成新的形象，使其成为一幅有主题的完整图画。用手掌蘸满颜料，直接触碰画面，感知用手掌蘸颜料作画的形式有趣而又新奇。“发挥想象，在手掌印上添画，让手掌变身为张满刺的仙人掌”，是这个活动的核心目标。

3—4 岁幼儿处于象征期，随着心理的发展，并通过涂鸦练习，他们已经能进行有目的、有意识的绘画活动，开始运用自己已掌握的图形表现对象。此阶段幼儿在构思上，造型的目的性不明确，在画画时，往往是先动笔，后构思，所画的线条清淡、凌乱，没有力量、没有目的。教师在幼儿印画时，引导幼儿将整个手掌平整按压，使用记号笔添画时，手部有控制地添“刺”。

在活动中，教师通过引导幼儿观察仙人掌，了解仙人掌绿色、带刺的特征，在对比手掌后，鼓励幼儿发挥想象，将手掌拓印变出仙人掌。其次，通过教师或个别幼儿的直观演示，让幼儿了解手掌印画的方法，并能用线条添画仙人掌上的刺。

活动目标

1. 尝试用手掌作画，享受用手掌作画带来的快乐。
2. 发挥想象力，能把手掌想象成其他物体。
3. 学习用手掌印画出不同造型的仙人掌，并能用线条添画仙人掌上的刺。

活动准备

仙人掌一盆；调稀的绿色颜料、记号笔、牛皮纸。

活动过程

1. 体验仙人掌的特征，了解认识仙人掌。

提问：这盆植物叫什么？它是什么样子的？

梳理、小结：它身穿绿衣服，衣服长满刺，如果有人要和它握手，就会被它的刺给伤到，它是仙人掌。

2. 对比观察自己的手掌，发挥想象将手掌拓印变出仙人掌。

(1) 引导幼儿观察自己的手掌和绿色颜料，猜测变出仙人掌的方法。

提问：我们的小手和绿色颜料可以变出仙人掌，请你想想，怎么变呢？

(2) 个别幼儿上台尝试，教师视情况梳理、小结：将手指打开，放进绿色颜料水中，让整个手掌和手指蘸上颜料，然后，将手用力按在纸上，保持一会儿不动。

3. 动手进行操作，享受手掌印画带来的乐趣。

(1) 幼儿自主印画，教师提醒幼儿将整个手掌都印下去，保持一定时间不动，并进行添画。

(2) 教师巡回观察，进行个别指导并关注幼儿卫生习惯的培养，提醒他们注意卫生。

4. 作品欣赏，相互评价。

(1) 引导幼儿向大家介绍自己的作品。提问：你画的仙人掌怎么样？

(2) 提问：你最喜欢哪幅仙人掌作品呢？为什么？

活动建议

1. 如找不到仙人掌实物，可为幼儿提供图片进行欣赏。

2. 活动后，可在美工区提供纸板、鞋盒盖、牛奶盒等生活材料进行操作，增加幼儿的作画兴趣。

3. 活动后，可邀请家长与幼儿一同探索，发挥想象，思考利用手掌造型还可以变出什么造型。

四、小班美术手工活动的内容与相关资源

学期	名称	配套资源
上学期	好玩的皮球 (泥工)	皮球；橡皮泥、泥工板。
	开心娃娃 (粘贴)	课件《开心娃娃》；音乐《表情歌》(自备)；娃娃脸形状的空白纸、剪好的成套的五官、胶棒。
	压大饼 (泥工)	音乐《饼干歌》(自备)；作品《大饼》(自备)；一次性盘子；橡皮泥、泥工板、花片积塑。

（续表）

学期	名称	配套资源
上学期	彩带飘飘（纸工）	音乐《向快乐出发》（自备）；撕好的彩带，多根绑在一起扎紧；彩色皱纹纸、广告纸、旧报纸，小篮子、小夹子。
	好看的热带鱼（粘贴）	课件《好看的热带鱼》；地上画有圆形和三角形的标记做通道入口，圆形、三角形的门票，大小、颜色不同的三角形若干，胶棒、油画棒。
	我给妈妈做面条（纸工）	作品《面条》（自备）；“碗”形的卡纸、报纸和不同颜色的色粉纸（每张大约为 A4 纸的一半）、胶棒。
	小绵羊（粘贴）	课件《小绵羊》；小羊手偶；棉花、双面胶、用卡纸剪成的不同姿态的小羊、贴有小草的大 KT 板。
	小刺猬背果果（制作）	课件《小刺猬》；土豆、牙签、橡皮泥（可提前做好一些小果果）。
下学期	打扮小乌龟（粘贴）	音乐《小乌龟上山坡》（自备）；作品《打扮小乌龟》（自备）、画有小乌龟的操作卡；豆子、蛋壳、瓜子壳、开心果壳、花生壳等自然材料；双面胶、油画棒。
	可爱的小狗头（纸工）	课件《可爱的小狗头》；作品《可爱的小狗头》（自备）；正方形纸、记号笔。
	一盆花（制作）	课件《一盆花》；纸花折纸步骤图（自备）；作品《一盆花》（自备）、绿色植物；报纸、广告纸、色纸、皱纹纸、胶水、棉签。
	水果娃娃（泥工）	作品《苹果娃娃》（自备）；常见水果；超轻黏土、泥工板、牙签、小棒、豆子、塑料小刀、小树叶等辅助工具。
	做凉帽（制作）	凉帽；凉帽操作卡、凉帽制作步骤图；剪刀、胶水、水彩笔。
	马路上的场景（粘贴）	作品《公共汽车》（自备）；马路背景图（自备）；不同颜色、大小的圆形、长方形卡片，胶棒、水彩笔。
	我的吊车本领大（制作）	音乐《大吊车》（自备）；印有大吊车驾驶室、长吊杆和货物的操作卡，剪刀、油画棒、胶水。

小班美术手工活动案例

好玩的皮球（泥工）

PCK 分析

泥工活动是用橡皮泥、黏土、面团和一些辅助材料，通过手的活动塑出立体形象或贴出简单情节的造型活动。本活动需要运用团的技能,对于初次接触泥工的小班幼儿来说,简单的分泥和通过不断揉搓将泥块团成光滑浑圆的球体,是本次活动的核心目标。

刚入园的 3—4 岁幼儿,手眼协调能力较弱,认知能力有限,不能正确使用泥工工具和材料,泥工活动对他们而言只是一种无目的的玩耍。皮球是幼儿生活中常见的、非常熟悉的一种玩具。教师需要提供橡皮泥(超轻黏土、面团等),让幼儿体验泥的性质(黏的、软的、可塑的)。幼儿通过将橡皮泥等团成圆形,在玩中体验泥工的乐趣,同时,以游戏的形式练习技能,为后期造型打下基础。

小班幼儿泥工活动中,教师可运用提问、直观演示、儿歌提示、操作练习等教学手段,让幼儿在观察、感知皮球外形特征的基础上,了解并学习团的技能。幼儿动手制作大小不同的球时,教师要引导他们注意团的动作的协调性及控制力度,并辅以简单的儿歌,让制作过程游戏化。

活动目标

1. 乐于动手制作大小不同的皮球,体验泥工活动带来的成功和喜悦。

2. 学习运用团橡皮泥的技能,锻炼手部动作。

3. 初步尝试分橡皮泥,感知橡皮泥越多,做的球越大。

活动准备

皮球一个;各色橡皮泥若干、泥工板每人一块。

活动过程

1. 观察皮球,讨论球的外形特征。

(1) 教师出示皮球,提问:这是什么?它是什么样子的?它是什么颜色的?(请幼儿摸一摸,玩一玩)

(2) 小结:皮球是圆圆的,会到处滚来滚去,拍一拍,还会跳起来。

2. 看看说说做做,学习用团的方法做球。

(1) 教师出示橡皮泥:圆圆的皮球真好玩,这里有许多彩色橡皮泥,我们用它来做圆圆的皮球好吗?

(2) 教师将红色的橡皮泥团成一个圆圆的小红球,边做边念儿歌:橡皮泥,软又软,放在我的小手,搓搓搓,团团团,变成一个小皮球!

(3) 引导幼儿讨论怎样才能变出一个大皮球,帮助幼儿感知泥越多,做的球越大。

(4) 请个别幼儿尝试用黄色的橡皮泥团一个圆圆的大黄皮球,其他幼儿随教师一起边念儿歌边做团的动作。

3. 动手操作，尝试做球。

(1) 教师提出操作要求：先分泥，再做球。

(2) 幼儿操作，教师巡回观察、指导，鼓励幼儿用橡皮泥做一个彩色的大皮球，提醒幼儿不用的和搓好的橡皮泥都要放在泥工板上，对个别能力较弱的幼儿给予帮助。

4. 展览作品，相互欣赏。

教师：我们来看一看谁的皮球做得最圆，请说说你的皮球是怎么做出来的。

5. 玩游戏“滚皮球”，延伸结束。

教师带领幼儿到室外玩一玩体育游戏“滚皮球”。

活动建议

1. 活动中，可能会有幼儿将泥搓成长条状，或压扁成饼状，教师要鼓励幼儿，帮助他们改进。同时，要注意培养幼儿的卫生习惯，如制作前后，提醒幼儿将双手洗干净；制作中，提醒幼儿在泥工板上制作。

2. 将橡皮泥和泥工板投放到美工区，鼓励幼儿进一步开展泥工制作。

3. 请家长在家中为幼儿备好橡皮泥，和孩子一起进行泥工制作。

附：儿歌

橡皮泥与小皮球

橡皮泥，软又软，
放在我的小手，
搓搓搓，团团团，
变成一个小皮球！

开心娃娃(粘贴)

PCK 分析

粘贴是幼儿将事先准备好的图形或各种材料，以一定的方式干净、平整地粘贴在纸张、板材、器皿等背景上的一种手工活动。开心娃娃的粘贴属于面状材料粘贴，小班幼儿粘贴活动的重点是初步掌握粘贴的方法，认识和了解胶棒的用途和操作方法，同时能将形象摆放在较为适当的位置上再进行粘贴。

3—4 岁幼儿处于手工的无目的活动期，此阶段的幼儿还没有表现的意图，只是满足手工操作的过程，享受自主活动的快感，体验手工工具和材料的特性。运用胶棒对纸进行粘贴对于他们来说是一种新的游戏玩法，为缓解才入园的幼儿的分离焦虑，让他们通过游戏的方式获得愉悦的情感是非常重要的，而此时的幼儿对人脸部的五官较为熟悉，能较快地指出相应的位置代表相应的五官，粘贴开心娃娃的五官能带给幼儿愉悦感。

活动中教师可采用游戏激趣法和观察体验法，在指五官的游戏中融入画圈涂抹胶棒的操作方法，从引导幼儿观察开心娃娃的脸部及五官到引发幼儿愉快的情感体验，再回到粘贴开心娃娃五官的操作，让幼儿在轻松、愉快的游戏氛围中学习粘贴技能，并获得愉快的情感体验。

活动目标

1. 观察人开心时五官的样子，愿意做开心娃娃。

2. 能自主粘贴开心娃娃(在人脸图上贴出五官)，初步掌握粘贴的方法。

3. 了解五官的名称和相应位置，粘贴时做到基本准确。

活动准备

1. 活动前带幼儿照镜子，认识自己的五官。

2. 课件《开心娃娃》；音乐《表情歌》(自备)；娃娃脸形状的空白纸、剪好的成套的五官、胶棒。

活动过程

1. 游戏：××(五官名称)，在哪里？导入活动。

玩法：教师发指令，幼儿根据指令指出五官的位置。

教师：鼻子鼻子(眼睛眼睛……)在哪里？幼儿边用食指在相应五官上画小圈圈(游戏中自然熟悉涂胶棒的动作)边说：在这里！

2. 观看课件《开心娃娃》，进一步了解五官的位置。

(1) 教师：这是开心娃娃(幼儿跟教师学说“开心娃娃”四个字)，他每天都高高兴兴的，看到老师和小朋友们都会说“你好”。你们会说吗？试试看！

(2) 提问：你们从哪里看出开心娃娃很高兴的？

(3) 引导幼儿进行情感体验：今天我们班谁是开心娃娃？大家来看看！

(4) 帮助幼儿了解五官的具体位置。提问：开心娃娃的眼睛在哪里？眼睛的下面是什么？(引导幼儿从上至下认识五官)

3. 尝试自取操作材料，完成粘贴。

(1) 教师讲解操作要求：找到剪好的耳朵、眼睛、嘴巴、鼻子，摆在娃娃脸上合适的位置，然后，在背面涂满胶水，反过来粘贴好。

(2) 幼儿粘贴开心娃娃，教师巡回观察，提醒幼儿将胶水涂在五官图片的背面(引导幼儿迁移前面步骤中手指画圈指出五官的经验)，贴在娃娃的脸上，指导幼儿把握好五官的位置。

4. 展示作品，相互欣赏。

教师展示幼儿的作品，在音乐《表情歌》的伴随下，带领幼儿看一看、说一说自己和同伴的作品，结束活动。

活动建议

1. 幼儿贴五官时，对眼睛方位的把握可能有困难，如可能把眼睛贴倒等。所以，教师在讲解时，要特别请幼儿注意观察眼睛的上下眼皮和眼睫毛的不同。

2. 将人脸五官图贴在主题墙上，供幼儿平时观察、识记。

3. 请家长在家里和幼儿一起玩找五官的游戏，帮助孩子了解五官的准确位置。

附：课件《开心娃娃》二维码

压大饼(泥工)

PCK 分析

幼儿泥工活动中的泥塑包括搓长、团圆、压扁、黏合、捏等简单技能。小班幼儿手眼协调能力较弱，泥工活动可以发展幼儿手部动作的精确性和灵活性，能够促进幼儿视觉、触觉和动觉之间的配合。该活动以团圆和压扁的技能为主。压扁是在团圆(搓长)的基础上，将材料放在手心或大拇指以下的手掌部位压成扁平状(也可以在泥工板上压)。

大饼的造型简单，3—4 岁幼儿有相关的生活经验，能够进行认知。同时，此阶段幼儿还没有表现的意图，只是满足于手工操作的过程，享受着自主活动的快感，并能体验手工工具和材料的特性。该泥工活动以橡皮泥为主要材料，它具有操作便捷、干净、质地柔软可塑、不易干裂的特性。前期幼儿已具备团的技能，大饼的制作中压的动作，形象而生动，先团圆再压扁最后压花纹的制作过程容易让小班幼儿获得成就感。

活动中，教师提供生活化的辅助材料，如雪花片等，丰富大饼造型的特色。同时，教师运用提问、直观演示、操作练习等教学手段，让幼儿观察、感知大饼的外形特征，初步了解大饼的制作方法；并辅以有趣的儿歌，引导幼儿熟练制作过程，巩固团圆、压扁的泥塑技能。

活动目标

1. 对泥工感兴趣，有表现简单物体的能力。

2. 通过制作大饼，感受泥工的快乐，提高动手能力。

3. 巩固团圆的技能，学习压扁的技能，体会压扁的方法（在团圆的基础上用手心压扁）。

活动准备

音乐《饼干歌》（自备）；作品《大饼》（自备）；一次性盘子；橡皮泥、泥工板、花片积塑。

活动过程

1. 播放音乐《饼干歌》。幼儿随教师做团（搓）圆、压扁等模仿动作进入活动室。

2. 观察作品《大饼》，感知外形特征。

（1）提问：小朋友们，看看老师手里拿的是什么？谁来说一说大饼是什么样的？（鼓励幼儿大胆说说大饼的外形特征）

（2）根据幼儿的表达教师视情况梳理小结：圆圆的、扁扁的，上面有花纹。

3. 相互讨论了解大饼的制作方法。

（1）提问：猜一猜，大饼是怎么做出来的？

（2）请个别幼儿试一试后，教师提炼并演示：先把橡皮泥放在手心里团圆，可以边念儿歌边做动作：团圆，团圆，团成一个大面团。再放手心压扁：压扁，压扁，压成一块大饼饼。最后把大饼放在泥工板上：雪花片放在大饼的中间，用手轻轻一按，再把雪花片拿下来，有花纹的大饼就做好了。

（3）幼儿随教师一起边念儿歌边徒手做团圆、压扁的动作。

4. 自取橡皮泥等材料，制作大饼。

幼儿选择自己喜欢的橡皮泥和花片积塑制作大饼。教师播放音乐《饼干歌》，巡回观察、指导，提醒幼儿一步一步来，先团圆、再压扁、最后压花，并注意卫生，不将橡皮泥弄到衣服上或桌子上。

5. 将做好的大饼放在盘子里，相互欣赏交流。

(1) 请幼儿说说自己制作的大饼及其制作过程。

(2) 将制作的大饼送到娃娃家，供游戏使用。

活动建议

1. 将材料投放到美工区，供幼儿继续进行泥工制作。

2. 请家长带幼儿一起包饺子、做馄饨，给幼儿提供橡皮泥、泥工板，鼓励其玩泥、做泥塑。

附：儿歌

压 大 饼

团圆，团圆，团成一个大面团。
压扁，压扁，压成一块大饼饼。
雪花片放在大饼的中间，用手轻轻一按，
再把雪花片拿下来，花纹的大饼就做好了。

彩带飘飘(纸工)

PCK 分析

幼儿撕纸活动是纸工中的一种，是指幼儿不借助任何其他工具，仅靠自己的双手，以各种纸张为材料，进行造型的活动。用手撕出来的形象边缘粗糙、质感强烈，有稚拙的美感。“彩带飘飘”是一个运用撕纸技能——双手的大拇指和食指紧紧靠在一起，一前一后、一点一点地使用目测撕的方法往下撕——将不同材质、不同颜色的纸变成一条条彩带的趣味活动。小班幼儿需要通过这类活动让手眼更协调，并发展手部肌肉的协调性。

3—4 岁幼儿的手工活动属于无目的活动期，这一阶段的幼儿对手工的材料和操作过程充满了好奇，但还不懂如何撕纸，教师可让幼儿用自由的方式随便进行撕纸游戏活动，以熟悉和适应纸的性能。活动中让幼儿尝试运用各种材料撕彩带，享受撕彩带的快感。幼儿满足于模仿成人的实践活动，拿着彩带在手中挥舞，彩带随风飘动，整个活动趣味十足。

教师在活动中可用启发探索法、直观演示法，让幼儿萌发撕彩带的兴趣，产生探索的愿望，猜测彩带的制作方法。教师提炼总结幼儿的猜测，进一步激发幼儿积极的探索行为,使之产生更多的情绪体验并进行创作。最后,引导幼儿用撕纸制作的彩带进行游戏,进一步体验撕纸活动带来的成就感和愉悦感。

活动目标

1. 对撕纸感兴趣,初步感受撕纸作品独特的美感。

2. 认识撕纸材料,尝试主动运用多种材料撕彩带,有良好的撕纸习惯。

3. 初步学习撕纸技能,锻炼小手肌肉,发展手指动作的协调性。

活动准备

音乐《向快乐出发》(自备);撕好的彩带,多根绑在一起扎紧;彩色皱纹纸、广告纸、旧报纸,小篮子、小夹子。

活动过程

1. 玩彩带,导入活动。

(1) 教师手握彩带,快乐地随音乐有节奏地舞动。

提问:你们想玩彩带吗?

(2) 请个别幼儿舞动。

教师:大家都想玩,可是彩带不够怎么办呢?我们自己来做吧!

2. 观察彩带和撕纸材料,讨论并学习制作方法。

(1) 提问:猜一猜,老师的彩带是怎么做出来的?

(2) 根据幼儿的猜测,教师提炼并演示撕纸的方法:左右手靠紧,手的拇指食指紧捏住纸,用力往下撕,把撕下来不要的纸屑放进小篮子里。

(3) 幼儿跟教师一起徒手撕纸,边撕边念儿歌:两只小小鸟,纸边亲一亲,嘿咻一声!飞走了。

3. 利用多种材料,自主撕彩带。

幼儿在音乐声中自取材料撕彩带。教师巡回观察,强调拿纸的时候左右手要靠紧,鼓励幼儿每种纸都试一试,体会撕不同纸张的不同感受。同时,鼓励幼儿想办法尽量将彩带撕得长一些。

4. 带着自己撕的彩带,玩游戏。

教师:你们的彩带做好了吗?看一看、说一说你的彩带是什么样子的?是怎么做出来的?我们带着自己的彩带玩游戏吧。

游戏一:挥彩带。播放音乐,双手自由上下挥动彩带,走一走。

游戏二:彩带飘飘。手持彩带跑步,彩带随风飘动。

游戏三:小火箭。用夹子夹住彩带的一端,用力抛,小火箭就飞出去了。

活动建议

1. 活动中，教师除了关注撕纸的技能，还应重视幼儿撕纸习惯的培养，提醒他们把废纸放到指定的地方。

2. 户外活动中，组织幼儿继续开展“挥彩带”、“彩带飘飘”、“小火箭”等游戏。在美工区投放撕纸的材料，供幼儿继续练习撕纸。

3. 请家长和幼儿一起收集各种废旧易撕的纸张，开展“撕彩带”、“撕面条”等活动。

附：儿歌

两只小小鸟

两只小小鸟，
纸边亲一亲，
嘿咻一声！
飞走了。

好看的热带鱼(粘贴)

PCK 分析

面状材料粘贴包括纸贴、布贴、树叶贴、枕席贴、橘子皮贴等，本次活动是纸贴，教师可引导幼儿根据“因材施艺”的原则进行拼贴，根据材料的形状、颜色、结构、质地、张力等特点，将大小不一的三角形想象成热带鱼（即大三角形看起来像热带鱼的身体，小三角形像尾巴），并制作出来。

对 3—4 岁幼儿，教师可先提供纸、细沙等容易粘贴的材料，《好看的热带鱼》的制作主料是大小不一的三角形纸，而热带鱼的造型有着明显的特征，在形状上比较符合小班幼儿的认知特点。欣赏热带鱼身上的各种花纹和五彩的颜色对于此年龄阶段的幼儿而言，是一种美的体验，而简单的粘贴操作及作品呈现的美感，又会让幼儿有创作的成就感。

教师在活动中采用观察欣赏法、情景创设法，让幼儿在参观水族馆的游戏中，欣赏热带鱼的形状、颜色、结构等特征，引导幼儿在感知热带鱼和三角形的基本特征的基础上，运用拼贴的方式自主进行热带鱼的创作。

活动目标

1. 对拼贴三角形、进一步认识三角形感兴趣，能积极愉快地参与活动。

2. 能运用两个大小不同的三角形拼出热带鱼，提高观察力和动手能力。

3. 进一步感知三角形的基本特征，知道三角形是由三条边、三个角组成的。

活动准备

1. 幼儿已认识热带鱼，并学习过圆形和三角形的特征。

2. 课件《好看的热带鱼》；地上画有圆形和三角形的标记做通道入口，圆形、三角形的门票，大小、颜色不同的三角形若干，胶棒、油画棒。

活动过程

1. 参观水族馆，观察门票及入口标记，进行图形匹配，巩固认识圆形、三角形。

(1) 教师：今天，我们一起参观水族馆，请你们选一张自己喜爱的图形门票，仔细看一看并说一说你选择的门票是什么样子的。

(2) 请幼儿选一选、说一说，自己拿的是什么形状的门票，有什么特点。

(3) 师幼共同小结：只有一条光滑的边的是圆形，有三条边、三个角的是三角形。

(4) 请幼儿看一看、找一找，根据门票选择相应的通道入馆：水族馆门口有两个可选择的通道，请选择形状与自己门票的形状相同的通道入口入馆。

2. 观看课件《好看的热带鱼》，了解热带鱼的外形特征。

(1) 请幼儿观看课件，欣赏热带鱼的外形特征。提问：水族馆里的这些鱼你认识吗？它们叫什么名字？它们是什么样子的？

(2) 引导幼儿集体交流热带鱼的外形特征，进一步认识三角形：你看到了什么颜色的热带鱼？它们是什么样子的？它们的身体和尾巴看起来像什么形状？比一比热带鱼的身体和尾巴的大小，你们发现了什么？

(3) 引导幼儿一起小结：热带鱼是五颜六色的，它们的身体看起来像大三角形，尾巴像小三角形。

3. 动手操作，拼贴热带鱼，进一步认识热带鱼，了解三角形的特征。

(1) 师幼一起讨论热带鱼的拼贴方法，教师用三角形拼热带鱼。

教师：我们选择大三角形还是小三角形做热带鱼的身体(尾巴)呢？

教师边操作边讲解：选一个大三角形做热带鱼的身体，小三角形做热带鱼的尾巴，分别用胶棒涂上胶，将小三角形的一个角对着大三角形的一条边的中间粘牢。最后再给它添画上眼睛，好看的热带鱼就拼好了。

小结：热带鱼的身体和尾巴都像三角形，三角形都有三个角、三条边，但大小和颜色有的一样，有的不一样。

(2) 幼儿分组拼贴热带鱼，教师巡回观察、指导，鼓励幼儿添画水中动、植物。

4. 拼贴作品展示，互相交流学习。

(1) 提问：你们的热带鱼是用什么形状的图形拼成的？用了几个三角形？这些三角形有哪些相同和不相同的地方？

(2) 小结：你们的热带鱼都非常漂亮，有不同的颜色，不同的大小，但它们都是用两个三角形组成的。

活动建议

1. 最后热带鱼的拼贴环节，还可引导幼儿利用三角形纸片，大胆想象并贴出自己喜欢的其他东西，如小树、房子等。

2. 鼓励幼儿根据三角形的特征，在生活中寻找和三角形相似的物品，指出该物品的哪一部分是三角形。

3. 请家长欣赏幼儿的拼贴，鼓励他们介绍自己的作品。

附：课件《好看的热带鱼》二维码

我给妈妈做面条(纸工)

PCK 分析

纸工活动是幼儿经过思考和手的动作，对纸进行折、剪、染、撕，制作出各种不同的形象、物品或玩具的创作过程。“我给妈妈做面条”和“彩带飘飘”虽然都属于撕纸活动，但前者对于小班幼儿的挑战更大，它不仅需要幼儿撕出细细的条状，还需要他们进行粘贴，制作一碗“面条”。同时妈妈是幼儿最亲近的角色，让幼儿用撕贴的方式为妈妈做面条，既促进了幼儿精细动作的发展，又可借此机会教幼儿表达自己对妈妈的情感。

3—4 岁幼儿在手工活动方面处于无目的活动期，通过对纸的点、条、形进行搭配这类相对简单的操作，他们能够创造多彩的撕纸作品。小班幼儿园撕纸活动的设计应遵循“点—条—形”的顺序。

活动中，教师用作品激趣，引发幼儿推测“面条”的制作方法，并在此基础上，重点梳理一前一后双手合作扭动，沿直线把纸撕成细细的条状的方法。提供材料，鼓励幼儿自主创作，提醒幼儿慢慢地撕。最后，引导幼儿将自己的作品带回家送给妈妈，激发幼儿的成就感，以及对妈妈的感恩之情。

活动目标

1. 愿意为妈妈做“面条”，体验撕贴的乐趣。

2. 掌握撕的技能，并能在儿歌的提醒下，较为协调地将纸撕成细细的条状。

3. 学习使用胶棒，做出一碗长短不一的“面条”。

活动准备

作品《面条》(自备)；“碗”形的卡纸、报纸和不同颜色的色粉纸(每张大约为 A4 纸的一半)、胶棒。

活动过程

1. 观察“面条”，初步了解制作过程。

提问：看看这是什么？它是怎么做出来的呢？

教师梳理、小结：先把纸撕成一条一条的，然后贴在“碗”里。

2. 为妈妈做“面条”，掌握撕、贴的技能。

(1) 共同讨论、梳理撕的方法。

提问：怎样才能把一张纸撕成“面条”呢？谁愿意来试一试？

个别幼儿尝试，教师适时用语言梳理。

(2) 教师边念儿歌边撕“面条”，引导幼儿在儿歌的提醒下徒手练习。

(3) 引导幼儿讨论贴的方法。

提问：胶棒应该怎么用？“面条”怎样贴才漂亮？

教师梳理小结：纸条的一面都要涂上胶，然后把涂了胶的那一面贴在“碗”上。贴的时候可以一条一条挨紧点，这样就显得满满的。

(4) 幼儿操作，教师分层指导。

教师可适当帮助一些能力较弱的幼儿，鼓励他们用双手合作扭动的方法，沿直线把“面条”撕下来；对于能力强的幼儿，可引导幼儿将“面条”撕得更细更长。

3. 展示作品，自由表达。

(1) 提问：你们的“面条”做好了吗？是怎么做出来的？

(2) 教师引导幼儿观察“面条”撕得又细又长、“碗”里摆得满满的作品，并提出下次撕贴的建议。

延伸活动：活动后，请幼儿将作品带回家送给妈妈，并说上一句感谢妈妈的话。

活动建议

1. 活动后，可在美工区提供橡皮泥，供幼儿用不同方式制作“面条”。

2. 活动前，请家长带领幼儿去观看拉面、刀削面面条制作过程；活动后，家长可与幼儿共同制作面食，体验自制食物的乐趣和成就感。

附：儿歌

撕　面　条

伸出两个小钳子，
一前一后，
扭一扭，
撕……
一根、两根、三根……
面条、面条出来了，
送给妈妈尝一尝。

小绵羊(粘贴)

PCK 分析

棉花，具有轻柔感和蓬松感，用于表现小绵羊的毛较为适合。利用棉花引导小班幼儿给小绵羊“穿衣服”，丰富新颖的材料除了能激发他们创作的兴趣，积累粘贴的经验外，还能让他们感知不同的材料特性，为日后手工活动选择和利用材料奠定基础。

3—4 岁幼儿注重对工具材料本身的探索，但小肌肉发育尚未成熟，粘贴通常是整幅画面不分隔，以撒、拍、压的操作为主。同时，此阶段的幼儿没有明确的表现意图，只是满足于手工操作的过程，小绵羊的棉花贴画可以让幼儿体验棉花的特性，享受用新材料贴画带来的快乐。

为了达成核心目标，满足幼儿的表现需求，教师先引导幼儿观察绵羊的外形特征，再用讨论的方式引导他们用团、压的方法粘贴棉花，为其自主创作提供经验和方法的准备。其次关注创作中的个别化指导，为不同幼儿用不同的方式表现小绵羊的羊毛，提供有效的支持。

活动目标

1. 愿意用棉花贴画的形式制作小绵羊，体验制作成功的乐趣。

2. 通过观察、模仿，迁移已有经验，将棉花与绵羊的毛建立联系，感知棉花轻柔、蓬松的特性。

3. 在熟悉小绵羊外形特征的基础上，将棉花较均匀地粘贴在小绵羊身体上。

活动准备

1. 幼儿活动前对小绵羊有认知。

2. 课件《小绵羊》；小羊手偶；棉花、双面胶、用卡纸剪成的不同姿态的小羊、贴有小草的大 KT 板。

活动过程

1. 与小羊手偶打招呼，初步感知表现对象。

(1) 教师：看看谁来了？咩咩咩，小朋友你们好！

(2) 教师：我有很多的兄弟姐妹，一起去我家看看吧。

2. 播放课件《小绵羊》，引导幼儿观察小绵羊的外形特征。

(1) 提问：小羊的兄弟姐妹们都在干什么呀？

根据幼儿回答小结：小羊们有的站着，有的在吃草，每只小羊都是不一样的。

(2) 提问：小羊的羊毛是什么样的？哪些地方有羊毛？

小结：小羊身体上有许许多多的羊毛，厚厚的。我们看到的都是白白的羊毛，其实还有其他颜色的羊毛哦！

3. 出示小羊底版，引导幼儿迁移已有经验，学习棉花贴画的方法。

(1) 提问：冬天就要到了，我们给小羊穿上厚厚的衣服吧！生活中什么东西跟羊毛很像呢？

(2) 提问：怎样可以把这些软软的棉花给小羊穿上身？(教师根据幼儿所说的方法进行示范)

4. 幼儿操作，教师指导。

(1) 提醒幼儿在小羊身体适宜的地方贴上双面胶，然后再粘上棉花。

教师：除了脸和羊角，小羊身上的双面胶要紧紧地贴好。将双面胶撕开，再将棉花团成一小团一小团，紧紧地、密密地贴上去，这样小羊的衣服会很暖和。

(2) 提醒幼儿注意收整材料。

5. 自主将作品贴在有小草的大 KT 板上，共同欣赏，体验成就感。

提问：我们把小羊放在一起变成一群羊，看一看，你喜欢哪一只羊？为什么？你给小羊的哪些地方贴上了棉花？我们还可以用棉花做什么？

活动建议

1. 如果条件允许，可将棉花涂上颜色，供幼儿自主选择、表现。

2. 在美工区投放棉花，供幼儿进一步感知棉花的特性，并迁移经验，用于其他手工活动。

3. 请家长为幼儿提供纸张及其他生活材料，和他们一起玩粘贴的游戏。

附：课件《小绵羊》二维码

小刺猬背果果(制作)

PCK 分析

幼儿制作活动是通过综合运用画、捏、折、剪、贴、编、穿、钉、扎等技能，对不同材料的外形、色彩加以变化、装饰，制作成幼儿喜爱的物品或简单的玩具。“小刺猬背果果”的制作是借土豆的形，运用牙签表现小刺猬的刺，再将团成圆形的橡皮泥作为“果子”制作出刺猬背果子的造型。对于手工活动而言，应引导幼儿在熟悉多种手工活动材料的基础上进行联想，这样更利于他们将来根据自己的意图选择材料，发挥想象力和创造力。

接近 3 岁半的幼儿，经过一个学期的经验积累，对于材料已经有了一定的认识。虽然还处于无意创作的阶段，但在教师的引导下，能将材料与所表现的对象联系起来，制作出成品。

活动中，教师主要采用探索提问法，引导幼儿通过观察课件的材料，探索制作“小刺猬”的方法。其次，借助有趣的儿歌进行梳理，重点提示插牙签的方法。最后，在幼儿进行创作时，教师进行个别引导，让每位幼儿获得成就感。

活动目标

1. 感受用生活中食物土豆制作小刺猬的乐趣。

2. 尝试将材料与小刺猬建立联系，能安全使用牙签。

3. 学习插接牙签的方法,表现刺猬的形态特征。

活动准备

1. 对刺猬特征和习惯有一定的了解,有团橡皮泥的经验。

2. 课件《小刺猬》;土豆、牙签、橡皮泥(可提前做好一些小果果)。

活动过程

1. 观看课件,了解刺猬的基本特征。

(1) 提问:这是谁?它是什么样子的?

(2) 小结:小刺猬有尖尖的嘴巴、小小的眼睛、椭圆形的身体,全身长满了刺。

2. 观察材料,运用土豆和牙签,学习插接的方法。

(1) 提问:看看老师为你们准备了哪些材料?用这些材料怎么做出小刺猬背果果?

在幼儿回答的基础上,梳理方法:土豆是圆圆的,可以做小刺猬的身体,牙签尖尖的可以做小刺猬的刺;橡皮泥可以搓得圆圆的,做成小果子。

(2) 教师用儿歌梳理"小刺猬背果果"的做法。

教师边念儿歌边演示:圆圆小土豆,牙签手中拿,尖尖不扎手,插进小土豆。小手加加油,小刺排成山,山中来寻果,小果背回家。

(3) 幼儿随教师一边念儿歌一边徒手做拿牙签、插牙签的动作。

3. 自主创作,用插接的方法表现刺猬的形态特征。

(1) 教师提出操作要求,提醒幼儿注意牙签的使用安全。

(2) 幼儿尝试自主操作,教师巡回观察,并进行个别指导。引导能力强的幼儿做多个"小刺猬",用儿歌提示能力中等的幼儿,适当帮助能力较弱的幼儿将牙签插到土豆上。

4. 将做好的"小刺猬背果果"放在展示台前,相互欣赏交流。

(1) 请幼儿说说自己做的小刺猬背的是什么水果。

(2) 到户外玩"小刺猬背果果"的游戏。

活动建议

1. 在美工区提供泥土、牙签、火柴棒、松针、树枝、树叶以及豆类,作为幼儿美术活动的材料,为幼儿创作"刺猬"提供更加丰富的自然资源。

2. 活动后,可请家长与幼儿在家一起利用蔬果造型,发展他们的想象力和创造力。

附 1：课件《小刺猬》二维码

附 2：儿歌

小刺猬背果果

圆圆小土豆，
牙签手中拿，
尖尖不扎手，
插进小土豆。
小手加加油，
小刺排成山，
山中来寻果，
小果背回家。

打扮小乌龟(粘贴)

PCK 分析

粘贴是幼儿将事先准备好的图形或材料，以一定方式干净、平整地粘贴在事先准备好的纸张、板材、器皿等背景上，使其呈现出不同的物体、情节和场面。使用瓜子壳、豆子、蛋壳等自然材料，通过轮廓粘贴的方式装饰乌龟壳，既促进了幼儿动作的灵活性、手眼的同步性及手脑的协调性，又让幼儿在加工自然材料的过程中发挥想象力与创造力，获得动手设计的满足感。

进入小班下学期，幼儿的手工发展正处于由无目的活动期向基本形状期过渡的阶段，随着认知和动手能力的提高，幼儿积累了初步的感性经验，有了较明确的制作意图，开始对各种类型的手工活动感兴趣，喜欢粘粘贴贴并乐在其中。

在活动中，教师以“小乌龟上山坡”的游戏激发幼儿的参与兴趣，让幼儿欣赏作品，观察瓜子壳、豆子、蛋壳等自然材料并讨论操作方法，尝试用轮廓粘贴、添画等方式装饰乌龟壳。同时，在此基础上，鼓励幼儿根据画面内容添画背景，丰富整体画面。

活动目标

1. 乐意为“小乌龟”穿衣服,体验利用自然材料操作的乐趣。

2. 尝试用瓜子壳、豆子、蛋壳等自然材料装饰乌龟壳。

3. 尝试根据画面内容添画背景,养成良好的操作习惯和卫生习惯。

活动准备

1. 幼儿对小乌龟有感性经验,会使用双面胶。

2. 音乐《小乌龟上山坡》(自备);作品《打扮小乌龟》(自备);画有小乌龟的操作卡;豆子、蛋壳、瓜子壳、开心果壳、花生壳等自然材料;双面胶,油画棒。

活动过程

1. 玩游戏“小乌龟上山坡”,引发活动兴趣。

幼儿随音乐模仿小乌龟上山坡,进入活动室。

2. 观察作品和操作材料,讨论操作方法。

(1) 引导幼儿观察作品,初步对装饰小乌龟有感知。

提问:看看这只小乌龟的壳有什么特别的地方?

(2) 出示操作卡和自然材料,师幼共同讨论操作方法。

提问:你想用什么材料打扮小乌龟呢?怎样粘才好看?

(3) 教师帮助幼儿小结:我们先选择想用的材料,在它的背后贴上双面胶,然后撕下双面胶的另一面,贴在乌龟的背上。贴的时候可以先把乌龟壳的边缘贴满,再贴中间。最后,还可以用油画棒在乌龟的周围进行添画。

3. 尝试用自然材料装饰乌龟壳,完成创作。

幼儿自取操作卡,选择不同的自然材料装饰乌龟壳。教师巡回观察,重点指导幼儿大胆沿轮廓进行装饰。提示幼儿注意卫生,鼓励幼儿根据画面内容添画背景。

4. 展示作品,交流分享。

(1) 展示作品,引导幼儿欣赏:选出你喜欢的小乌龟,说出喜欢的理由。

(2) 收拾材料,结束活动。

活动建议

1. 操作卡的大小要适宜,确保幼儿在一次活动中能够贴满,以获得成就感。

2. 活动中,教师不应该限制幼儿选择材料的种类,重在引导幼儿先沿轮廓粘贴,再将中间贴满。

3. 活动后，教师可将材料投放到美工区，供幼儿继续进行装饰活动。

4. 增强家园配合，鼓励家长多带幼儿进行亲子手工活动，培养他们良好的操作、卫生习惯。

附：操作卡参考

可爱的小狗头(纸工)

PCK 分析

折纸是幼儿纸工活动之一，它对幼儿认识边、角、线、中心点、对角线、几何图形、空间方位，锻炼手的技能，增强注意力、记忆力，以及培养仔细、认真的习惯都具有重要意义。这是小班幼儿第一次折纸，除了初步学习看懂示意图，知道对角折的方法外，“对齐”和“抹平”这两个折纸习惯的养成也是非常重要的，这将对日后幼儿用折纸的方法进行造型活动在美观上有较大的影响。

3—4 岁幼儿处于无目的活动期，这一时期的幼儿由于手部小肌肉的发育不够成熟，再加上有意注意的时间短，在折纸时动作较为粗糙。

活动中，教师以谈话交流的方法，激发幼儿的制作兴趣，再与幼儿共同观察示意图，一问一答中，梳理小狗头的折纸方法，初步感知图示。在幼儿自主操作时，教师用语言进行提示。在关注幼儿折纸方法的同时关注他们的折纸习惯，及时进行个别指导，确保每名幼儿都能获得成功的体验。

活动目标

1. 初步体验折纸活动，喜欢动手折叠。

2. 在教师的引导下，尝试看示意图，并能在折叠过程中，关注“对齐”和“抹平”。

3. 能用对角折的方法表现出小狗头的基本特征，愿意用油画棒给小狗添画眼睛和鼻子。

活动准备

1. 幼儿已经认识过正方形。

2. 课件《可爱的小狗头》;作品《可爱的小狗头》(自备);正方形纸、记号笔。

活动过程

1. 观察作品,感知表现的对象。

提问:瞧! 这是什么呀? 这只小狗头是用什么方法做出来的呀?

2. 观看课件《可爱的小狗头》,在教师的引导下,尝试看图折纸。

(1) 出示图一,提问:这是一张什么形状的纸? 箭头表示什么意思? 中间的这条线和我们之前见过的有什么不同的地方?

教师边小结边演示第一步,并强调"对齐""抹平",再请幼儿折叠。

(2) 出示图二,提问:现在的图形变成了什么形状? 你的三角形和图片中的三角形有什么不一样? 怎样让"中线"变出来? 用哪里对齐哪里折叠? 你是怎么知道的? 幼儿在教师语言提示下进行折叠。

(3) 出示图三、图四,提问:怎么让上面的两个角变成小狗的两个耳朵? 请你看着图试一试。教师用语言提示,鼓励幼儿自行折叠。

提问:第四张图告诉我们怎么折?

(4) 出示图五,提问:你的小狗头折好了吗? 看看最后我们要做什么? 视情况追问:小狗的眼睛和嘴巴在什么位置。

3. 展示幼儿作品并进行评价。

提问:今天我们做小狗头时学习了什么新本领? 你喜欢吗?

活动建议

1. 这是幼儿第一次折纸,教师可引导幼儿看一步、折一步,并用语言提示。同时,不要操之过急,尤其是"对齐""抹平"的习惯,一定要让幼儿逐步养成。

2. 活动后,在美工区投入正方形纸及示意图,供幼儿进一步巩固练习对角折。

3. 家长可与幼儿一同进行亲子折纸游戏,在学习对角折、对边折的同时,促进幼儿手部精细动作的发展。

附:课件《可爱的小狗头》二维码

一盆花(制作)

PCK 分析

幼儿制作是一种综合的幼儿美术活动,“一盆花”主要是引导幼儿自主选择撕、揉、折、贴等方式进行创作。花是幼儿生活中最常见、最喜欢的植物,本活动中,幼儿能够亲手为植物添上漂亮的“花朵”,并体验手工活动带来的快乐以及享受用自己的作品装扮环境的快乐。

3—4 岁幼儿在手工发展方面处于无目的活动期,于他们而言手工活动就是游戏活动。幼儿对手工制作的明确意图是在教师的引导下逐步产生的,需要教师将幼儿朝有目的的方向引导,启发幼儿在欣赏盆花中感知花之美,激发幼儿创作兴趣,从而使幼儿产生添“花朵”的明确的手工制作意图,并尝试使用不同的材料、不同的方式制作“花朵”来装饰植物。

活动中,教师采用观察体验的方法,引导幼儿在欣赏盆花之美中,萌发为植物添“花”的愿望,并在认识操作材料的基础上,自主选择手工制作方法,如用撕、揉、折、贴等呈现盆花的多样美。最后,用幼儿的作品装扮活动室,邀请其他班级的幼儿欣赏,让他们获得成就感。

活动目标

1. 喜欢参与手工操作,尝试用不同的材料、不同的方式装饰植物。

2. 能用撕、揉、折、贴等方式为植物添上“花朵”,有良好的操作习惯。

3. 认真欣赏盆花,大胆介绍自己的创作,感受花之美。

活动准备

1. 活动前,幼儿已有撕、揉、折、贴的相关技能。

2. 课件《一盆花》;纸花折纸步骤图(自备);作品《一盆花》(自备)、绿色植物;报纸、广告纸、色纸、皱纹纸、胶水、棉签。

活动过程

1. 欣赏教学课件,感受盆花之美。

(1) 教师播放教学课件,幼儿凝神欣赏。

(2) 提问:你们看到了什么?它们是什么样的?

2. 观察范例,思考添“花朵”的方法。

(1) 教师出示作品:这盆花和我们刚才看到的有什么不同?它是什么样的?

有些什么颜色？猜猜它是怎么做出来的？

(2) 师幼共同探索添“花朵”的方法。

提问：桌上有什么？怎样用这些纸来做“花朵”呢？有没有不一样的方法？教师鼓励幼儿用撕、揉、折、贴等方法制作花朵。

3. 动手创作，尝试用撕、揉、折、贴等方法制作花朵。

(1) 教师：这里还有一些植物，我们一起来帮它开出美丽的花朵吧！

(2) 幼儿自取操作材料，自主创作，教师巡回观察、指导，每组提供一张纸花折叠示意图，鼓励幼儿尝试用两种以上的方法共同为自己的这组植物做“花朵”，提醒幼儿注意整洁，将纸屑放在桌子中间的篮子里。

4. 展示作品，相互欣赏评价。

(1) 将作品摆放在窗台上，供幼儿相互欣赏。

提问：你用了哪些方法做了花朵？是怎么做的？

(2) 邀请其他班级的幼儿欣赏。

活动建议

1. 活动中，教师不应该限制幼儿制作花的方法，鼓励他们用自己的材料、喜欢的方式进行制作。

2. 活动后，将材料投放到美工区，鼓励幼儿再次尝试创作。

3. 可建议家长与幼儿共同收集废旧鞋盒子，与幼儿一起装饰盆花，美化家居环境。

附：课件《一盆花》二维码

水果娃娃(泥工)

PCK 分析

泥工是幼儿园手工活动的重要内容之一，也是幼儿喜欢的活动之一，进入小班后期，他们已基本掌握分泥、团、压、揉、捏等技能，教师可为幼儿明确一个适宜的主题，让其调动已有经验自主表现，满足幼儿的创作需求。

3—4岁幼儿手腕肌肉尚未发育完善，手眼协调能力较差，而泥工活动可以发展幼儿手的动作的精确性和灵活性，促进幼儿视觉、触觉和动觉之间的配合，使幼儿手脑一致、手眼协调。同时，此阶段的幼儿通过教育活动，具备一定的泥工表现技能，能够根据主题内容选择方式创作，但在运用辅助材料方面还存在无目的性。

活动中，教师先引导幼儿回忆常见水果的外形特征，观察材料时，思考制作方法。同时以直观演示的方法，介绍并利用辅助工具制作，为他们进一步表现提供支持。然后，以宽松的氛围鼓励幼儿选择自己喜欢的方式进行创作。

活动目标

1. 喜欢制作水果，有自己喜欢的表现方式。
2. 能用团、揉、捏等方法制作水果娃娃，尝试合理地运用辅助工具。
3. 尝试用较完整的语言描述自己的制作过程。

活动准备

1. 幼儿已接触并初步认识常见水果，并具备分泥、团、压、揉、捏等基本技能。
2. 作品《苹果娃娃》（自备）；常见水果；超轻黏土、泥工板、牙签、小棒、豆子、塑料小刀、小树叶等辅助工具。

活动过程

1. 观察常见水果，描述水果的外形特征。

（1）提问：你们吃过水果吗？吃过哪些水果？它们是什么样的？

（2）幼儿相互交流，说说自己熟悉的水果的外形特征，并大胆表达。

（3）教师出示几种常见水果，提问：这里有些什么水果？是什么样子，什么颜色的？

幼儿自主观察并表达，教师视情况小结。

2. 观察材料并讨论，了解水果的制作方法。

（1）教师出示操作材料，幼儿观察并说说有些什么材料。

（2）提问：如果请你们用这些材料做水果，你们会怎么做呢？

（3）幼儿表达自己的想法后，教师出示作品《苹果娃娃》，引导他们猜测制作方法：先将超轻黏土团圆，再在圆球的上面插根小棒或小树叶，在圆球的旁边按下两颗豆豆做眼睛。

3. 自主分泥，自主运用团、揉、捏等方法制作水果，尝试合理地运用辅助工具。

(1) 提问：这些牙签、小棒、豆子等材料，可以怎么帮助我们做出水果娃娃?

教师在幼儿的基础上整理小结：牙签可以用来刻出水果娃娃的嘴巴，小棒可以用来做一串串的葡萄等。

(2) 幼儿创作，教师巡回观察指导，鼓励幼儿大胆选择自己喜欢的超轻黏土和辅助工具制作不同的水果娃娃，提醒幼儿注意卫生和工具使用的安全。

4. 展示与欣赏，体验制作的快乐。

(1) 展示作品，相互介绍、欣赏。

(2) 幼儿根据自己的作品，说说水果娃娃在干什么，尝试编讲故事。

5. 洗净小手，品尝水果，结束活动。

活动建议

1. 活动中，超轻黏土的数量要多，以满足幼儿塑造多个水果娃娃的需要。如果没有超轻黏土，可以用橡皮泥代替。

2. 活动后，将幼儿的作品陈列在活动室一角，供幼儿进一步欣赏同伴的作品；将操作材料投放到美工区供幼儿进一步创作。

3. 请家长和幼儿一起玩泥，并提供相关辅助物，如小盆子放“水果”、细长的小树叶做苹果的“茎”等，增强他们的制作兴趣。

做凉帽(制作)

PCK分析

凉帽制作涉及剪纸与粘贴，而这也是小班第一次剪纸活动，要让幼儿学习使用剪刀，尝试沿直线剪。通过剪纸与粘贴相结合，制作出凉帽，让幼儿感受手工活动的乐趣。

3—4岁幼儿对剪刀的用法还不熟悉，在剪的过程中不知该如何下手，很容易产生消极情绪。同时，教师在活动前需要引导幼儿认识剪刀，并通过演示教幼儿使用剪刀的方法。由于幼儿年龄较小，安全意识薄弱，加之剪刀具有一定的危险性，使用不当时容易伤人，因此教师需要告知幼儿使用剪刀的操作要求：剪刀要离眼睛远一点，不能用剪刀乱戳，不能拿着剪刀走来走去等。

在这一活动中，教师通过引导幼儿观察不同的凉帽，感知凉帽有帽檐的外形特征和遮阳的功能。通过展示凉帽制成品，激发幼儿对凉帽的制作方法进行思考，引发幼儿对凉帽制作的兴趣。通过直观演示的方法，引导幼儿用剪、贴、折的方法制作和装扮小凉帽。

活动目标

1. 尝试制作凉帽，体验自己动手制作帽子的快乐。

2. 能仔细观察制作步骤图，梳理剪贴方法，练习使用剪刀的技能。

3. 初步认识凉帽，感知凉帽的功能。

活动准备

1. 幼儿戴过凉帽，观察过凉帽，并收集不同的凉帽带到幼儿园。

2. 凉帽；凉帽操作卡（可根据附1制作）、凉帽制作步骤图（可根据附2制作）；剪刀、胶水、水彩笔。

活动过程

1. 观察不同的凉帽，感知凉帽的外形和功能。

（1）提问：这些是什么？我们一般什么时候戴？它们是什么样子、什么颜色的？有些什么花纹？

（2）幼儿自由表达，教师适时回应梳理：凉帽都有帽檐，能帮人们遮住阳光，夏天戴上真凉快！凉帽还有不同的好看颜色和漂亮花纹。

2. 观察已做好的凉帽，讨论凉帽的做法。

（1）提问：你们知道这个帽子是怎么做出来的吗？（幼儿讨论）

（2）出示大的凉帽制作步骤图，引导幼儿仔细观察步骤二与步骤三，说出制作方法。

（3）梳理、演示凉帽的做法：先沿实线部分一一剪开，再将帽檐的两端粘上胶水贴好，一顶凉帽就做好了。

3. 自主创作，尝试用剪、贴、折的方法制作和装扮小凉帽。

幼儿取凉帽操作卡和操作工具进行剪贴，教师巡回观察、指导，提醒幼儿注意剪刀的安全使用方法，并保持桌面、地面的卫生；鼓励幼儿装饰帽檐。

4. 戴上小凉帽，进一步体验制作小凉帽的快乐。

（1）教师：我们都有一顶小凉帽，来，跟大家说说你的小凉帽上有什么图案。

（2）送凉帽：把自己的凉帽送给好朋友，或跟好朋友交换小凉帽。

（3）请幼儿戴着凉帽到操场上检验一下能否遮阳。

教师：让我们戴着凉帽到操场上走一走，看看它能不能遮太阳。

小结：夏天戴上小凉帽，我们不热啦。回家了请你多做一些小凉帽，送给爸爸妈妈、爷爷奶奶，大家一起戴上小凉帽！

活动建议

1. 将幼儿自制的凉帽投放到区角,供幼儿有需要时使用。

2. 请家长准备一些色彩丰富、造型别致的小凉帽,带至班级供幼儿欣赏,也可在家里和他们一起制作一顶凉帽。

附 1:凉帽操作卡

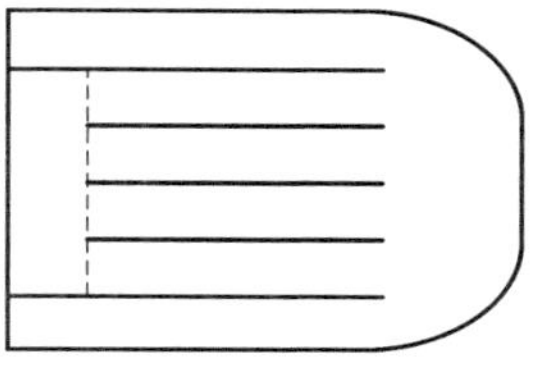

附 2:凉帽制作步骤图

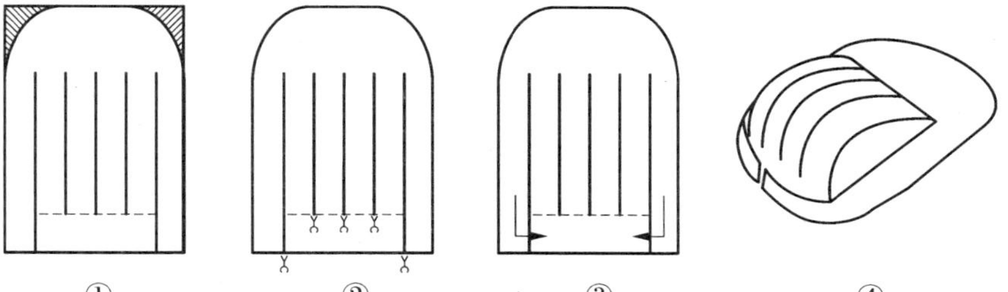

①　②　③　④

步骤一:沿轮廓线剪去阴影部分(可由教师完成)。

步骤二:沿实线剪开至线的末端。

步骤三:将凉帽的两端粘住。

步骤四:完成图。

马路上的情景(粘贴)

PCK 分析

"马路上的情景"是幼儿利用教师提供的面状材料——不同形状的卡片进行造型粘贴的活动。本活动的核心要求之一,是根据纸张的形状、颜色等特点,想象是汽车的哪一个部分,将选择好的材料在背景图上进行摆放和布置,最后进行粘贴。

接近 4 岁的小朋友,有了一定的粘贴经验,会使用胶水、胶棒和双面胶,并知道粘牢材料的方法,但如果要根据物体结构,自主选择形状、颜色不同的材料操作，还需要教师引导。同时，根据3—4岁幼儿的年龄特点及发展水平，一次粘贴活动不宜提供太多类型的材料，否则会把幼儿的注意力转移到材料的翻找上，不利于幼儿操作。

因此，活动中教师仅选择与汽车形象接近的两个形状——长方形和圆形，但图形的颜色、大小需要体现差异。其次，引导幼儿发现汽车结构与长方形、圆形的关系，共同梳理粘贴的方法。幼儿操作时，教师给予他们自主创作的空间，鼓励他们和同伴将汽车共同呈现在马路的场景中。

活动目标

1. 乐于大胆表现马路上的情景，体验合作拼贴的快乐。

2. 感知汽车的结构，能用方形、圆形等拼贴表现，和同伴共同完成作品。

3. 能通过自己的不断探索和摆放，拼贴出不同的汽车。

活动准备

1. 对汽车结构有一定的认识。

2. 作品《公共汽车》（自备）、马路背景图每人一幅（自备）；不同颜色、大小的圆形、长方形卡片，胶棒、水彩笔。

活动过程

1. 观察马路背景图，萌发拼贴汽车的兴趣。

（1）提问：这是在什么地方？马路上少了什么？

（2）出示图形卡片：今天，我们要用这些图形拼出马路上的车辆，你们会拼吗？快试试！

（3）幼儿自主尝试，教师巡回观察。

（4）请幼儿在集体中展示、介绍，说说拼了什么车，是用什么图形拼成的。

2. 欣赏作品《公共汽车》，了解汽车的结构与图形的关系，学习粘贴方法。

（1）提问：这是什么车？车身在哪里？可以用什么形状表现？车轮呢？除了车身和车轮，你还看到了什么？它又是什么形状粘贴出来的？

小结：原来，这些车都是用长方形、圆形粘贴拼成的。

（2）小结：先选择大的合适的图形粘贴做车身，再选择表现车窗、门和车轮的图形，将它们摆放在合适的位置，最后再配图形，背后涂上胶将其固定住。

提问：拼贴一辆汽车，我们需要先做什么，再做什么？

3. 粘贴汽车，大胆创作表现。

（1）幼儿分组，在马路背景图上自主粘贴汽车。

教师进行个别指导，重点关注幼儿是否能根据汽车结构选择形状、大小适宜的卡片。

(2) 鼓励幼儿添画树、房子等，丰富画面。

引导幼儿贴好汽车后，用水彩笔添画街道的景象。

4. 展示各组作品，师幼共同欣赏。

提问：你做的汽车是怎样的？用了哪些图形？分别做了汽车的哪个部分？你最喜欢哪辆汽车？为什么？

活动建议

1. 活动后，教师可将此次活动的汽车投放到美工区，指导幼儿用不同的方式再次制作汽车；也可将收集的汽车图片装饰在美工区墙面上，供幼儿继续操作。

2. 活动后，可请家长和幼儿一起利用家里的废旧盒子制作汽车。

我的吊车本领大(制作)

PCK 分析

本活动是要求幼儿沿轮廓线剪并粘贴的制作活动。沿轮廓线剪是先在纸上画好物体的外形轮廓，再让幼儿沿着轮廓将物体剪下来。按照吊车轮廓尝试较整齐地剪出吊车驾驶室、吊杆和所吊物品轮廓，并将其粘贴在相应位置，对于小班幼儿来说具有一定的挑战。在吊车酷酷外形和强大功能的吸引力下，也必定能激发幼儿动手操作的欲望。

沿轮廓线剪对于幼儿来说会受线条约束，不太自由，但便于幼儿有方向、目的明确地剪，剪出的形象比较完整，能够增强幼儿的自信心。在引导幼儿沿轮廓线剪的活动中，吊车轮廓线要简练，不能有太多的弯曲，遵循先剪大面积图形这一原则。

活动中，教师借助游戏及课件，帮助幼儿熟悉大吊车的特征。同时，教师应遵循先易后难的指导原则，引导幼儿在实际操作中，练习按轮廓剪、贴的操作技能。对于能力较弱的幼儿，可以为其提供已经剪好的长吊杆部分，以降低难度，让每个孩子都获得成功。

活动目标

1. 有兴趣剪贴吊车，巩固剪刀的使用技能，养成良好的操作习惯。

2. 尝试较整齐地剪出吊车驾驶室、吊杆和所吊物品轮廓，粘贴在相应位置。

3. 在说说、做做、剪剪、贴贴的过程中巩固对吊车基本特征的认识。

活动准备

1. 幼儿已了解吊车的基本构成。

2. 音乐《大吊车》(自备);印有大吊车驾驶室、长吊杆和货物的操作卡(可根据附 1 制作),剪刀、油画棒、胶水。

活动过程

1. 随音乐想象,模仿大吊车,感知吊车的外形特征。

(1) 提问:大吊车是什么样子的?它有什么本领?

小结:大吊车有长长的鼻子,能帮助我们吊起重重的东西,大吊车可真厉害!

(2) 教师:我们来跟着音乐用自己的身体学做大吊车吧!看看你的大吊车是不是跟别的小朋友不一样。

(3) 播放音乐《大吊车》,提示幼儿可以站着、跪着、躺在地上或坐在地上学做大吊车,不仅可以用手当作吊车长长的鼻子吊东西,用脚、用头、用身体的各个部位都可以。

2. 观察自制操作卡,了解剪贴吊车的基本步骤。

(1) 教师:刚才,我们用自己的身体学做大吊车,现在,游戏要变一变了,请你们用剪刀剪出大吊车。你们会吗?

(2) 出示操作卡,引导幼儿观察,讨论剪贴方法。

提问:仔细看看这幅图,猜猜要怎么剪出大吊车?剪长吊杆的时候需要注意什么?

(3) 小结:先沿着轮廓线外围剪出大吊车的驾驶室、长吊杆和货物,再把它们用胶水贴到大吊车相应的位置上。

3. 自主剪贴,完成作品。

(1) 引导幼儿回顾《小火车》中的儿歌内容,复习剪刀使用方法。

(2) 幼儿自取操作卡和操作工具,剪贴大吊车。教师巡回观察、指导,适时给予帮助,鼓励幼儿添画其他背景,提醒幼儿将碎纸片放到篮子中。对于能力较弱的幼儿,可为其提供已经剪好的长吊杆。

4. 展示作品,相互欣赏、评价。

(1) 请幼儿介绍自己的大吊车。

(2) 教师对幼儿的剪贴情况和操作习惯进行评价。

(3) 收拾材料,随音乐模仿大吊车出活动室。

活动建议

1. 活动后，教师在美工区中可提供难度不一样的剪纸样例，供不同发展水平的幼儿自主选择，模仿剪纸作品或自创剪纸作品。

2. 活动后可建议家长和幼儿一起剪纸，指导幼儿正确、安全地使用剪刀，创作不同的剪纸作品。

附 1：自制操作卡参考

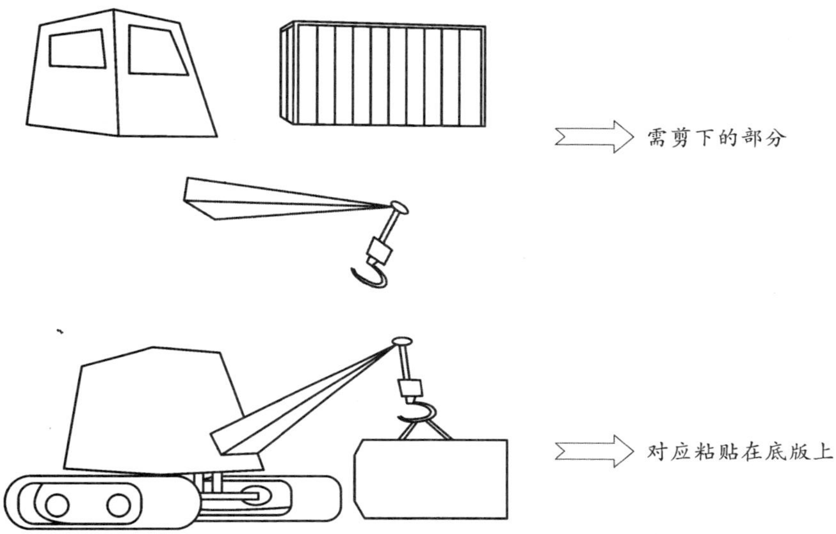

附 2：儿歌

小　火　车

小火车，
呜呜呜，
过山洞，
过铁桥，
哐当哐当，
一直跑，
到站啦。

第三章

中班篇(4—5岁)

一、中班美术教学的目标建构

(一)目标体系建构意义

中班美术教学目标体系的建构是对中班幼儿美术学习所要达成的预期结果的定位和要求。科学建构中班美术教学目标体系,可以让教师清晰地看到中班年龄阶段在欣赏、绘画、手工三方面的具体目标内容,更好地帮助教师科学有效地组织中班幼儿的美术教学活动。

(二)目标体系建构依据

中班美术教学目标体系是服从于中班年龄阶段(4—5岁)幼儿的身心发展规律及美术认知发展特点的,因此,教师在建构中班美术教学目标体系时,应以以下三点为依据。

1. 依据中班幼儿美术方面的发展特点

中班幼儿的美术欣赏处于艺术符号感知占优势期,能在教育的干预下,感知美术作品的颜色、形态与构图等艺术特征;中班幼儿绘画处在象征期,能用各种线条表现熟悉事物的基本特征;中班幼儿手工进入基本形状期,由无目的的动作逐渐转变为有意图的尝试。这些,为目标的建构提供了科学依据。目标建构应既立足于4—5岁幼儿美术方面的发展水平,又考虑其最近发展区,满足其发展需要,让其能跳起来够得着,充分表现自我,实现螺旋式的发展。

2. 依据美术学科本身的特点

幼儿美术是幼儿从事的视觉艺术活动,它有其独特的艺术语言,如线条、造型、色彩等。教师要让幼儿通过美术符号系统的学习,掌握一些基本的美术技巧,来表达自己的审美感受、审美想象和审美创造。

3. 依据相关法规要求

《纲要》《指南》中提出的"关于美术领域目标与4—5岁年龄段的典型表现",是目标建构的直接依据。

(三) 目标体系建构说明

中班美术教学的目标建构分为三个层次:一是总目标,二是各类型的分类目标,三是基于各类型的中班上、下学期目标,构成方式类似一个金字塔。总目标位于塔顶,下层目标则是对上层目标的分解和具体化。其中,总目标3条,分类目标12条,学期目标中上学期12条,下学期11条,为教师进一步理解美术教育目标,科学开展中班美术教育活动提供参考。

总目标	分类目标	学期目标	
		上学期	下学期
1. 在欣赏自然界和生活环境中美的事物时,关注其色彩、形态等特征。欣赏美术作品时会产生相应的联想。	**1. 欣赏活动:** (1) 喜欢并愿意主动关注、欣赏自然界和生活中具有美感的事物。 (2) 初步学习欣赏并感受美术作品中形象的造型美、色彩的变化与统一美、构图的对称与均衡美,初步理解形象和主题的意义,知道美术作品能反映现实生活和人的思想感情。尝试用语言、动作、表情等表达自己的理解、想象和情感。 (3) 学习欣赏并初步评价同伴的美术作品。	**1. 欣赏活动:** (1) 喜欢欣赏自然界和生活中美的事物,以及与自己生活经验有关的美术作品、家乡古建筑、节日装饰等。 (2) 能在成人的引导下,关注所欣赏事物、美术作品的造型美、色彩的变化与统一美、线条粗细变化美以及作品的意境美。初步理解形象和主题的意义,知道美术作品能反映现实生活和人的思想感情。 (3) 能较为专注地欣赏自己喜欢的美术作品,尝试用语言、动作、表情、绘画等形式表达自己的理解、想象和情感,并初步学习评价。	**1. 欣赏活动:** (1) 能发现自然界和生活中美的事物,并愿意主动欣赏日常生活中美的生活物品、建筑、艺术品。 (2) 在欣赏自然界和生活环境中美的事物时,感受作品的夸张表现形式、色彩的搭配与统一美、构图的对称与均衡美。初步理解形象和主题的意义,知道美术作品能反映现实生活和人的思想感情。 (3) 能专注地欣赏自己喜欢的美术作品,有模仿和参与的意愿和行为,并学习评价同伴的美术作品。

（续表）

<table>
<tr><th rowspan="2">总目标</th><th rowspan="2">分类目标</th><th colspan="2">学期目标</th></tr>
<tr><th>上学期</th><th>下学期</th></tr>
<tr><td>2. 经常用绘画、捏泥、手工制作等多种形式表现自己的所见所想。</td><td>2. 绘画活动：
（1）学习水粉画、水墨画、漏印版画、故事画等多种形式，体验绘画的乐趣。
（2）学习并能熟练使用各种绘画工具，能根据自身需要自主选择合适的绘画工具和材料。
（3）学习用线条和形状表现感受过的事物的基本结构和主要特征，并根据物体上下、左右关系进行构图。
（4）认识并学会使用同色系颜色深浅搭配，并在绘画中用较为丰富的颜色作画。</td><td>2. 绘画活动：
（1）能积极大胆地投入绘画活动，并能从中体验到不同绘画形式的乐趣。
（2）学习并掌握几种常见的绘画工具及材料的正确用法，并能在活动中根据自身意愿进行自主选择。
（3）初步学习用简单的线条、喜欢的色彩、简单的图形组合等艺术要素表现所见、所想事物的基本结构和主要特征。</td><td>2. 绘画活动：
（1）对故事画、漏印版画、水墨画等几种新的绘画形式感兴趣，并从中体验创作的快乐。
（2）根据绘画主题，选择适宜的绘画工具及绘画材料进行创作，并熟练使用各种绘画工具及材料。
（3）能较为灵活地运用简单的线条、色彩的搭配、图形的组合、物体的上下左右关系等艺术要素，大胆地表现所见、所想事物的重要形态。
（4）认识 12 种颜色，并学会辨别同种色的深浅，学习用较丰富的颜色作画，区别并尝试画出主体色和背景色。</td></tr>
<tr><td>3. 能运用绘画、手工制作等表现自己观察到或想象的事物。</td><td>3. 手工活动：
（1）正确使用多种手工工具和材料，喜爱各种手工活动。
（2）学习用丰富、复杂的点状材料粘贴出简单的物象。
（3）学习看步骤图折纸，用四角向中心点折的技能，折出简单的物象。</td><td>3. 手工活动：
（1）能在成人的引导下，喜爱并愿意参与美术手工活动。
（2）学习并掌握不同手工工具和材料的基本使用方法，形成良好的手工活动习惯。
（3）学习用丰富、复杂的点状材料粘贴出简单的物象。</td><td>3. 手工活动：
（1）喜爱各种手工活动，并能正确使用多种手工工具和材料。
（2）自主看步骤图，学习四角向中心点折的技能，折出简单的物象。
（3）学习用橡胶泥塑造出立体物象，在此基础上，用各种辅助材料进行装饰。</td></tr>
</table>

(续表)

总目标	分类目标	学期目标	
		上学期	下学期
	(4) 学习用橡胶泥塑造出立体物象,并用各种辅助材料进行装饰。 (5) 根据自己的意图,大胆构思和设计手工作品,初步学习用点状、线状、面状和块状的自然物和废旧材料制作玩具。	(4) 学习看步骤图折纸,方法基本正确。 (5) 学习用团、压、捏、切割的方法塑造出简单的立体物象。 (6) 根据自己的意图,大胆构思和设计手工作品,进行制作和装饰。	(4) 根据自己的意图大胆构思和设计手工作品,初步学习用点状、线状、面状和块状的自然物和废旧材料制作玩具。

二、中班美术欣赏活动的内容与相关资源

学期	名　　称	配套资源
上学期	小鸟天堂 (绘画作品欣赏)	作品《小鸟天堂》(自备);鸟鸣声录音(自备)、音乐《寂静山林》、《天堂之歌》(自备);墨汁、毛笔。
	天心阁 (建筑艺术欣赏)	课件《天心阁》;水彩笔、绘画纸。
	走在街道上 (绘画作品欣赏)	课件《走在街道上》(自备);音频《街道上的声音》;水粉颜料(红、黄、蓝、绿),水粉笔、绘画纸。
	布老虎 (工艺美术作品欣赏)	老虎图片、布老虎图片及实物;音乐《两只老虎》(自备)。
下学期	美丽的桥 (建筑艺术欣赏)	课件《美丽的桥》;积木。
	蓝印花布 (工艺美术作品欣赏)	各种背景音乐(自备);绘画纸、排笔、白色油画棒、蓝色水彩颜料、湿毛巾、桌布;围兜、头巾、肚兜、手帕、围巾、手套、裤子等;伞、扇、篮、杯及蓝印花布的各种剪片(花形、鱼形、圆形、菱形、正方形、长方形等)。
	向日葵 (绘画作品欣赏)	课件《向日葵》;向日葵的照片或图片(自备);各种深浅不同的黄色、绿色水粉颜料,水粉排笔。

中班美术欣赏活动案例

小鸟天堂(绘画作品欣赏)

PCK 分析

中班美术欣赏方面应让幼儿初步学习欣赏并感受美术作品中形象的造型美、色彩的变化与统一美、构图的对称与均衡美，初步理解形象和主题的意义，知道美术作品能反映现实生活和人的思想感情并尝试用语言、动作、表情等表达自己的理解、想象和情感。《小鸟天堂》是我国著名画家吴冠中的作品，作者采用水墨画的形式，用浓淡不一的墨色画出了纵横交错的树枝，构图方面极具美感，同时，运用点、洒、滴等技法，以斑斓而具有节奏感的色彩搭配，画出了多种多样不同的小鸟，表现出小鸟与大树之间的和谐之美。这些方面均可让中班幼儿感受与欣赏，并为他们日后的绘画表达奠定基础。

从幼儿美术欣赏能力的发展来看，4—5 岁幼儿属于直接感知美术形象期，艺术符号感知占优势时期，能在教育的干预下，感知美术作品颜色、构图等某些形式审美特征。

活动中，教师可引导幼儿通过多感官，采用不同的方法欣赏、感知作品，如聆听鸟鸣声，感知小鸟的欢快情绪，以及整体欣赏和局部比较观察作品等。同时引导幼儿用语言、动作、表情、想象、绘画等多种方式表达、表现自己对作品形式、作品情感的理解。

活动目标

1. 乐于欣赏《小鸟天堂》，感受作品中小鸟欢欣快乐的情绪。

2. 逐步感受画家的主要表现手法，初步感受画作清新欢快的意境和水墨画的美。

3. 运用多种方式欣赏画作，并能大胆表达自己的感受。

活动准备

1. 幼儿已欣赏过榕树；会使用毛笔。

2. 作品《小鸟天堂》(自备)；鸟鸣声录音(自备)、音乐《寂静山林》、《天堂之歌》(自备)；墨汁、毛笔。

活动过程

1. 倾听鸟鸣声，导入活动。

(1) 播放鸟鸣声录音：请闭上眼睛，听！

(2) 提问：你听到了什么？你觉得这些小鸟在干什么？它们高兴吗？猜一猜，它们有什么高兴的事？

(3) 小结并提问：是的，这些小鸟非常幸福，非常快乐，因为它们生活在天堂里。你们知道小鸟的天堂在哪儿吗？(猜一猜后)到底在哪儿呢？看完这幅画就明白了。

2. 欣赏作品《小鸟天堂》，逐步感受画作意境和表现手法。

(1) 出示作品，幼儿自主欣赏，初步感受画作清新欢快的意境，初步了解水墨画的特点，感受水墨画的美。

提问：你看到了什么？这幅画让你想到了什么？喜欢吗，为什么？提醒幼儿用语言、动作等进行表达。

(2) 引导幼儿欣赏作品中的树：这幅画上的树和我们平时看到的树有什么不同？(介绍榕树，并引导幼儿用身体动作学一学榕树，丰富词汇，如枝繁叶茂、郁郁葱葱、纵横交错等)猜猜它是怎样画出来的？

(3) 引导幼儿欣赏作品中的小鸟，感受小鸟与大树的和谐美：画中除了枝繁叶茂的榕树，还有什么？(视情况追问：猜猜画中的小点是什么？)小鸟们在干什么？为什么有这么多小鸟在这里？如果你是这里的小鸟，你会有什么感觉？(引导幼儿通过猜测，发现画中的小鸟，体验欣赏作品细节带来的惊喜，感受小鸟与大树的亲密关系)

(4) 播放音乐，请幼儿分别扮演小鸟与大树，鼓励幼儿用动作和表情表现作品，进一步体验小鸟和大树的和谐美。

(5) 引导幼儿根据自己的观察想象，给画起名字：你想为这幅画取个什么名字，为什么？

3. 倾听关于画家及画作主要表现手法的介绍，欣赏其他相关作品。

(1) 提问：想知道是谁画了这样一幅很特别的画吗？这些鸟是怎样画出来的呢？

(2) 教师帮助幼儿梳理小结：这是画家吴冠中爷爷游览了广东的著名景点——小鸟天堂后画的，名字叫《小鸟天堂》，这种画叫作水墨画，也叫国画。在画中，吴冠中爷爷用了浓浓的、淡淡的不同墨色画出了纵横交错的树枝，这幅画还有一个最特别的地方，就是吴冠中爷爷运用点、洒、滴等方法，画出了多种多样不同的小鸟。

(3) 引导幼儿欣赏画家的另外三幅系列作品，进一步感知以上技法：除了这幅小鸟天堂，吴冠中爷爷还画了其余几幅《小鸟天堂》，我们一起来看看。

4. 想象自己心中的小鸟天堂，自主创作（若时间不够，可放在活动后进行）。

(1) 提问：你们心中的小鸟天堂是什么样的呢？请你们学一学吴冠中爷爷，画一画自己心中的小鸟天堂。

(2) 播放音乐，幼儿创作。教师巡回观察、指导。

(3) 展示幼儿作品。

活动建议与提示

1. 活动后，引导幼儿进一步进行简单的水墨画创作，激发幼儿对水墨画的兴趣。

2. 请家长和幼儿一同欣赏多种水墨画，让幼儿感受不同水墨画作品的美。

天心阁（建筑艺术欣赏）

PCK 分析

《指南》艺术领域子领域"感受与欣赏"的教育建议中指出，要"经常带幼儿参观园林、名胜古迹等人文景观，讲讲有关历史故事、传说，与幼儿一起讨论和交流对美的感受"。建筑艺术的形式美主要由内外空间、形体、比例、均衡、节奏、色彩、装饰、总体布局等形式要素构成。天心阁不仅是长沙重要名胜，也是长沙仅存的古城标志。同时，在建筑风格上，表现出一种古朴美，主要轮廓以节奏统一的线条为主，它的功用以防御为主，体现了古人的智慧。

从 4—5 岁幼儿美术欣赏的心理发展特点来看，他们喜欢的是再现性的作品，以及能够识别出作品中所描述对象的非具象的、非再现的作品。天心阁作为幼儿熟悉的家乡古建筑，教师以此为切入点，可引导他们欣赏建筑艺术的美。

活动中，教师可通过多种渠道引导幼儿对天心阁进行感受与欣赏，如调动幼儿回顾参观经历，借助照片、课件，从整体到局部进行欣赏，引导幼儿感知和了解天心阁的建筑特征；以对话法激发幼儿的自豪感和爱家乡的情感；引导幼儿用绘画的形式表现出天心阁中自己最喜欢的景点。

活动目标

1. 对欣赏家乡古建筑天心阁感兴趣，萌发自豪感和爱家乡的情感。

2. 回顾参观经历，欣赏相关课件，初步了解天心阁主要景点的建筑特征。

3. 在充分欣赏的基础上，尝试用绘画的形式表现自己最喜欢的景点。

活动准备

1. 幼儿参观过天心阁景区。

2. 课件《天心阁》;水彩笔、绘画纸。

活动过程

1. 观看课件中第一张图片,整体欣赏天心阁的外形特点。

提问:这是哪里?你从哪里看出来的?天心阁里有什么?天心阁给你什么样的感觉?

2. 逐一欣赏课件第二张至第五张图片,感受天心阁的造型及外形特点。

(1) 教师出示天心阁古城墙的图片,幼儿欣赏。

提问:这是天心阁的什么地方?它是什么样子的?

(2) 教师出示月城图片,幼儿欣赏并初步了解月城的外形特点。

视情况提问:这是天心阁的哪里?它是什么样子的?月城上有什么?月城为什么要做成这个样子?

小结:月城是筑在城门外用来屏蔽城门的半圆形小城,在古代可用来增强城池的防御力量。作战时,士兵可以轮番登上城头,下阵的士兵可以下到月城内,得到及时休整,同时也便于迅速替补阵前伤员;月城城墙上有八个大炮洞,火炮隐置洞内,可避免敌炮的轰击,士兵也比较安全。

(3) 教师出示天心阁逸响亭和崇烈亭的图片,幼儿欣赏并感受逸响亭、崇烈亭的外形特点及不同之处。

提问:这是天心阁的哪里?它们是什么建筑?这两个亭子有什么不一样的地方?你喜欢哪一个亭子?为什么?

(4) 教师出示映山楼图片,幼儿欣赏并初步了解其外形特点。

提问:天心阁的映山楼是什么样的?它在天心阁的什么位置?映山楼的门前有什么?猜猜它是用来做什么的?

师幼共同小结:映山楼是长沙天心阁景区内一处集品茶、接待、游玩、餐饮于一体的多功能游客接待中心,它位于天心阁古城墙东北角,远眺湘江且遥望岳麓映山红,所以叫"映山楼"。

3. 交流与表达:自己最喜欢的天心阁景点。

(1) 提问:你最喜欢天心阁的哪个景点?为什么?

(2) 尝试用绘画的形式进行表现。

(3) 提问:你画的是天心阁的哪里?它是什么样子的?用来做什么的?

活动建议与提示

1. 活动主题选择的是长沙有代表性的建筑，其他地区的教师可参考活动设计，引导幼儿欣赏当地有特色的建筑。

2. 教师在引导幼儿局部欣赏时，也可以有重点地选择天心阁中其他具有建筑特色的景点引导幼儿欣赏。

3. 活动前，请家长带幼儿到天心阁参观并拍照留念。

附：课件《天心阁》二维码

走在街道上(绘画作品欣赏)

PCK 分析

日本画家吉田胜喜欢在作品中大量运用红、黑、黄、蓝等鲜明亮丽的色彩，他笔下的线条粗犷、有力，传达出强烈而炽热的感情。中班幼儿在美术欣赏中应达到“在欣赏美术作品时能够关注其色彩、造型、构图的美，初步理解形象和主题的意义”这一目标，因此吉田胜的作品十分适宜用作中班美术欣赏活动的素材。

对于4—5岁幼儿，如果美术作品中的线条融合在形象中，他们就能感受到其中所表达的情感。在色彩认识方面，他们开始能对色波较长的暖色以及明度较高的颜色进行准确辨识。这些发展特点都能帮助幼儿在欣赏吉田胜描绘街道的系列作品时，感知作者所传达的强烈而炽热的感情。

活动中，教师首先要调动幼儿的听觉，让幼儿通过倾听街道上的声音及回忆逛街的经历来感受街道上的繁华和热闹；然后，重点引导幼儿从作品的线条、色彩方面进行欣赏，感受其特点；再以对话、自主交流等方式，引导他们进一步感受作品的特点及传达的情感；最后，引导幼儿自取绘画材料，自主表现自己眼中、心中的街道。

活动目标

1. 欣赏作品，初步感受作品色彩强烈、线条粗重的特点，产生创作欲望。

2. 能用自己的语言，大胆表述作品所传达的内容和情感。

3. 尝试用冷、暖两种色调表现自己看到的街道两旁的景象。

活动准备

1. 幼儿对红、黄、蓝、绿色已经认识，并有观察过街道的经验。

2. 课件《走在街道上》(自备)；音频《街道上的声音》；水粉颜料(红、黄、蓝、绿)，水粉笔、绘画纸。

活动过程

1. 听一听园外街道上的多种声音，回忆逛街的经历，引起兴趣。

(1) 教师：听！街道上传来了什么声音？你们喜欢逛街吗？你们在街道上都看见了什么呢？

(2) 幼儿自由表达，教师视情况回应并梳理。

2. 完整欣赏教学课件《走在街道上》，初步感受作品色彩、线条的特点。

(1) 教师交代作品背景，引导幼儿初步感知作品：日本有位画家叫吉田胜，他最喜欢在街上欣赏街边的景色，而且把它们画了下来。请你们看一看，他在街道上都看到了什么？吉田胜看到这条街道上的景色，心里想到些什么？

(2) 幼儿自主欣赏，教师巡回观察、倾听。

(3) 请幼儿在集体中说说自己的所见所想。

(4) 引导幼儿从线条、颜色两方面分析作品：这些画和我们以前看到的有什么不同？这些画是用什么画成的？画的线条是怎样的？(请幼儿学一学)颜色呢？(用了哪些颜色？是淡淡的还是很深的？)看到这些画你们想到了什么？

3. 分图欣赏，进一步感受作品的特点及传达的情感。

(1) 欣赏第一幅作品，个别观察为主。

教师：请仔细看一看，画面上画了什么？这幅画用了哪些颜色？什么颜色用得多些？它们在一起对比强烈吗？给人什么感觉？画家用的线条怎么样？

小结：画家用了两种颜色，一种绿色，一种蓝色，让人感到来到了一条安静的街道。

(2) 欣赏第二幅作品，两两交流为主。

提问：这条街描绘了什么景色呢？美丽的景色里藏着哪些颜色？吉田胜是怎样把它画出来的？先画什么颜色，再画什么颜色？你们看了这幅作品，有什么感受？

(3) 欣赏第三幅作品，集体观察为主。

提问：这幅图画首先给了你们怎样的感觉？为什么会有这样的感觉？这幅

图画上的线条是什么样的？如果你们用红色的颜料，你们会用它画什么呢？

(4) 欣赏第四幅作品，小组交流为主。

提问：这幅图上都画了些什么？有哪些颜色？看了这幅图画，你们想到了什么？

4. 尝试创作，迁移欣赏经验。

(1) 幼儿自取绘画材料，自主表现自己眼中、心中的街道，教师巡回观察指导。

(2) 将作品连成一条街景，大家边走边逛，边欣赏边评价。

活动建议

1. 活动中，幼儿自主创作不是此次活动的尾声，如时间不够，可提醒他们在区域活动中继续进行创作，或组织专题绘画活动，以满足他们的表达欲望。

2. 活动前，请家长带幼儿去观察街道两旁的景色，丰富相关经验。

附 1：音频《街道上的声音》二维码

附 2：课件《走在街道上》制作建议

选择日本画家吉田胜描绘街道的四幅作品，分别是安静的街道、有大树的街道、有楼房的街道和有车辆的街道。

课件第一页：四幅作品同时出现

课件第二页：作品一——安静的街道

课件第三页：作品二——有大树的街道

课件第四页：作品三——有楼房的街道

课件第五页：作品四——有车辆的街道

布老虎(工艺美术作品欣赏)

PCK 分析

布老虎是一种民间工艺美术作品，具有鲜明的色彩、夸张的造型及对称的装饰图案,洋溢出浓厚的趣味、情调和生活气息。将布老虎作为中班欣赏的内容,既能让幼儿得到美的启迪,还可以激发他们热爱民族文化的情感。

4—5岁幼儿属于直接感知美术形象期,能在教育的干预下,感知美术作品颜色、构图等某些形式特征。这个年龄阶段的幼儿更喜欢感知、描绘熟悉的物体,欣赏令人愉快的现实主义美术作品以及色彩明快的美术作品。

活动中,教师采用整体欣赏、局部欣赏、对比欣赏、分层欣赏的策略,引导幼儿感知布老虎鲜明的色彩、夸张的形象以及对称的装饰图案美,并且引导幼儿运用语言、动作、绘画等各种形式表现出布老虎的特征。

活动目标

1. 乐于欣赏布老虎的图片和实物,感受中国民间布艺的魅力。
2. 感知布老虎夸张的造型、鲜明的色彩及对称的装饰图案。
3. 初步尝试用语言、动作、绘画等形式大胆地表现出布老虎的特征。

活动准备

1. 活动前,幼儿在生活中关注过用对称图案装饰的物品。
2. 老虎图片、布老虎图片及实物若干;音乐《两只老虎》(自备)。

活动过程

1. 欣赏布老虎,对民间布艺作品感兴趣。

(1) 出示“神秘礼物”,引导幼儿猜一猜、说一说,初步了解布老虎的材质及寓意。

(2) 提问:这是什么?是用什么材料做成的?你在哪里见过这种布老虎?人们为什么要做布老虎呢?

(3) 师幼归纳与小结:布老虎是用布和填充物缝制出来的,是中国特有的,在古代是小朋友的玩具,也是大人希望并相信能保佑小朋友健康快乐成长的物品。

2. 欣赏布老虎的图片和实物,感受鲜艳而夸张的造型、色彩及对称的装饰图案。

(1) 欣赏图片,感知布老虎鲜艳的色彩特征。

提问:这些布老虎身上有什么颜色?什么颜色最多?这些颜色放在一起你有什么感觉?

教师帮助幼儿归纳小结:布老虎颜色鲜艳,身上的红色、黄色最多,这些颜色是一块一块拼在一起的。

(2) 图片对比欣赏,感受布老虎造型的夸张。

教师分别出示老虎及布老虎的图片,引导幼儿进行对比欣赏。

提问:布老虎和老虎的头一样吗?哪里不一样?(视情况追问:布老虎的眼睛是怎么样的?嘴巴是怎么样的?)这样的布老虎给你什么样的感觉?

教师帮助幼儿小结:布老虎的眼睛特别大,嘴巴也很大,非常夸张,与老虎相比较,更让我们感觉可爱、神气和生气勃勃。

引导幼儿跟随《两只老虎》的音乐用动作表现布老虎夸张、神气、可爱的形象。

(3) 通过欣赏局部,重点了解、感知布老虎对称的装饰图案美。

提问:布老虎哪些地方有装饰图案?这些装饰图案有什么特点?两边的图案是一样的吗?

教师帮助幼儿梳理小结:布老虎的头上用图形、花草、动物等进行了装饰;而且头顶上有一个“王”字,两边的图案是一样的,所以布老虎头上和身上的图案都是对称的。

3. 大胆表达对布老虎的感受,知道它是中国民间艺术。

提问:你觉得布老虎美吗?美在哪里?

师幼共同小结:布老虎是中国民间艺术的一种,鲜艳的颜色、夸张可爱的样子,特别是对称的颜色、图案,让大家越看越美。不仅我们中国人很喜欢,外国人也很喜欢,因此我们要好好地将这种艺术保留并传下去。

4. 回顾生活中见过的有对称颜色和图案的物品,进一步体验对称的装饰美。

提问:你在生活中有没有发现像布老虎一样用对称的颜色、图案装饰的物品?教师根据幼儿的回答进行梳理,并鼓励幼儿将对称的方法运用到以后的创作中。

活动建议

1. 活动前,可发动家长一起来收集布老虎,和孩子共同欣赏布老虎造型、色彩、图案之美,感受中国民间艺术的魅力。

2. 活动后,将图片和实物投放到美工区,并提供作画颜料,供幼儿自主运用对称的方法进行创作。

附:资料

布老虎是中国民间广为流传的一种布制玩具。农历五月初五端午节期间,民间盛行给儿童做布老虎,因为在中国人心里,老虎是驱邪避灾、平安吉祥的象征。布老虎种类繁多,有单头虎、双头虎、四头虎、子母虎、枕头虎、套虎等。布老虎以头大、眼大、嘴大、尾巴大的造型来突出老虎勇猛的神态，虎头及五官显示出天真和稚气，透露出儿童一样可爱的憨态。布老虎色彩斑斓，颜色饱和度高，对比强烈。

美丽的桥(建筑艺术欣赏)

PCK 分析

开展美术欣赏活动时，教师应给幼儿提供适合他们欣赏水平的工艺、建筑等作品，引导、帮助他们了解生活中这些美好的东西都是来自人的创造。桥，是幼儿生活中常见的建筑，引导幼儿欣赏不同线条、造型、色彩的桥所表现出的不同美感，有助于实现让幼儿“喜欢自然界与生活中美的事物”这一教学目标，并激发幼儿对设计制造者产生敬佩之情。

要使 4—5 岁幼儿“在欣赏自然界和生活环境中美的事物时，关注其色彩、形态等特征”，须和幼儿一起感受、发现和欣赏人文景观中美的事物，与他们共同讨论和交流对美的感受。

教师通过引导幼儿讲述自己见过的桥，了解桥的基本构造；欣赏课件中不同类型的桥，整体感知桥的美丽；交流桥的建造，萌发对设计者的崇敬之情，从而将这种情感迁移到分组合作实践——积木搭桥中去。

活动目标

1. 乐于欣赏、观察桥之美，对设计制造者产生敬佩之情。

2. 感受不同线条、造型、色彩的桥表现出的不同美感，并能以多种方式表达。

3. 初步感知桥的种类和基本造型特点，尝试与同伴合作用积木搭建桥。

活动准备

1. 幼儿对桥有初步的认识。

2. 课件《美丽的桥》；积木若干。

活动过程

1. 调动已有经验，说说自己见过的桥。

(1) 提问：你们见过什么桥？是什么样子的？一座桥由哪几个部分组成呢？幼儿表达自己的见解，教师视情况梳理、小结桥的基本造型特点。

(2) 教师描述自己见过的一座桥，特别强调桥的美感。

2. 欣赏教学课件，感受桥的造型美、线条美、色彩美。

(1) 教师演示教学课件，引导幼儿整体感知桥的美丽。

教师：请看看这些桥，说说自己的发现和感受。

(2) 引导幼儿欣赏、感受桥的造型美、线条美、色彩美。

提问：在这些桥中，你最喜欢哪一座，为什么？

根据幼儿的表达，点击相应图片，放大呈现，引导幼儿分别欣赏。

造型美欣赏：这座桥看上去像什么？是什么形状？你还在哪里见过这样的形状？你能找好朋友一起用身体搭一座这样的桥吗？

线条美欣赏：这座桥上都有些什么线条呢？什么样的线条最多？这样的线条、这样的排列让你想到了什么？给人什么样的感觉？你还在哪里见过？请徒手画一画。引导幼儿感受流畅柔美的线条和刚毅果断的线条表现出的不同美感。

色彩美欣赏：这座桥上都有些什么颜色？这些颜色是怎样搭配的？这样的颜色、这样的搭配给你什么样的感觉？

(3) 引导幼儿相互交流更多的美丽的桥。

提问：除了这些桥，你还见过什么样的美丽的桥？它哪些地方让你觉得很美呢？

3. 交流桥的建造，萌发对设计者的崇敬之情。

(1) 提问：你们知道这些桥是谁设计、建造的吗？桥为什么要建成这样、那样不同的样子？

(2) 幼儿自主表达后，教师以桥梁建筑师的口吻说出答案，并介绍一座有名的桥及其建筑师，激发幼儿对桥梁建筑师的敬佩之情。

4. 自由分组，讨论并尝试与同伴合作用积木搭桥。

(1) 引导幼儿自由结伴交流，思考怎样合作搭建桥。

提问：如果你们是设计师，会设计什么样的桥？怎么分工、合作搭建？搭建时要注意什么？

(2) 幼儿合作搭建桥，教师巡回观察、指导。

5. 相互欣赏、评价作品，结束活动。

提问：你们的桥叫什么名字？美在哪里？你们喜欢谁搭的桥？为什么？

活动建议

1. 美工区，鼓励幼儿画一画、做一做“我设计的桥”，并相互交流、介绍。

2. 活动前，请家长带幼儿参观周围环境中的桥或查找有关桥的资料。

附：课件《美丽的桥》二维码

蓝印花布(工艺美术作品欣赏)

PCK 分析

蓝印花布是我国民间传统印染工艺品，由蓝、白两色组成，其图案多为由动植物和花鸟组合成的吉祥纹样，具有规则排列和不规则排列两种类型。中班艺术领域子领域“感受与欣赏”中提出，中班幼儿“喜欢欣赏多种多样的艺术形式和作品”，因此，蓝印花布能引起幼儿的欣赏兴趣。

4—5岁幼儿能够专心地欣赏艺术品，有模仿和参与的愿望。该年龄阶段的幼儿在表达自己的想法时，经常要辅以手势、表情。

活动中，教师创设游戏情景，让幼儿在游览蓝印花布商店的过程中，由整体欣赏到细节欣赏，并从颜色、图案、排列方式的对比和装饰的方法上，感受作品体现的中国特色；其次，以自选区域的方式引导幼儿用自己喜欢的方式表达对蓝印花布的喜欢和理解。

活动目标

1. 对欣赏蓝印花布感兴趣，感受蓝印花布的朴素美。
2. 能细致观察、欣赏蓝印花布，并用较完整的语言表达自己的发现及感受。
3. 在了解蓝印花布的主要特征后，尝试用自己喜欢的方式表现蓝印花布。

活动准备

1. 幼儿在活动前观察过蓝印花布。
2. 各种背景音乐(自备)。场景布置：蓝印花布商店中有不同的蓝印花布，分为染布坊、江南布衣阁、饰品吧三个区域。染布坊可粘贴染布坊的图片，悬挂多种颜色的染布；江南布衣阁可投放由蓝印花布做成的各种服装；饰品吧可投放由蓝印花布制作而成的配饰，如香包、挎包、扇子、伞、发夹或钱包等。染布坊操作材料：绘画纸、排笔、白色油画棒、蓝色水彩颜料、湿毛巾、桌布；江南布衣阁操作材料：围兜、头巾、肚兜、手帕、围巾、手套、裤子等；饰品吧操作材料：伞、扇、篮、杯及蓝印花布的各种剪片（花形、鱼形、圆形、菱形、正方形、长方形等）。

活动过程

1. 逛蓝印花布商店，整体欣赏蓝印花布的美。

(1) 提问：这里都有些什么？它们有什么共同的特点？

幼儿自主欣赏，教师巡回观察并鼓励幼儿与同伴交流。

(2) 请个别幼儿表达自己的感受。提问：看到这么多蓝印花布，你们心里的感觉是什么？

教师帮助幼儿梳理小结：走进这个蓝印花布的世界，我们每个人都有自己的感觉，有人可能感觉宁静，有人可能感觉素雅，还有人可能感觉到了淳朴的乡情。

2. 分区域欣赏蓝印花布，了解蓝印花布的主要特征。

(1) 教师：现在，请你们再去逛逛这个蓝印花布的世界，去挑一个你最喜欢的东西，等会儿介绍你喜欢它的理由。

(2) 幼儿自主选择，欣赏蓝印花布，教师巡回观察、指导。

(3) 请幼儿说说自己喜欢的物品。

① 在染布坊，教师从颜色、图案内容、排列方式等方面引导幼儿，并提问：谁最喜欢这里面的东西？谁愿意来介绍？（视情况追问：为什么叫它们蓝印花布？上面有哪几种颜色？布上的图案都一样吗？有些什么图案？这样的颜色搭配和图案，给你怎样的感觉？）

教师帮助幼儿梳理小结：蓝印花布颜色只有两种；它的图案很多，有的来自大自然，有的是人们创造和想象的、代表人们心中美好愿望的吉祥物；有的是规则排列，有的是不规则排列。这样的蓝印花布素雅、宁静，又耐看，让人越看越喜欢。

② 在江南布衣阁，教师从蓝白和红的对比方面引导幼儿，并提问：谁最喜欢这里面的衣服？喜欢它的什么？

师幼共同小结：蓝白相配的蓝印花布素雅大方，配上喜气洋洋的红色，衬托出了蓝印花布古朴典雅的美。

③ 在饰品吧，教师从装饰的方法及体现中国特色两方面引导幼儿，并提问：谁最喜欢这里的东西？你们喜欢它的原因是什么？

教师梳理小结：蓝印花布不仅可以做成衣服，还可以做成各种好看又好玩的东西,受到游客的欢迎,因为它体现的是中国特色,有着浓郁的江南水乡韵味。

3. 自主操作,用自己喜欢的方式表现蓝印花布。

(1) 教师向幼儿介绍场地布置及操作方法:看,在染布坊,我们可以用油水分离的方法设计和制作蓝印花布(制作步骤及注意事项见附);在江南布衣阁,我们可以选择合适的音乐,跟着音乐的节奏秀秀蓝印花布做的衣服;在饰品吧,我们可以用蓝印花布装饰各种物品。请选择你想去的区域进行操作和游戏。

(2) 幼儿自主选择,教师巡回观察、指导。重点指导染布坊和江南布衣阁,可视情况提问:你想设计什么图案的蓝印花布?你准备挑选哪一件衣服来秀?你觉得哪一段音乐更适合蓝印花布素雅淳朴的美?

(3) 蓝印花布艺术秀。

提问:你们做了什么?是怎么做的?

(4) 师幼共同小结。

活动建议

1. 活动前,请家长和幼儿一起通过查找资料、看书等方式了解蓝印花布;活动后与幼儿一起制作"蓝印花布"。

2. 本活动为欣赏活动,要给幼儿提供感受、欣赏、表达的机会,所以在每一个讨论、交流环节中,都要让幼儿充分表达,可采取小组交流、两两交流、集体交流等形式。

3. 活动后,将幼儿的作品悬挂在活动室里供幼儿相互学习、欣赏。可在美工区创设蓝印花布的欣赏区域,鼓励和督促在区域活动中选择染布坊的幼儿设计和制作。

附:制作步骤及注意事项

蓝 印 花 布

制作步骤:用白色油画棒在绘画纸上画出想要的图案,然后用蓝色水彩均匀地在画面上来回涂抹直至涂满,晾干后,就产生了蓝印的效果,这种绘画方法叫油水分离法。

注意事项:为了使蓝印的效果明显,教师应提醒幼儿在运用油画棒作画时要用力,线条要画粗些,这样油水分离的效果才能凸显。选用的颜料应为水彩颜料而不要用水粉颜料,因为水彩颜料具有透明感,蓝印效果能比较好地体现出来。同时,颜料色彩要饱和,水分不宜太多,不宜太稀薄。

向日葵(绘画作品欣赏)

PCK 分析

画家凡·高的代表作《向日葵》,以绚丽的黄色色系组合,象征着阳光和热情;表现手法夸张、大胆,向日葵以不同的姿态展现,极具生命力。这些皆是中班幼儿在教师引导下能欣赏并感受到的。

绘画作品欣赏是幼儿美术欣赏的主要内容之一,4—5 岁幼儿对色彩情感效果和象征意义的感受,都表现出了先天的直觉。而画家的画,都是以娴熟的技巧、深厚的情感表达他们对生活、社会和自然的感受。这个年龄阶段的幼儿,还仅仅是在浅层次上感知、理解美术作品的内容,还不能深入地领会美术作品内容所蕴含的深刻主题,以及所反映的精神内涵。

活动中,教师应注重对幼儿情感的激发,从色彩、线条等入手,运用对话、对比等方法,引导幼儿感受作品表达出的情感;同时,在层层提问下引导幼儿感受大胆夸张的线条带来的灵动和富有生命力的感觉,从而激发幼儿的创作欲望,为他们后期将情感表现在作品中奠定基础。

活动目标

1. 乐于欣赏作品,感受作品中向日葵的勃勃生机,感受画面传达出来的强烈而炽热的情感。

2. 体验作品在用色、线条、构图方面的特点,知道可以通过耀眼的色彩以及扭动的笔触表现强烈的情感体验。

3. 能用较完整、连贯的语言大胆表达自己对作品的理解和感受,并尝试创作向日葵。

活动准备

1. 幼儿活动前观赏过向日葵,并将收集的图片或拍摄的照片带至幼儿园。

2. 课件《向日葵》;向日葵的照片或图片(自备);各种深浅不同的黄色、绿色水粉颜料,水粉排笔。

活动过程

1. 猜谜并交流,认识向日葵。

(1) 教师出谜语,请幼儿猜测:高高个儿一身青,金黄脸蛋喜盈盈。天天对着太阳笑,结的果实数不清。

(2) 幼儿在小组中拿出自己拍的向日葵照片或图片，互相交流：向日葵是什么样子的？这些向日葵有什么不同？它们为什么叫向日葵？

师幼共同小结：因为向日葵的脸总是一直向着太阳，太阳到哪里，它的脸就向哪里笑，所以叫向日葵。向日葵的花瓣是大大的椭圆形，有黄、橙等颜色；花蕊又大又圆，花蕊里有棕、绿、黄等颜色，花蕊小的时候里面是嫩嫩的，慢慢长大就变出很多的小果实，这些小果实就是我们平时吃的葵花子。

2. 观看课件，欣赏凡·高的画作《向日葵》。

(1) 教师播放课件中的页面《向日葵》，幼儿自由欣赏，自主表达自己的所见所感。

请幼儿在集体中表达，提问：你们看到了什么？喜欢吗？为什么？

(2) 引导幼儿感受作品的色彩。提问：画面中有些什么颜色？什么颜色最多？这些黄色都一样吗？这些向日葵给你什么感觉？想象一下，如果画面上全部用黄色会怎么样？

引导幼儿通过自己的观察，感受到画面中以黄色为主、其他色为辅的色彩构成，并关注到色彩的巧妙搭配及对比色的使用比例。

师幼共同小结：深绿的叶子使深浅不同的黄色向日葵看上去更加鲜明、活泼、充满活力，像太阳一样明亮、耀眼，这样画面才好看。

(3) 引导幼儿感受作品的线条。提问：这幅向日葵的线条是怎么画的？看上去怎么样？这样的线条给你们什么样的感觉？我们用手学一学，试一试。

重点引导幼儿感觉和体验作品中线条的夸张大胆和扭曲，感受到画面中的向日葵充满着生命的力量，可鼓励幼儿把自己不懂的地方提出来。

师幼共同小结：画家主要使用了短而略带旋转的扭曲线条，这给人非常有力的感觉，传递出要燃烧的情绪。

(4) 引导幼儿感受作品的构图。提问：数一数有多少朵向日葵？它们一样吗？有哪些不一样？为什么会有这些不一样？

引导幼儿从画面的背景、花瓶、花朵来分析作品的构图，辨别成熟的、未成熟的或还未开放的向日葵，帮助幼儿理解构图有张弛、有疏密才会漂亮。

师幼共同小结：花瓶中的向日葵有十四朵，每一朵都不一样，有大有小，有深有浅。黄色比较深、花蕊大又饱满的，给人沉甸甸和收获的感觉，是成熟的向日葵；黄色比较浅、画得比较小的，是稚嫩的向日葵，还没有长大成熟，所以颜色用得淡。每朵向日葵的朝向也不一样，有的抬着头，有的侧着脸，有的低着头，朝着不同的方向。整幅画给人感觉很温暖，充满了生命力。

(5) 请幼儿交流欣赏后的感受：看完了向日葵，有什么感受和想法？喜欢哪一幅，为什么？有什么问题吗？

3. 认识作者，了解有关《向日葵》的背景知识。

(1) 提问：这幅画美吗？你们能给它起个名字吗？这是一幅油画，是谁画的呢？

(2) 教师播放课件中凡·高的《自画像》页面，介绍画家：这幅画的画家叫凡·高，他是荷兰一位非常有名的画家。在他年轻的时候，家里很穷，但他克服了很多困难，通过细心的观察和不断的练习，终于成为世界闻名的画家。他最喜欢的花就是向日葵。向日葵就像一个不怕困难的小朋友，遇到困难也会抬起头，克服困难。

4. 尝试创作，大胆表现向日葵。

(1) 教师：刚才我们看了凡·高的《向日葵》，现在老师希望小朋友们也来当一次小画家，用你们的智慧画出心中最美丽的向日葵。

(2) 幼儿直接用排笔蘸上颜料在铅画纸上画出向日葵，充分感受画面中向日葵的色彩，合理选择颜色，注意用笔的姿势和方法。

(3) 布置向日葵画展，幼儿自由欣赏。

活动建议

1. 活动后，将图片和照片投放到美工区，并共同收集凡·高其他的向日葵作品（如两朵、五朵、十二朵），供幼儿自主欣赏和表现。

2. 请家长带幼儿观察向日葵，欣赏向日葵的美，鼓励他们创作向日葵。

附：课件《向日葵》二维码

三、中班美术绘画活动的内容与相关资源

学期	名　　称	配　套　资　源
上学期	猪小弟找朋友 （情节画）	课件《猪小弟找朋友》；动物手指画参考图（自备）；水彩笔、油画棒、绘画纸、水粉颜料。

(续表)

学 期	名　　称	配 套 资 源
上学期	我帮狮子做发型 (想象画)	画有狮子头部的绘画纸；剪成条状的各类废旧纸张，记号笔或水彩笔、胶水、双面胶、黑板(画有狮子头部图案并遮住)。
	秋天的树林 (物体画)	课件《秋天的树林》，音乐《秋日私语》(自备)；大班幼儿用涂染法表现的树林作品；油画棒、绘画纸。
	漂亮的方巾 (装饰画)	水彩笔、油画棒、水粉颜料、棉签、大小不同的正方形纸。
	萝卜 (物体画)	作品《萝卜》(自备)；萝卜；水粉颜料、大小水粉笔。
	落叶变变变 (想象画)	音乐《秋日私语》(自备)；多种不同的落叶，并擦干净、压平整；绘画纸、油画棒、记号笔、双面胶、剪刀。
	漂亮的烟火 (物体画)	烟火表演的视频(自备)；多色颜料水、卫生纸、黑色卡纸、荧光粉、抹布；背景图。
下学期	新的房子 (物体画)	反映当地特色建筑物的图片或照片；水彩笔、油画棒。
	美丽的瓷盘 (装饰画)	课件《美丽的瓷盘》；音乐《春江花月夜》(自备)；瓷盘；水彩笔、记号笔、色卡纸剪成若干圆形纸盘或一次性纸盘。
	诗配画 (情节画)	诗歌朗诵音频《下小雨啦》(自备)；水彩笔、油画棒。
	小蝌蚪 (物体画)	音乐《月光下的凤尾竹》(自备)；蝌蚪；墨汁、毛笔、宣纸、颜料盘。
	神奇的漏印版画 (物体画)	漏印版画作品(自备)；海绵若干(将海绵的四个角用线绑起来，成为一个海绵球)；白色的绘画纸、颜料(红、黄、蓝三色，用洗涤剂调匀)；各种图形的样板；抹布。
	刷牙 (情节画)	音乐《刷牙歌》(自备)；水彩笔、油画棒、水粉颜料、水粉笔；每人两张小贴纸。
	色彩的秘密 (想象画)	欢快的音乐(自备)；透明塑料瓶(瓶盖上有颜料)、有颜料的塑料瓶盖、切成段的萝卜；水粉颜料(红、黄、蓝)；挂历纸、黑卡纸、水粉笔、牙刷、海绵、棉签、大小不同的排刷、拓印包。
	大头儿子 (人物画)	漫画“大头儿子”脸部图片以及普通人物画图片(自备)、其他人脸漫画作品(自备)；水彩笔、油画棒。

· 中班美术绘画活动案例

猪小弟找朋友(情节画)

PCK 分析

情节画是幼儿根据对故事中人物、情节、主题和背景的记忆和理解，将故事用绘画的形式表现出来的作品。对于刚升入中班的幼儿，本活动需教师引导幼儿将故事与绘画紧密联系起来，并以手指点画这一较为简单的形式表现出来，从而让幼儿初步感知故事情节画的表现方式。把与故事相关的物体恰当地安排在画面上，表现出各个形象间的相互关系，突出主题是情节画的关键所在。中班幼儿在艺术领域的“表现与创造”中，应能运用绘画表现自己观察到或想象的事物。

4 岁幼儿对故事感兴趣，能大致复述故事中的主要情节。在绘画方面，他们能进行有意识的绘画活动。从造型上看，该年龄阶段的幼儿常常用所画图像来表达自己的意愿，但这些图像与事物实体没有直接关系，而仅仅是简单的几何图形和线条的组合。因此，引导幼儿用手指点画的形式表现故事中的角色，较为符合这一年龄阶段幼儿的实际情况。

活动中教师先以视听结合的方式，引导幼儿初步感知什么是情节画，其次，教师围绕情节画的地点、人物、事情三个要素，引导幼儿回忆故事，讨论表现手法。而让幼儿以手指点画的方式进行创作，既能弥补幼儿在绘画技能方面的不足，又有助于幼儿发挥想象。

活动目标

1. 乐意创作情节画，从中体验找朋友的快乐。
2. 尝试根据故事情节大胆想象，构思故事场景。
3. 能用手指蘸颜料画出小猪及其朋友的主要形象。

活动准备

1. 幼儿已在餐前活动中欣赏过故事《猪小弟找朋友》，并有画动物的经验。
2. 课件《猪小弟找朋友》；动物手指画参考图（自备）；水彩笔、油画棒、绘画纸、水粉颜料。

活动过程

1. 欣赏情节画，初步感受情节画的表现形式。

(1) 引导幼儿观看课件《猪小弟找朋友》,初步了解情节画的主要内容:这幅图上有什么?小猪在什么地方?说了一件什么事?你们是从哪儿看出来的?

(2) 梳理小结:把事情发生的地方,故事里有谁以及它们正在做的事画下来,就能让大家明白故事里发生的事。

2. 有重点地倾听故事,构思情节画场景。

(1) 讲述故事,引导幼儿把握情节画的主要内容。提问:仔细听听去找朋友的小猪在哪里,遇到了谁?它们分别做了什么?如果请你画一下这幅图,你会先画什么,后画什么?

(2) 鼓励幼儿大胆交流,商讨绘画情节:小猪还遇到了谁?在什么地方?发生了什么事?你想把小猪找谁做朋友的图画下来吗?你会怎么画?

(3) 师幼共同小结:绘画情节画时,要画出故事中的小动物和它们正在做的事,还要画出故事发生的地方。

3. 自主创作,大胆绘画。

(1) 出示材料,交代绘画要求,引导幼儿创作:今天,请你们用手指蘸颜料画出故事中小猪找好朋友时发生的事情,要画出故事发生的地点以及小猪和朋友正在做的事(出示动物手指画参考图,视情况决定是否局部示范)。

(2) 幼儿创作,教师巡回指导,关注幼儿对故事场景的创作。

4. 展示作品,相互交流评价。

(1) 激发幼儿自评:你画的是什么?请给好朋友说说你画的故事。

(2) 启发幼儿互评:你喜欢谁画的故事,为什么?

(3) 根据幼儿的创作,从绘画创意与绘画技能两方面予以评价。

活动建议

1. 活动后,可在表演区中引导幼儿选择材料,自制道具,与同伴一起表演《猪小弟找朋友》的故事。

2. 请家长鼓励幼儿讲述自己创作的情节画,并引导幼儿找身边的同龄人做朋友,培养幼儿乐于助人的品质。

附 1:课件《猪小弟找朋友》二维码

附 2：故事

猪小弟找朋友

森林里有一只小猪，叫噜噜。他没有朋友，所以觉得非常孤独。

有一天，噜噜问妈妈："我怎么样才能找到朋友呢？"妈妈说："找朋友可是件快乐的事，只要你愿意帮助别人，一定能找到朋友的。"听了妈妈的话，小猪噜噜决定自己去找朋友。

他走啊走，来到一座房子前，看到一只小虫在晒衣服，便过去向小虫问好："你好，我叫噜噜，我们交个朋友好吗？"小虫说："好啊，你能帮我把这件衣服晒在最高的地方吗？我太矮了，实在够不着。"噜噜马上帮小虫晒好了衣服。小虫说："谢谢噜噜，你真是我的好朋友！"

噜噜太高兴了，他继续去找朋友。走着走着，来到一块地里，他看见一只小兔子正在搬运胡萝卜，便过去向小兔问好："你好，我叫噜噜，我们交个朋友好吗？"小兔说："好啊，你能帮我一起搬运这些胡萝卜吗？我力气太小了，实在搬不动。"噜噜赶快帮小兔一起搬运胡萝卜，一会儿就搬完了。小兔说："谢谢噜噜，你真是我的好朋友！"

噜噜高兴极了，他继续去找朋友。走着走着，他看见一只小松鼠正准备修家里的屋顶，便过去向小松鼠问好："你好，我叫噜噜，我们交个朋友好吗？"小松鼠说："好啊，你能帮我扶一下梯子吗？我家房顶漏了，我要上去修一下。"噜噜连忙帮小松鼠稳稳地扶住了梯子。小松鼠说："谢谢噜噜，你真是我的好朋友！"

晚上，噜噜心满意足地回到了家。他告诉妈妈："妈妈，找朋友真是件快乐的事。我今天帮助了小虫、小兔和小松鼠，他们都成了我的好朋友！"妈妈把噜噜紧紧抱在怀里，高兴地说："噜噜，你真棒！只要你愿意帮助别人，就会找到更多的朋友。"

我帮狮子做发型(想象画)

PCK 分析

想象画是幼儿在自己平时看到的、听到的和想到的主题和内容的基础上进行加工和想象的创作。教师以"我帮狮子做发型"为主题，引导幼儿根据狮子的心情，用自己喜欢的方式进行想象及创作表现。

4 岁幼儿随着心理能力的发展，已经能够进行有目的、有意识的绘画活动，在教师的引导下，能用各种线条表现熟悉的事物的基本结构和主要特征，并能根据自己的经验和技能，用喜欢的方式表达自己的认识和情感。

本活动教师通过图片观察、启发性提问，引导幼儿交流见过的喜欢的发型，并将其迁移到表现狮子的发型中。其次，为幼儿提供多种方式和材料，鼓励他们用自己的方法尝试根据狮子的情绪给其设计不同的发型。

活动目标

1. 喜欢帮狮子设计发型，表现出一定的创意。

2. 能自主选择材料和方式，尝试根据狮子的情绪给其设计不同的发型。

3. 能用较清楚的语言介绍自己的作品。

活动准备

1. 幼儿观察过狮子的头部特征，关注过周围人的发型，观看过多种发型的图片。

2. 画有狮子头部的绘画纸；剪成条状的各类废旧纸张、记号笔或水彩笔、胶水、双面胶、黑板(画有狮子头部图案并遮住)。

活动过程

1. 交流已有经验，导入活动。

(1) 提问：你们见过哪些发型？你们最喜欢的发型是什么？

(2) 幼儿相互交流见过的和喜欢的发型，教师引导幼儿徒手绘画，说出发型的线条，并视情况进行归纳、小结。

2. 交流讨论，探索设计方法。

(1) 去掉黑板上的遮布：今天，狮子大王来到了我们班，它想请你们为它设计一个新的发型，但是它希望你们能根据它的心情来设计。

(2) 教师提问，引发幼儿思考。

提问：如果狮子今天心情很好，它的表情会是怎样的？你们会给它设计什么发型？如果狮子非常生气，又会是什么表情？它的发型会是什么样的呢？(引导幼儿模仿狮子的表情，请幼儿进行表情和发型的添画。)

(3) 教师结合幼儿的交流进行小结。

3. 幼儿自主选择工具，进行创作表现。

(1) 教师分组介绍创作工具及要求。

绘画组：水彩笔或记号笔。先画出狮子的头部及五官，再用线条给狮子设计发型。

绘画、手工组：水彩笔或记号笔、胶水、剪成条状的废旧纸张。先画出狮子的头部，再运用贴纸条的方式表现狮子的头发，贴好后用折、卷的方式表现不同心情的狮子的发型。

(2) 引导幼儿构思，自主选择材料创作。

提问：你们想选择哪组材料？给狮子设计什么样的发型？

(3) 幼儿创作，教师分组进行重点指导。

重点提醒幼儿表现头发时线条应多而密，并根据狮子的心情创作发型。

4. 展示作品，互相交流、欣赏。

(1) 请幼儿将作品摆放在“理发店”内，介绍自己的作品。

提问：你们画的狮子今天心情怎样？你们帮它设计的是什么发型？

(2) 请幼儿说说自己最喜欢的作品及原因。

(3) 教师针对两种表现方式，分别选取有代表性的作品予以评价。

活动建议

1. 活动后，在美工区中提供纸和笔，也可提供一些生活中的线状材料，如吸管、毛线、纤维绳、长树叶、树枝、布条、棉签、羽毛等，引导幼儿继续创作。

2. 请家长在活动前与幼儿一同查找资料，帮助他们了解狮子的头部特征，并引导其关注周围人的发型，多观看各种发型的图片等。

秋天的树林(物体画)

PCK 分析

本活动主要运用涂染法进行创作。涂染法是指不画物体轮廓线，而直接用色块涂画出物体的形状，以表现物体的形象特征的方法。秋天的树林色彩独特，树林中那些不同大小、高矮、造型的千姿百态的树木，会带给幼儿不一样的美的感受。同时，中班幼儿应在小班的基础上学习更多的绘画方法，以体验绘画的快乐。

4—5 岁幼儿在欣赏自然界中美的事物时，往往会关注其色彩、形态等特征，并用绘画、手工等方式表现自己的所见所想。对这一阶段的幼儿，可以多创造机会和条件让他们接触大自然，感受和欣赏美丽的景色，并让幼儿了解更多的绘画方法，以支持他们的自主表现。

活动中，教师引导幼儿通过观看课件、交流、肢体模仿、欣赏大班哥哥姐姐的画作等方式，感受秋天树林的色彩美、形态美，并通过游戏的方式，鼓励幼儿学习涂染的方法,且运用到秋天树林的绘画表现中。

活动目标

1. 喜欢欣赏、感受秋天树林的美,萌发喜爱大自然的情感。

2. 学习用涂染的方式大胆自主地表现秋天的树林。

3. 细致观察秋天的树林,感知其基本特征。

活动准备

1. 活动前,幼儿已观察过秋天的树林,对其特征有所了解。

2. 课件《秋天的树林》;音乐《秋日私语》(自备);大班幼儿用涂染法表现的树林作品;油画棒、绘画纸。

活动过程

1. 欣赏课件《秋天的树林》,感知秋天树林的美。

(1) 请幼儿带着问题欣赏课件:说说秋天的树林是什么样子的,树叶都有什么颜色。

(2) 提问:树林里的树是什么样子的?秋天到了,树叶都有些什么颜色?请表演一下树林的样子(鼓励幼儿独自或几人合作摆出树的姿态)。

(3) 师幼共同梳理、小结:一棵树有树干、树枝、树叶。树干有的粗粗的,有的细细的;有的直立,有的斜长。树枝也不一样,千姿百态。秋天树林的颜色丰富多彩,树叶有红色、橘黄色、土黄色等,还有一年四季都是绿色的常青树。许许多多的树在一起便成了一片树林。

2. 欣赏大班幼儿的绘画作品,学习用涂染的方式表现秋天树林的方法。

(1) 提问:哥哥姐姐画的树林漂亮吗?哪里漂亮呢?这些树都是一样的吗?哪里不一样?请仔细看一看他们是用什么材料画的?是怎么画的?

引导幼儿发现画面上树干和树枝的粗细、大小及造型变化;观察到是用油画棒直接涂染的方式来表现树干、树枝和树叶的。

(2) 请幼儿上台尝试表现。

提问:谁愿意上来用这样的方法来试着画一画?

(3) 用趣味形式引导幼儿徒手做涂染的动作,如:我们长大了,用帮妈妈擦桌子的方式擦一擦,就擦出一棵树的树干了,再用添画、点彩(一种又一种颜色一点一点连成一片)或其他涂色彩的方式加上树叶。

3. 自主作画,表现秋天的树林。

(1) 教师提出作画要求:先用油画棒涂上树干和树枝,再画上多种颜色的树叶;安静作画,保持卫生。

(2) 幼儿自取绘画工具作画,教师有针对性地指导。

教师重点引导幼儿大胆、自主地表现出多种姿态各异、大小不同的树,并给树林添上漂亮的色彩。

4. 展示作品,进行自评和互评。

(1) 引导幼儿与同伴交流自己的作品。

(2) 教师配乐朗诵有关秋天的树林的诗歌,结束活动。

教师:小朋友画的秋天的小树林太美了,让老师忍不住要吟诵一首诗歌表示赞美!

活动建议

1. 有条件的幼儿园,可给幼儿提供颜料,让幼儿用颜料画的形式进行表现。

2. 用幼儿的作品布置环境,鼓励幼儿向他人介绍自己的作品。

3. 活动后,请家长利用休息时间带领幼儿观察秋天的变化。

附:课件《秋天的树林》二维码

漂亮的方巾(装饰画)

PCK 分析

装饰画的素材主要来源于生活本身,将一些重复图像进行有序地排列之后,产生一种超越现实的抽象的和强烈的视觉效果。方巾是幼儿在生活中会用到或经常见到的一种生活用品。大多数方巾上不仅会有规律排列的、重复的装饰花纹、格子和图样,也会有各种不同的色彩,这些都会给中班幼儿带来美的享受,成为他们创作的源泉。

4 岁多的幼儿辨色能力提高很快,开始对颜色表现出自己的喜好,并能用这些喜欢的颜色来描绘自己喜欢的物体,因此画面上色彩种类在逐渐增多,但缺乏色彩的协调。这个年龄段的幼儿能关注物品上的装饰,对于线条的表现有了一定的基础。

活动中，教师以游戏“参观方巾博览会”的形式，让幼儿观察和整体感受方巾的美；再引导幼儿有目的、有重点地进行讨论，体会方巾上装饰图案的重叠和有规律排列的美感等；最后在幼儿创作时，通过适时引导、个别指导等方法和策略来鼓励每位幼儿大胆创作。

活动目标

1. 对装饰活动感兴趣，能感受方巾花纹、色彩等方面的美。

2. 尝试用花纹、格子或图样等装饰方巾，大胆选色，注意色彩的多样性。

3. 能较大胆、清楚地介绍自己收集和创作的方巾。

活动准备

1. 师幼共同收集多种方巾或方巾图片，布置成方巾展。

2. 水彩笔、油画棒、水粉颜料、棉签、大小不同的正方形纸。

活动过程

1. 开展游戏“参观方巾博览会”，感受方巾的美。

(1) 引导幼儿自由参观并介绍博览会中自己收集的方巾或方巾图片。可提问：你带来的方巾是什么样的？

(2) 引导幼儿欣赏并讨论方巾的装饰方法。提问：你最喜欢哪一块方巾？为什么？方巾上的花纹、颜色有什么特别的地方？

(3) 幼儿充分讨论后，引导幼儿小结：方巾有不同的颜色、不同的花纹。有的花纹是围着方巾四周一圈；有的只是一个角上有花纹；有的在中间有图案。图案也不一样，有的是动物，有的是花，有的是格子……

2. 讨论方巾的装饰方法，为创作打下基础。

(1) 提问：我们今天也来画方巾。你想画什么样的方巾？方巾上的花纹怎样排列比较好看？花纹的颜色怎样搭配会更漂亮？

(2) 请个别幼儿试一试。

3. 自选材料创作，教师巡回观察并分层进行指导。

(1) 教师提问，引导幼儿思考。

提问：你想用什么样的线条和花纹来装饰你的方巾？

鼓励幼儿思考并大胆表达自己的创作想法。

(2) 提出装饰要求：选择自己喜欢的画纸、画笔进行装饰；能自己大胆装饰，尽量和别人不一样，注意色彩的使用和花纹的不同。

(3) 幼儿自选材料创作，教师巡回观察、指导。

教师巡回观察指导时可鼓励及肯定有创意的幼儿，帮助有困难的幼儿，并提醒他们保持画面整洁等。

4. 展示作品，相互交流、评价。

(1) 提问：你是怎样装饰方巾的？用了什么方法？你最喜欢谁的装饰，为什么？

(2) 请先创作完成的幼儿自由交流，再进行集体交流。

(3) 从线条、图案、色彩、花纹等方面进行评价，提升幼儿经验。

活动建议

1. 活动后，提供各种大小不同的方形色粉纸投放到美工区中，引导幼儿用粘贴、撕贴等方式装饰手帕，初步感受并学习中心和四边花纹对称排列的规则。

2. 请家长和幼儿一起收集各种装饰的花纹图案进行欣赏，进一步激发幼儿对装饰画的兴趣。

萝卜(物体画)

PCK 分析

萝卜是幼儿生活中常见常吃的一种蔬果，颜色多种多样，幼儿对其外形特点也非常熟悉和感兴趣。教师以“萝卜”为主题，引导幼儿以水粉画的形式来表现。这一作画方式色彩鲜艳，表现形象直观，既能有效激发中班幼儿对于新形式(小班幼儿虽也接触过水粉颜料，但都是以棉签作画)的兴趣，又便于他们进行创作。

初次使用水粉笔作画的 4 岁幼儿，兴趣浓厚、下笔大胆，在老师的引导下能基本表现物体的轮廓，但在创作时，不知如何把握颜料的多少，容易影响画面的整洁。

活动中，教师引导幼儿通过看一看、摸一摸来了解萝卜的外形特征，并采用拟人化的口吻向幼儿介绍正确使用水粉画工具的方法，鼓励他们大胆、自主地表现不同形态、不同颜色的萝卜，并关注他们的作画习惯。最后，鼓励幼儿介绍作品，交流感受。

活动目标

1. 喜欢用水粉颜料作画，体验水粉画的乐趣。

2. 能大胆、自主地表现不同形态、不同颜色的萝卜。

3. 了解萝卜的外形特征，学习用水粉颜料画萝卜，初步了解水粉笔的使用方法。

活动准备

1. 孩子已有运用涂染法绘画的经验，观察过不同的萝卜。

2. 作品《萝卜》(自备)；萝卜；水粉颜料、大小水粉笔、涮笔筒、抹布。

活动过程

1. 观察萝卜，了解萝卜的外形特征。

(1) 引导幼儿看一看、摸一摸萝卜，交流萝卜的大小、形状、颜色、种类等。

提问：这些萝卜是什么样的？有什么不一样的地方？

(2) 师幼共同小结。

2. 观察水粉画作品《萝卜》，感知水粉颜料作画的特点。

(1) 教师提问，引导幼儿观察交流。

提问：你们喜欢这幅画吗，为什么？这些萝卜是用什么绘画材料画出来的呢？

(2) 出示水粉画工具材料，引导幼儿交流水粉颜料的用法。

提问：你们用过水粉颜料画画吗？在用的时候要注意些什么呢？

(3) 教师演示水粉工具的使用方法：水粉笔蘸完颜料后，要在颜料盘的边上轻轻梳梳头，这样颜料不会太湿；在换颜色的时候，先让笔在涮笔筒里洗洗澡。

3. 讨论交流，自取材料，创作萝卜。

(1) 引导幼儿讨论、交流，构思表现的内容。

提问：现在请你们用水粉颜料画萝卜，你们想画什么样的萝卜？打算用什么颜色？

(2) 幼儿自取绘画材料，自主创作，教师巡回观察、分层指导。

重点指导幼儿正确使用水粉颜料，表现不同大小、颜色、形状的萝卜。对于能力稍弱的幼儿，可以先引导幼儿画出萝卜的基本形态，再慢慢提高要求。

4. 欣赏作品，交流作画感受。

(1) 幼儿介绍作品。

提问：谁愿意向大家介绍自己的作品？

(2) 幼儿互相交流使用水粉画工具作画的感受，结束活动。

提问：今天我们学习了画水粉画，你们感觉怎么样？

活动建议与提示

1. 因幼儿初次使用水粉笔作画，可能不太习惯，活动前可以先让幼儿用笔蘸水在地上或瓷砖上画。

2. 活动中，教师应注意培养幼儿运用水粉颜料作画的习惯。

3. 请家长在家为幼儿准备一套水粉画工具，平时跟幼儿一起亲子作画。

落叶变变变(想象画)

PCK 分析

借形想象画是想象画的一种，绘画者借助现有的图形或物体展开想象创作，通过想象加工，添画后形成新的形象，使其成为一幅与主题相关的完整图画。落叶是秋天最常见的一种自然现象。小区里、幼儿园操场上随处可见不同形状的落叶。将各种形状的树叶进行拼贴，并借形想象添画出不同的事物形象，使之成为一幅绘画作品的活动能引起幼儿的兴趣。

4 岁的幼儿开始进入象征期，具有了一定的生活经验和绘画基础，开始能在成人引导下将自己所想象的事物和生活中的实物相匹配。

在活动中，通过调动幼儿的已有经验对树叶实物进行观察，在了解树叶形状的基础上，通过提问引导幼儿进行相关、相似的一物多变及多物联想；并通过演示鼓励幼儿大胆运用添画法、拼贴法、组合法等来进行想象创作。

活动目标

1. 对树叶变形感兴趣，体验大胆想象、创造的快乐和成功感。

2. 尝试根据树叶的不同外形展开想象，创作出多种物体形象。

3. 学习用树叶进行拼贴，巩固剪、贴、添画等美术技能。

活动准备

1. 幼儿在活动前已熟悉儿歌《捡树叶》，具有观察过各种不同形状树叶的经验。

2. 音乐《秋日私语》(自备)；师幼已收集多种不同的落叶，并擦干净、压平整；绘画纸、油画棒、记号笔、双面胶、剪刀。

活动过程

1. 观察树叶，初步了解不同树叶的外形特征。

(1) 教师出示梧桐叶、枫叶、银杏叶，引导幼儿进行观察。

提问：秋天到了，树上的叶子都落下来了，一起来看看这是什么树叶？它看起来像什么？

(2) 师幼共同小结：原来，有的树叶像手掌(如梧桐叶)；有的树叶像金鱼的尾巴(如枫叶)；有的树叶像蝴蝶的翅膀、小姑娘的裙子(如银杏叶)，等等。

2. 观察教师的演示，初步了解借形想象。

(1) 教师演示“落叶变变变”。提问：小树叶真神奇，它还会变魔术。看，它摇身一变，变成了什么？树叶宝宝是怎么变的？

(2) 师幼共同小结：可以根据树叶本身的样子，想一想它像什么，然后贴好、添画；也可以用剪刀修剪一下树叶宝宝，使它变成自己想要的样子，再贴好、添画。

3. 动手操作，大胆想象创作作品。

(1) 教师出示梧桐叶，引导幼儿想象并交流一物多变的借形想象。

提问：如果这片梧桐叶想变成一个小动物，可以怎么变？除了变成这种动物，还可以变成什么动物，怎样变？

教师帮助幼儿梳理小结。

(2) 出示枫叶和圆形树叶进行多物联想，并鼓励幼儿大胆想象与交流。

提问：想想这两片树叶可以变成什么，怎样变？

幼儿集体交流后，请个别幼儿上台尝试。

(3) 教师交代创作要求：根据自己收集的树叶的形状进行想象，通过剪、拼贴、添画创作出各种不同的动物形象来。注意使用剪刀的安全，并保持桌面的整洁。

(4) 幼儿自主创作。播放音乐，教师巡回观察指导，重点鼓励幼儿大胆想象创作；对于个别能力较弱的幼儿，教师可引导其进行一物多变的借形想象。

4. 展示作品，分享交流。

(1) 教师：请说说你们把树叶变成了什么？是怎样变的？

(2) 幼儿在集体中介绍，教师鼓励幼儿相互评价。

提问：你最喜欢哪位小朋友变的，为什么？

活动建议

1. 活动前，师幼在园内捡拾树叶时，要注意选择外形不同、大小不同、颜色不同的树叶；带领幼儿学习儿歌《捡树叶》，重点交流讨论小动物捡到树叶后把树叶当作了什么。

2. 师幼共同用幼儿完成的美术作品装饰和美化活动室环境。

3. 请家长在带幼儿外出或上公园时，注意引导幼儿观察大自然中的多种树木和它们的树叶，并让幼儿说说这些树叶像什么。

附：诗歌

捡 树 叶

秋风起了，一片片树叶落在地面。
小蚂蚁捡起一片。这是我的渡船。
小老鼠捡起一片。这是我的雨伞。
小刺猬捡起一片。这是我的扇子。
梅花鹿捡起一片。这是我的饼干。
大家一起捡树叶，捡得多欢喜。

漂亮的烟火(物体画)

PCK 分析

将纸团蘸颜料投掷到绘画纸上，表现烟火绽放时的动态美，对中班幼儿而言是一种新的作画形式。这种新的作画形式也为他们之后的美术创作，带来更多探索与尝试的机会。

4 岁左右的幼儿对新的作画方式很感兴趣，也乐意接受，但在运用纸团蘸颜料投掷作画时，对纸团大小、投掷力量、投掷方向的不同与表现出来的烟火大小、形态之间的关系却很难关注及把握。

在活动中，教师先借助视频，引导幼儿欣赏感受烟火的色彩美和绽开的动态美；再通过示范，帮助幼儿掌握新的绘画方法；最后通过交流、个别指导等方法，引导幼儿发现纸团大小以及投掷纸团的力量、方向与烟火大小、形态之间的关系，从而鼓励幼儿大胆创作出不同色彩及不同形态大小的烟火。

活动目标

1. 喜欢自主创作，体验新的作画方式带来的快乐。
2. 在操作中，逐步探究呈现不同烟火的方法，并大胆地运用到创作中。
3. 通过欣赏视频、动作表现及作品创作，感受和表现烟火的色彩美和绽开的动态美。

活动准备

1. 幼儿观看过烟火燃放的情景。
2. 烟火表演的视频(自备)；多色颜料水、卫生纸、黑色卡纸、荧光粉、抹布；背景图。

活动过程

1. 欣赏视频,感受烟火的色彩美和绽开的动态美。

提问:你们看到了什么样的烟火?你能用动作表现绽开的烟火吗?

教师帮助幼儿梳理、小结:烟火是五颜六色、绚丽多彩的。

2. 观察与尝试,初步感知用纸团作画的方法。

(1) 观察教师的作画方式。

教师:今天老师要用一种特别的方式画烟火,请你们仔细听、认真看:团一团,转一转,颜料水中泡一泡。准备,砰!烟火放好啦!

提问:我是怎么放烟火的?一起来学一学。

(2) 个别幼儿上台尝试。

(3) 幼儿分组尝试,教师进行观察指导。

重点观察幼儿搓纸团、蘸颜料的方法,并引导幼儿初步感知呈现不同烟火的方法。

3. 交流与思考呈现不同烟火的方法,并进行合作创作。

(1) 欣赏分组作品,引导幼儿交流与思考。

提问:为什么我们用同样的方法表现,但烟火却有大有小呢?

帮助幼儿梳理小结:原来纸团团得越大,蘸的颜料越多,扔的力气越大,烟火就越大;纸团团得越小,蘸的颜料越少,扔的力气越小,烟火就越小。

(2) 展示背景图,鼓励幼儿合作创作。

猜一猜,这些仰着头的孩子们在等什么?让我们用刚刚学会的本领,为他们放一场最大、最灿烂的烟火吧!

幼儿自主创作,教师重点关注幼儿呈现不同烟火的方法。

(3) 出示荧光粉,引导幼儿利用材料让烟火亮起来。

4. 展示与回顾,欣赏作品中的漂亮烟火,并感受创作的快乐。

教师:让我们一起欣赏自己放的烟火吧!你们喜欢吗?看来,只要我们开动脑筋,一定能从创作中找到快乐!

活动建议

1. 教师在活动前制作背景图时,应根据班级人数来合理制作,大小要考虑到能让每位幼儿都方便操作。也可以根据本班级人数制作两幅背景图,让幼儿分组创作。

2. 请家长带幼儿去橘子洲头观看烟火,欣赏并感受烟火绽放时的美。

新的房子(物体画)

PCK 分析

随着社会的发展,人们的房子在造型上也是越来越独特,房子也更具美感。以“新的房子”为主题,以图形组合方式表现房子的造型,对于中班幼儿来说是新的作画形式,必将激发他们的创作欲望。

4—5 岁幼儿正处于绘画象征期,随着年龄的增长,他们可画出较为复杂的物体的基本特征,甚至还能画出某些细节,画面上能分出事物的上下左右关系。但由于缺乏表现技能,以及知识经验的不足,所以在表现事物方面仍不够完整。

本活动中,教师围绕主题,通过组织幼儿交流、讨论了解房子的基本结构,再通过欣赏、提问、观察引导幼儿将相似图形与房子结构相联系,最后让幼儿自主思考,想象创作出不同造型的房子。

活动目标

1. 欣赏、感受家乡建筑物的美,产生爱家乡的情感。

2. 能结合生活经验和图片交流对房子的感受,初步了解房子的基本结构。

3. 尝试用不同的图形组合创造性地表现不同的房子造型。

活动准备

1. 幼儿已认识圆形、三角形、正方形、长方形等多种基本图形,并能基本画出这些图形;留意过家乡的房子。

2. 反映当地特色建筑物的图片或照片;水彩笔、油画棒。

活动过程

1. 交流讨论,说说自己见过的和喜欢的房子。

(1) 教师:人们的生活越来越好,新造的漂亮房子也越来越多,你们都见过些什么样的房子?

根据幼儿的回答,展示相关照片,提问:这些房子都由哪些部分组成?

师幼共同小结:我们生活中的房子各式各样,但每栋房子都由房顶、门、窗、墙等组成。

(2) 教师提问,引导幼儿自由表达对房子的喜好。提问:你们最喜欢什么样的房子?为什么?(视情况追问:你为什么喜欢这样的房子?它哪里美?)

2. 观察反映当地特色建筑物的图片,进一步了解房子的构造及表现方式。

(1) 教师结合图片,逐一提问:它看上去像是由哪些形状组成的?(视情况追问:房子的房顶看上去像什么形状?墙、窗、门呢?)你能用手指在空中画一画吗?

(2) 根据幼儿的回答,请幼儿用相似的图形表示房子的构造,在黑板上画一画。

(3) 师幼共同小结:房子的外观虽然各种各样,但我们在作画时,可以将每栋房子用各种不同图形组合表现出来。

3. 自主选择操作材料,思考并创作。

(1) 请幼儿思考、想象自己想画的房子,为创作做准备。提问:你们想画什么样的房子?怎么画呢?(引导幼儿与同伴交流,视情况请部分幼儿在集体中说说)

(2) 教师介绍作画工具和材料,交代作画及卫生要求。

(3) 幼儿自主选择作画材料作画,教师巡回观察,并根据幼儿创作情况进行分层指导。如鼓励能力较弱的幼儿用相似的图形,表现房子的基本结构;引导能力较强的幼儿在创造性地表现房子的基础上,大胆添画与内容相关的情景。

4. 展示作品,欣赏、评价。

(1) 请幼儿展示并介绍自己的作品。

(2) 引导幼儿相互评价作品。

给每一名幼儿发放一张贴纸,引导幼儿将贴纸贴到自己喜欢的作品上,并进行交流。

提问:你刚刚将贴纸贴到了哪一幅作品上?原因是什么?

(3) 教师发表自己的见解,提升幼儿的赏画水平。

活动建议

1. 教师在选择建筑物欣赏图片时,应关注其代表性和多样性,并围绕活动目标展开欣赏、交流,接纳不同幼儿的审美感受,不将自己的想法强加于幼儿。同时,注意分配好各环节的时间,作画前的交流讨论不宜超过6分钟。如时间不够,可将第一环节放在活动前的生活环节进行,以确保幼儿的创作时间。

2. 活动后,将幼儿作品张贴在美工区,供幼儿相互欣赏。同时,引导幼儿利用不同形状的积木或纸盒搭建房子,进行装饰。

3. 活动前,请家长有目的地带幼儿外出观光,看看当地不同风格的建筑,丰富他们对家乡建筑的认识,为活动做准备。

美丽的瓷盘(装饰画)

PCK 分析

瓷盘是幼儿在生活中十分常见又熟悉的生活用品,人们还将它制作成了很多精美的工艺品,有突出的装饰特点,如瓷盘边缘连续的图案、花纹等,具有较高的欣赏价值。幼儿通过欣赏各种经典的瓷盘图样,了解中心装饰和边缘装饰的方法,可以获得更多的装饰画绘画方法和经验,并将之运用到创作中。

装饰画是一种规律性较强的绘画形式,理解这些装饰原理有助于幼儿的创作。瓷盘的装饰活动对于 4—5 岁幼儿来说,重点需要发现、理解瓷盘边缘用连续的图案、花纹装饰的特点。由于中班幼儿绘画方面属于象征期,刚开始学习运用自己掌握的图形来表现物象,因此,教师在本次活动中,须重点引导幼儿以连续、有规律排列的相同大小的图形进行瓷盘边缘的装饰。

在本次活动中,教师通过实物观察、图片欣赏等方式让幼儿在视觉上感受到瓷盘图案的装饰美;同时引导幼儿通过局部观察、互相交流,进一步发现中心和边缘用连续相同的图案、花纹装饰的方法,并鼓励幼儿大胆、创造性地装饰瓷盘。

活动目标

1. 乐于欣赏、表现各种瓷盘,感受瓷盘装饰带来的乐趣。

2. 能够自主大胆地使用各种图案、花纹、线条进行瓷盘装饰创作。

3. 尝试运用各种花草图案进行瓷盘中心装饰,用大小相同的图案、花纹和线条进行瓷盘边缘装饰。

活动准备

1. 熟悉各种线条和图形。

2. 课件《美丽的瓷盘》;音乐《春江花月夜》(自备);实物瓷盘一个;水彩笔、记号笔、色卡纸剪成若干圆形纸盘或一次性纸盘。

活动过程

1. 欣赏实物瓷盘,初步感知它的美。

提问:这是什么?你在哪里见过?它哪里最漂亮,为什么?

2. 观看《美丽的瓷盘》课件,欣赏和感受各种不同风格的装饰方式。

提问:盘子的中心是什么图案?它和边缘的图案有什么不一样?这个盘子边缘的图案、花纹是什么样子的?是怎么排列的?(引导幼儿看一看、想一想、说

一说)

教师帮助幼儿小结：这些瓷盘装饰得很漂亮，都是中间用一个大的花草图案来装饰，边缘用连续的图案、花纹来装饰。

3. 交流想法，构思绘画内容。

提问：如果请你装饰一个漂亮的瓷盘，你会用什么样的花草图案装饰瓷盘的中心？哪些图案和花纹可以用来装饰瓷盘边缘？它们是怎样排列的？图形大小有什么要求？(教师重点引导幼儿用连续的、相同大小的图案或花纹装饰瓷盘边缘)

教师帮助幼儿梳理小结：我们可以用不同的花草图案来装饰瓷盘中心；用连续的、相同大小的图案或花纹来装饰瓷盘边缘。

4. 幼儿自主选择材料进行装饰创作，教师对幼儿进行整体及个别指导。

(1) 教师介绍作画材料，幼儿自由选择，进行操作。

(2) 教师对幼儿进行整体指导和个别指导。

重点引导幼儿能选择不一样的花草图案装饰盘子中心；使用连续的、相同大小的图案或花纹装饰盘子的边缘。

5. 评价、展示瓷盘，体验装饰带来的乐趣。

(1) 引导幼儿自己将瓷盘作品用夹子支撑摆在展示台上，向同伴介绍。

(2) 运用自评和互评方式讲评作品。

提问：你最喜欢哪个瓷盘，为什么？

重点引导幼儿讲述中心和边缘所选择的图案、花纹及装饰方法。

活动建议与提示

1. 活动前，师幼一起从书本、杂志、画报上收集多种瓷盘图片，张贴在活动室，供幼儿欣赏。

2. 活动后，可在美工区提供多种废旧材料，如蛋糕盘等，供幼儿自主创作表现瓷盘。

3. 请家长带幼儿到博物馆欣赏瓷盘，并与幼儿一起设计一个造型独特的瓷盘。

附：课件《美丽的瓷盘》二维码

诗配画(情节画)

PCK 分析

诗配画是幼儿根据对诗歌的内容、背景的记忆和理解,用绘画的形式将之表现出来。诗歌《下小雨啦》主要表现的是万物复苏的春天里,动植物在春雨的滋润下生长的过程。以诗配画的形式引导幼儿创作、表现,鼓励他们将脑海中的画面呈现出来。

4—5 岁幼儿在绘画发展方面开始向图式期发展,已经开始有意识、有目的地通过绘画的方法,表现周围世界和自己的生活。但由于是初次接触诗配画这一形式,还不明确作画的方法,需要教师引导才能将诗歌的内容与绘画的情节紧密联系在一起。

活动中,教师引导幼儿从体验、想象、讨论出发,了解先画主要物体并将其放在中间部位的构图方法和根据诗歌情节表现画面的方法;并在幼儿创作过程中反复播放诗歌朗诵音频,最后通过评价的方式,巩固诗配画的表现方法。

活动目标

1. 对新的绘画方式感兴趣,感知春雨带给动植物们的生长的喜悦。
2. 在理解诗歌内容的基础上,用自己喜欢的绘画方式表现诗歌内容。
3. 积极交流、讨论,初步了解诗配画的表现方法。

活动准备

1. 活动前,幼儿已学会诗歌《下小雨啦》。
2. 诗歌朗诵音频《下小雨啦》(自备);水彩笔、油画棒。

活动过程

1. 有感情地朗诵诗歌,为创作打基础。

(1) 提问:你们还记得《下小雨啦》这首诗歌吗?我们一起来朗诵,在朗诵的时候,请把自己想象成诗歌中的种子、梨树、麦苗和小朋友,边朗诵边做动作。

(2) 评价幼儿朗诵情况,适时请幼儿用动作、神情表现,帮助幼儿进一步感受诗歌基调,为创作画面打下基础。

2. 谈话讨论,思考诗配画的表现方法。

(1) 提问:如果请你们将这首诗歌变成一幅画,你们会怎么画?(视情况追问:画面上画些什么?先画什么,再画什么?怎样表现春雨,怎样表现种子、梨树、麦苗和小朋友喜欢春雨的样子呢?)主要物体画在什么位置合适?

要求：幼儿先小组讨论，或两两结伴交流，教师巡回观察、倾听。

(2) 请幼儿在集体中表达自己的想法，教师视情况回应。

3. 自主选择作画材料，自主完成创作。

(1) 教师播放音频《下小雨啦》，幼儿自选作画工具，自主创作。教师观察幼儿的构图情况，提醒幼儿注意主要物体的位置、大小。

(2) 教师巡回分层指导，鼓励能力强的幼儿大胆想象，除了表现诗歌中的内容，还可创造性地表现其他动植物喜欢春雨的画面；鼓励能力中等的幼儿用表情、动作表现诗歌中角色喜欢春雨的神态；帮助能力较弱的幼儿完整表现诗歌内容。

4. 展示作品，相互交流、评价。

(1) 展示幼儿作品，鼓励幼儿自由地与同伴交流自己的画作。

(2) 引导幼儿相互欣赏评价作品。提问：你最喜欢哪幅作品？为什么？

(3) 教师介绍“诗配画”这一新的绘画方式，激发幼儿再次创作的欲望。

活动建议

1. 诗配画是充分发挥幼儿想象力的重要手段。教师在活动中，要营造宽松的学习氛围，让幼儿在没有心理负担和压力的情况下，进行丰富的联想和创作。对于将诗歌内容用画面表达有困难的孩子，教师可适当进行指导。

2. 活动后，利用餐前活动时间，引导幼儿欣赏配画唐诗，感受画面意境和诗歌意境的吻合。

3. 请家长欣赏幼儿的作品，并鼓励他们有感情地朗诵诗歌。

附：诗歌

下 小 雨 啦

滴答、滴答，下小雨啦，种子说：“下吧，下吧，我要发芽。”
滴答、滴答，下小雨啦，梨树说：“下吧，下吧，我要开花。”
滴答、滴答，下小雨啦，麦苗说：“下吧，下吧，我要长大。”
滴答、滴答，下小雨啦，小朋友说：“下吧，下吧，我要种瓜。”
滴答、滴答，下小雨啦……

小蝌蚪(物体画)

PCK 分析

蝌蚪以圆脑袋、细尾巴的可爱形象而深受幼儿的喜爱。大多数的幼儿都有捕捞、饲养、观察蝌蚪的经验，以水墨画这种新的作画形式来表现蝌蚪，不仅能激发他们的兴趣，也符合初次学习水墨画的幼儿的能力要求。

4—5岁的幼儿已经开始用一定的图式描绘周围环境，开始真正运用绘画的方法，有目的、有意识地再现周围事物，蝌蚪的简单形象对于中班下学期幼儿来说是较为容易表现的。而用水墨画这一新的绘画形式来表现，其难度在于用毛笔的侧锋及中锋分别画出蝌蚪的头部及尾部。

活动中，教师引导幼儿通过观察蝌蚪，进一步了解蝌蚪的形态；通过局部示范引导幼儿了解和学习运用毛笔的中锋和侧锋画出蝌蚪头部、尾部的方法。

活动目标

1. 体验水墨画带来的作画乐趣，感受中国的传统文化。

2. 能灵活运用中锋和侧锋相结合的形式画出蝌蚪的主要特征。

3. 初步学习用水墨画的作画方式画出不同形态的蝌蚪。

活动准备

1. 幼儿观察过蝌蚪，对蝌蚪的外形特征有所了解；认识毛笔并学会正确的握笔姿势。

2. 音乐《月光下的凤尾竹》(自备)；若干小瓶装着的蝌蚪；墨汁、毛笔、宣纸、颜料盘。

活动过程

1. 观察实物蝌蚪，了解蝌蚪的外形特征。

提问：请你们看一看、说一说，小蝌蚪究竟是什么样子的？

师幼共同小结：小蝌蚪有圆圆黑黑的脑袋，细细长长的尾巴，会在水中游泳。

2. 自由交流，初步探索蝌蚪的画法。

提问：怎样把可爱的小蝌蚪画出来呢？先画哪个部位？再画哪个部位？

3. 观看教师示范蝌蚪的基本画法，初步掌握水墨画的方法。

(1) 教师出示毛笔及墨汁，引导幼儿观察、认识新的作画工具，并学习其正确的使用方法。

提问：这是什么笔？怎么用？

教师帮助幼儿梳理小结：用正确的姿势握好毛笔后，先蘸墨，让毛笔喝足墨水，再在盘子边滚一滚，舔好笔才能开始作画。

(2) 教师示范画蝌蚪，幼儿重点观察毛笔的使用方法。

提问：刚刚老师是用毛笔的什么部位和什么方法画出了小蝌蚪的圆脑袋？

接下来,用毛笔的什么部位、什么方法画的尾巴? 教师可视情况请个别幼儿上台尝试。

师幼共同小结: 运用侧锋的方法画小蝌蚪的圆脑袋;然后竖起笔运用中锋画尾巴。

(3) 教师交代作画要求。

教师: 用正确的握笔姿势和毛笔使用方法画出不同形态的小蝌蚪,注意保持个人及桌面卫生。

4. 在背景音乐中进行自主创作,用不同方法创作出不同形态的蝌蚪。

(1) 幼儿自取绘画材料,进行作画。

(2) 教师巡回观察并有重点地进行分层指导: 提醒幼儿作画时用墨适量;指导并帮助幼儿用正确的方法画蝌蚪;鼓励幼儿用自己的方式表现不同动态的蝌蚪;引导能力较强的幼儿添画水草等简单背景。

5. 展示作品,体验成功的快乐。

(1) 提问: 你的小蝌蚪在干什么? 你能用动作来表现一下吗? 你喜欢哪幅画,为什么?

(2) 幼儿相互欣赏同伴作品。

活动建议

1. 活动前,请家长带领幼儿一起到户外观察,寻找蝌蚪并引导幼儿观察蝌蚪的主要特征。

2. 活动后将蝌蚪投放至自然角,供幼儿继续观察;美工区内继续投放水墨画的相关材料,鼓励幼儿继续创作。

神奇的漏印版画(物体画)

PCK 分析

漏印版画色彩鲜艳、形象逼真,深受幼儿喜爱,其方法就像民间艺人镂刻印字一样,操作简单,易于掌握。通过漏印各种图形、组合,幼儿可体验用这种新形式绘画的乐趣。

4—5 岁幼儿擅长将每个形象像商品一样罗列在画面上,形象与形象之间各自独立,基本没有联系。因此,对于初次学习漏印版画的幼儿来说,重点不是画面构图与布局,而是学习和掌握漏印的方法,注意样板不动的要求,并尝试进行图画组合。

活动中教师引导幼儿欣赏漏印版画，了解漏印版画与其他作画方式的不同；再通过教师演示、幼儿观察、教师提问等方法让幼儿学习漏印版画的创作方法；最后鼓励幼儿自主选择模板，大胆想象、摆设、组合、漏印。

活动目标

1. 对漏印版画感兴趣，感受新形式的绘画带来的乐趣。

2. 能自主使用操作材料和三原色进行漏印，并大胆想象组合。

3. 初步学习漏印版画的表现形式与方法。

活动准备

1. 幼儿已认识漏板上的图形。

2. 漏印版画作品（自备）；海绵若干（将海绵的四个角用线绑起来，成为一个海绵球）；白色的绘画纸、颜料（红、黄、蓝三色，用洗涤剂调匀）；各种图形的样板；抹布。

活动过程

1. 欣赏漏印版画作品，激发兴趣。

提问：这是什么？和我们平时看到的绘画作品有什么不一样？你知道它是怎么画出来的吗？

2. 教师示范漏印版画，幼儿初步了解作画方法。

（1）教师出示作画用的样板，引导幼儿观察发现样板中的图形。

提问：这张纸里藏有一样东西，你知道是什么吗？

（2）教师用样板和操作材料示范漏印版画，幼儿观察操作的过程。

方法及要求：用海绵球蘸上颜料，然后在纸上反复点击，注意样板不要动。

重点讲解：印完一个挪动位置再次漏印，引导幼儿可以进行多个图形的组合创作。

提问：创作漏印版画时应该怎样做？需要注意什么？

3. 自主选择自己喜欢的样板进行作画，亲身体验和感受创作漏印版画的乐趣。

（1）教师引导幼儿观看不同图案的模板。

（2）教师介绍作画要求及注意事项：选择自己喜欢的模板和喜欢的颜色进行创作；注意个人及桌面卫生。

（3）幼儿自主取材作画，教师巡回观察并分层指导，鼓励幼儿选择自己喜欢的模板作画，对于能力强的幼儿引导其进行多个图形的组合创作。

4. 相互介绍展示作品，提升经验。

(1) 鼓励幼儿互相介绍自己的作品，交流表现的内容，并给自己的画取名字。

教师：请你向同伴介绍一下你的作品，并给自己的作品取一个好听的名字吧！

(2) 张贴作品，师幼互评。

提问：你最喜欢哪幅作品，为什么？这幅作品是怎么组合的？

教师可引导幼儿从操作方法(比较动了样板的作品和没有动样板的作品)和图形组合的角度进行评价，教师也可以说一说自己欣赏的作品及原因。

活动建议

1. 对于第一次接触漏印版画的幼儿来说，主要引导他们选择自己喜欢的样板进行操作，学习漏印版画的正确操作、表现方法。如果已有相关经验，则可以重点引导幼儿进行漏印图形的组合，从而形成一幅画面。

2. 活动后，在美工区投放漏印版画的相关材料，如颜料和各类样板等，引导幼儿继续创作。

3. 幼儿作品可展示在活动区内，美化教室的同时，满足幼儿的成功感。

刷牙(情节画)

PCK分析

刷牙对于中班幼儿来说并不陌生，很多幼儿都会站在镜子前，边刷牙边观看自己刷牙的情景。教师以夸张的画法来表现刷牙时的面部表情，能激发幼儿参与的兴趣。

4—5岁幼儿画画喜欢夸张，他们总是把自己喜欢的、感兴趣的、有感受的物体予以放大性地描述。儿童的夸张画与其认识水平有关，中班幼儿在观察事物时，常常只可感知到某些突出的地方，或其感兴趣的地方。

活动中，教师引导幼儿倾听歌曲，模仿、表演刷牙时面部的五官变化并相互欣赏，通过交流讨论，探索出夸张画法的要素；最后鼓励幼儿大胆运用夸张的画法表现刷牙的情景。

活动目标

1. 感受有趣的绘画主题和绘画方式带来的快乐。

2. 能夸张地表现刷牙情景，并围绕重点大胆评价。

3. 初步尝试、学习夸张画法的技能。

活动准备

1. 幼儿事先观察过自己刷牙时的样子，熟悉《刷牙歌》。

2. 音乐《刷牙歌》(自备)；水彩笔、油画棒、水粉颜料、水粉笔；每人两张小贴纸。

活动过程

1. 倾听《刷牙歌》，模仿刷牙动作，夸张地表演并相互欣赏。

(1) 提问：你每天都会刷牙吗？怎样刷的？

(2) 幼儿随音乐模仿刷牙动作并相互欣赏，教师巡回观察。

提问：你们觉得谁的表演最有趣？哪个动作最有趣，为什么？

请个别幼儿再次上台表演供大家观察，并梳理、归纳夸张表现的方法。

2. 交流讨论，探索怎样夸张地表现刷牙的情景。

(1) 引发幼儿构思画面：如果将刷牙的动作画下来，应该怎样画才有趣？(视情况追问：刷牙的时候嘴巴是什么样子的？怎样画嘴巴才更有趣呢？脸上的表情呢？)如果用超级大牙刷刷牙会怎样？泡泡除了在嘴里，还会去哪里？

(2) 请个别幼儿在黑板上画画刷牙的样子，教师及时鼓励和指导，梳理、归纳夸张表现的方法。

教师：我们将重点需要突出的部位画大或画小，会让作品看上去很夸张、很有趣。

3. 自取材料，自主完成创作。

(1) 教师介绍材料，提出绘画及卫生要求。

教师：选择自己的作画工具，用夸张的方法来画出刷牙的样子；注意保持个人及桌面卫生；绘画结束后收整好绘画工具。

(2) 幼儿自取材料，自主创作，教师巡回观察并指导，重点指导幼儿用夸张的方法表现刷牙的情景。

4. 作品展示及相互欣赏作品，围绕重点进行评价。

(1) 将所有作品进行展示，幼儿与同伴自由交流自己的作品。

(2) 引导幼儿围绕重点进行评价。

提问：你觉得谁的刷牙作品最有趣，为什么？

请幼儿在自己认为最有趣的两幅作品上贴上贴纸，比比谁的作品得到的贴纸最多。

(3) 引导幼儿进一步感受夸张表现带来的乐趣。提问：你觉得今天的绘画有趣吗，为什么？我们还可以用这种方法表现什么主题？

活动建议

1. 活动的最后评价环节，幼儿有可能将贴纸贴在自己的作品上，教师应予以肯定和鼓励。

2. 在美工区张贴多幅用夸张手法表现的绘画作品，供幼儿欣赏，并鼓励他们自由创作。

3. 活动前，请家长在家有意识地引导幼儿观察自己或家人刷牙的情景。

色彩的秘密(想象画)

PCK 分析

中班幼儿处在色彩敏感期，对身边的色彩非常感兴趣，还经常萌发混合色彩的欲望，教师用不同的作画工具，引导幼儿运用适宜的方法作画，从而探索和发现混色的秘密，可从一定程度上满足幼儿探索的欲望。

4—5 岁幼儿处于色彩敏感度发展的飞跃时期，幼儿逐渐认识和学会使用 12 种颜色，但对三原色混色后的变化却知之甚少。

活动中，教师引导幼儿通过玩一玩、看一看、说一说等方式体验混合色彩的乐趣；并鼓励幼儿尝试选择多种不同的作画工具及材料进行色彩游戏，在操作中探索发现色彩混合后变色的秘密。

活动目标

1. 积极、愉快地参与色彩游戏，感受并发现色彩的变化美。

2. 能自主选择作画工具及材料，灵活运用三原色进行创作。

3. 在多种游戏和作画过程中探索发现色彩混合后变色的秘密。

活动准备

1. 幼儿已认识红、黄、蓝三种颜色。

2. 欢快的音乐(自备)；透明塑料瓶(瓶盖上有颜料)、有颜料的塑料瓶盖、切成段的萝卜；水粉颜料(红、黄、蓝)；挂历纸、黑卡纸、水粉笔、牙刷、海绵、棉签、大小不同的排刷、拓印包。

活动过程

1. 游戏：找秘密，初步感受色彩。

(1) 请幼儿跟随音乐节奏摇瓶子，发现瓶子里的秘密。

提问：你发现了什么秘密？瓶子里的水变成了什么颜色？

(2) 自主交流对颜色的感受。

提问：看到这个颜色你想到了什么？你喜欢这个颜色吗，为什么？

(3) 引导幼儿交流，揭晓秘密。

提问：为什么摇一摇瓶子就能变出颜色来呢？（教师引导幼儿打开瓶盖寻找答案）

2. 玩游戏“变魔术”，探索发现两种色彩混合后的秘密。

(1) 教师交代要求，请幼儿“变魔术”。

教师：我们再来玩一个“变魔术”的游戏，请将盖子轻轻扭开，再选择和瓶子里水不一样颜色的盖子，盖紧后摇一摇。

(2) 鼓励幼儿与同伴交流游戏中的发现。

提问：你又发现了什么秘密？

师幼共同小结：原来两种颜色混在一起就会变成一种新的颜色，真有趣。

3. 自主选择材料，大胆创作色彩画。

(1) 教师逐一呈现材料，幼儿自主观察并探讨操作材料的使用方法。

提问：这里有哪些作画材料？牙刷、海绵、棉签、大小不同的排刷、切成段的萝卜、拓印包可以怎么用？（教师可视情况追问：用水粉笔时，我们应注意什么？）

(2) 教师交代作画要求及注意事项。

教师：选择自己喜欢的材料和颜色，运用适当的方法画出自己想画的事物；注意保持作品及个人、桌面卫生；作画结束后洗手并整理好作画工具。

(3) 幼儿自主选择材料创作，教师巡回观察、指导，重点鼓励幼儿利用各种材料，自主选择颜色表现，内容不作限制。

4. 将作品展示在展示板上，共同欣赏作品，感受色彩的美。

提问：你用了什么材料和颜色宝宝玩游戏？变出了什么？心里感觉怎么样？你的作品里用到了什么颜色？你发现了什么秘密？

活动建议

1. 活动中，也可引导幼儿直接用手操作，混合颜料，更加具有趣味性。

2. 将作画材料投放到美工区，供幼儿再次创作。

3. 请家长与幼儿一同玩“色彩混合”的游戏，引导其进一步探索、发现更多色彩混合后变出的不同色彩。

大头儿子(人物画)

PCK 分析

漫画是一种艺术形式，用简单而夸张的手法来描绘生活或时事。“大头儿子”是幼儿非常熟悉的一部动画片中的人物，活动中借助这一形象，引导幼儿用夸张漫画的形式来表现好朋友的脸部及表情，将为幼儿后期创作奠定基础。

4—5 岁这一年龄段的幼儿为了表达自己感觉最强烈的和认为重要的部分形态，常常不自觉地使用夸张或变形的绘画手法。但对人物漫画中人物不同表情下五官的变化特点关注甚少，因此，用夸张的手法表现好朋友某一表情下最具特点的五官是本次活动的关键。

活动中，教师引导幼儿通过对比观察“大头儿子”这一夸张的漫画形象，共同讨论、初步感知漫画幽默、夸张的表现手法；并用局部观察的策略，帮助幼儿理解和发现不同表情下五官的特点。

活动目标

1. 喜欢漫画这种表现形式，感受漫画表现出的独特情趣。

2. 能较为灵活地运用夸张的漫画形式表现好朋友的脸及表情。

3. 通过观察、对比，感知、了解漫画幽默、夸张的表现手法。

活动准备

1. 幼儿已有绘画人脸及运用夸张画法的经验。

2. 漫画“大头儿子”脸部图片以及普通人物画图片各一张(自备)、其他人脸漫画作品四张(自备)；水彩笔、油画棒。

活动过程

1. 观察“大头儿子”的漫画图片，感受漫画幽默、夸张的表现手法及其带来的独特情趣。

(1) 对比两张不同的人脸图片，引导幼儿初步感受漫画夸张的表现形式。

提问：你看到了什么？有什么感觉？他们的样子有什么不同？这两幅画是用同样的方法画的吗？(根据幼儿的讨论情况，视情况解释漫画夸张的表现手法及其带来的独特情趣)

师幼共同小结：这种用画大、画小或变形的夸张手法表现人物的作品，叫作人物漫画，它给人幽默、有趣的感觉。

(2) 出示其他不同表情的漫画作品（夸张表现鼻、眼、嘴等），再次引导幼儿感受漫画中人物的造型特点。

提问：这幅作品中的人物是什么心情？你从哪里看出来的？（教师可视情况追问，这张笑着的漫画人物哪个部位最夸张？嘴巴是怎样的？除了可以这样表现笑的表情还可以怎样表现？）

(3) 帮助幼儿梳理、小结：将表情中最有特点的部位用夸张的方法表现，可以让你的漫画看上去更幽默、有趣。

2. 尝试用漫画的手法表现好朋友的脸，进一步感受漫画创作的乐趣。

(1) 引导幼儿讨论，构思如何用漫画的形式表现好朋友的脸。

提问：你的好朋友是谁？如果请你用漫画表现他的脸，你会怎么画呢？你想画好朋友的什么表情？

(2) 教师介绍绘画材料，引导幼儿自取材料进行创作。

(3) 教师进行重点、分层指导，鼓励幼儿大胆表现好朋友的脸。

指导要点：教师注意重点引导幼儿用夸张的手法表现出好朋友的五官。对于能力强的幼儿，引导其创作好朋友不同表情的人脸漫画；对于能力较弱的幼儿，可以先引导其尝试对好朋友的个别五官进行夸张表现，再慢慢提升难度。

3. 展示作品，自评与互评，共同欣赏画作，体验成功的乐趣。

(1) 幼儿自评。

提问：你画的好朋友是谁？他是什么样的心情？你在他的哪些部位用了夸张的手法？

(2) 同伴互评。

提问：你最喜欢谁创作的作品？你觉得哪里最有趣？

活动建议

1. 教师提供的其他漫画图片，应选择笑、哭、怒、惊四种表情的人物漫画图；同时还要有针对性地选择夸张表现鼻、眼、嘴等的人脸漫画。

2. 活动后，请幼儿在家中为爸爸妈妈画一幅漫画，贴在家里一起欣赏。

3. 请家长一起收集漫画书籍，投放到图书角，供幼儿自由翻阅，进一步感受漫画所表现出的夸张与幽默。

四、中班美术手工活动的内容与相关资源

学期	名称	配套资源
上学期	满嘴的牙 （纸工）	作品《满嘴的牙》（自备）；嘴巴形状（无牙齿）的图片；白色长条纸、胶水、棉签、装纸屑的篮子。
	小吃店 （泥工）	具有当地特色的家乡小吃图片；用橡皮泥做成的“小吃”；橡皮泥、竹签、小纸碟。
	友谊链 （制作）	不同颜色的小长条纸；彩链一条、胶水、棉签。
	折纸扇 （纸工）	折纸扇步骤图（自备）；折叠扇实物；长方形色粉纸、双面胶或胶水。
	多变的云朵 （制作）	课件《多变的云朵》；轻音乐（自备）；棉花、2 米长的蓝色绒布；A4 蓝底卡纸、双面胶。
	美丽的窗花 （纸工）	窗花作品（自备）；红色长方形、圆形、三角形、正方形色粉纸，剪刀、胶水。
	我做的汽车 （制作）	课件《我做的汽车》；玩具汽车展览会；牙膏盒、烟盒等各类纸盒，卫生纸筒、矿泉水瓶、瓶盖，剪刀、双面胶、透明胶。
下学期	泥贴花瓶 （泥工）	各种各样的瓶子（单色或透明）；超轻黏土、泥工板、贴纸。
	春天里，水果香 （纸工）	操作卡（自备）；剪刀、胶水。
	绿色的头环 （制作）	动感音乐（自备）；制作好的头环作品；“绿色的头环”制作示意图；每人一根绳条；已画好树叶轮廓、深浅不同的两种绿色纸；剪刀、胶水。
	折飞机 （纸工）	示意图及折纸飞机步骤图（自备）；趣味折纸作品；长方形色粉纸。
	我为朋友塑像 （泥工）	作品《我的朋友》（自备）；橡皮泥、泥工板、美工刀（或牙签、竹签）。
	东西南北 （纸工）	“东西南北”折纸步骤图（自备）；正方形色粉纸。
	“六一”的礼物 （泥工）	小豆子、果壳等多种辅助材料；橡皮泥、塑料刀。

中班美术手工活动案例

满嘴的牙(纸工)

PCK 分析

牙齿是每个幼儿都有的器官,幼儿都知道牙齿具有排列整齐的特点,引导他们以撕纸、粘贴的方式创作出"满嘴的牙",有利于实现让幼儿"用目测撕的方法撕出基本形状,并能有序粘贴"这一目标。

4 岁开始,幼儿在手工方面进入基本形状期,由无目的动作逐渐呈现出有意图的尝试,他们经过小班的学习,能用目测撕的方法撕出自己想要的基本形状。但由于手眼协调能力发展还不够完善,撕出的形状可能存在大小不一的差别。

为了达到核心目标,教师引导幼儿观察、讨论牙齿的基本特点,示范目测撕和粘贴牙齿的正确方法,并在创作中鼓励、肯定幼儿。最后,引导幼儿回顾创作中遇到的困难和解决的方法,为日后的活动积累经验。

活动目标

1. 积极参与手工操作活动,体验撕贴的快乐。
2. 学习用目测撕的方法撕出牙齿形状,并合理地粘贴、添画。
3. 尝试用较清晰、完整的语言介绍自己的作品。

活动准备

1. 幼儿在活动前观察过牙齿,了解牙齿的基本特点;以及玩过"牙齿晒太阳"的游戏。

2. 作品《满嘴的牙》(自备),嘴巴形状(无牙齿)的图片;白色长条纸、胶水、棉签、装纸屑的篮子。

活动过程

1. 玩游戏"牙齿晒太阳",对活动感兴趣。

(1) 教师和幼儿一起共同回顾游戏玩法及规则。

游戏玩法:师幼一同念"白白牙齿真漂亮,天天出来晒太阳!"教师一边念一边摸小朋友的头,当念到"牙""齿""晒""太""阳"这五个字时,被摸到的幼儿就要站起来摆一个漂亮的姿势,并将自己白白的牙齿露出来晒晒太阳,给大家一个最灿烂的笑容。

规则：被摸到头的幼儿必须露出笑脸，同时必须将牙齿露出来。

(2) 教师和幼儿共同游戏。

(3) 师幼共同小结幼儿在游戏中的表现。

2. 观察朋友的牙齿和作品，引起创作兴趣。

(1) 请幼儿两两相互看看对方的牙齿，说说牙齿的样子。

教师：请你看看同伴的牙齿，并说一说同伴的牙齿是什么样子的，是什么颜色的。

(2) 出示白色长条纸，提出问题：想一想，要用它来做牙齿的话，怎么做？

(3) 幼儿充分讨论并尝试后，出示作品，引导幼儿进一步讨论创作方法。

提问：请你看一看这一幅作品中的牙齿是怎么做出来的？

(4) 师幼共同小结并演示操作步骤：用食指和大拇指帮忙，将白色长纸条撕成一小块一小块表示牙齿，涂上一点点胶水，贴在嘴巴的里面，撕一张贴一张，直到嘴里贴满上下两排牙齿为止。不要的纸屑须放入桌上的篮子里。

3. 大胆创作，完成撕贴。

(1) 教师引导幼儿自主观察绘画材料。

(2) 教师向幼儿交代创作的要求。

教师：注意保持桌子和地板的干净，及时将碎纸屑放到篮子里；将牙齿粘贴在口腔中。

(3) 幼儿自取材料进行创作，教师巡回观察，分层指导。

教师引导幼儿手眼协调地正确撕纸，有顺序地张贴，并将牙齿排列整齐；提醒幼儿保持桌子和地板的干净；及时指导个别能力较弱的幼儿如何撕贴牙齿。

鼓励幼儿大胆地、合理地在图上添画。

教师：这个小朋友满口的牙长得真漂亮！猜猜会有谁来和他做朋友呢？请画一画！

4. 展示作品，欣赏、评价。

(1) 教师请幼儿介绍自己的作品。

提问：请你和同伴介绍一下自己的作品，说一说你是怎样撕的？粘贴的时候有没有遇到什么困难？最后是怎么解决的？

(2) 鼓励幼儿评价自己和同伴的作品。

提问：你们最喜欢谁撕贴的牙齿？为什么？

(3) 选取有代表性的作品予以评价。

活动建议

1. 活动中，应注意教育幼儿养成良好的卫生习惯。

2. 活动后，引导幼儿在区域活动中继续创作，如为狮子、白兔等动物贴画牙齿，比较、发现动物牙齿的不同形状和不同功能；提供多种材料，如南瓜子、开心果壳等，供幼儿制作牙齿。

3. 请家长和幼儿互相数数对方有多少颗牙，并画在纸上；正在换牙的幼儿，家长可以引导其观察换牙的情况，让幼儿知道换牙意味着自己长大了。

小吃店(泥工)

PCK 分析

团、压、搓是幼儿泥工的基础，这些方法已在小班习得。刚进入中班的幼儿开展泥工活动，应适宜引导他们在熟悉掌握这些技能的基础上，结合自己的美术知识和生活经验，探索塑造出更多的物体形象。而家乡的小吃是幼儿较为熟悉的内容。因此，以小吃店为切入点来开展泥工活动能引起幼儿的兴趣。

4 岁开始，幼儿会根据自己对事物的认识塑造出一些简单的物体和形象，在泥工制作方面，教师要让中班幼儿“在小班基础上学习用捏的方法塑造简单的立体物象”。

活动中，教师以幼儿所熟悉的家乡小吃为主题贯穿始终，通过对小吃的图片和作品的欣赏，以及对制作方法和步骤的讨论，逐步引导幼儿用团、压、搓、串等方法自主完成创作，并以“推荐、介绍小吃”的方式，大胆介绍自己的作品。

活动目标

1. 愉快地参与制作“小吃”的活动，知道吃小吃时应注意的卫生与安全。

2. 能自主选择材料制作自己喜欢的“小吃”，并大胆地向老师、同伴介绍。

3. 学习用团、压、搓、串等方法做出多种不同的“小吃”。

活动准备

1. 幼儿吃过和观察过家乡各种小吃，对家乡小吃的外形特点有所了解。

2. 具有当地特色的家乡小吃图片若干；用橡皮泥做成的“小吃”；橡皮泥、竹签、小纸碟。

活动过程

1. 观察家乡小吃图片，了解家乡小吃。

(1) 调动幼儿已有经验：我们家乡都有哪些特色小吃？请介绍一下。

(2) 展示图片，提问：这是什么？它是什么样子的？你吃过吗？什么味道？吃这些东西的时候要注意什么？

根据幼儿的回答小结梳理，丰富幼儿经验。

2. 观察做好的橡皮泥“小吃”，讨论制作方法和步骤。

(1) 教师出示做好的橡皮泥“小吃”，提问：这些“小吃”是用什么材料做成的？猜猜它们是怎么做出来的？

先请幼儿与同伴自由交谈，讨论“小吃”的制作方法和步骤，再有针对性地请幼儿介绍并上台示范。

(2) 结合幼儿的示范，介绍1—2种“小吃”的制作方法，请幼儿徒手尝试。

(3) 师幼梳理、小结制作“小吃”的方法：制作“小吃”时，可以用团、压、搓、串等方法。

3. 自主制作“小吃”，完成创作。

(1) 请幼儿观察材料，思考创作内容：请看看老师为你们准备了哪些材料？你准备做什么样的“小吃”？用哪些材料做？怎么做？

(2) 交代操作要求及注意事项：请用刚才讨论的方法，制作不同的“小吃”。制作时，要注意竹签的使用安全，做完一种，将“小吃”摆在小纸碟中，比比谁做的“小吃”种类又多又漂亮。

(3) 幼儿自主选择材料进行创作，教师巡回观察，重点指导幼儿用团、压、搓、串等方法做出不同的“小吃”。

4. 以“小吃推介会”的形式，大胆介绍自己的作品。

(1) 请幼儿将自制的“小吃”摆放在展示台上，并收拾好自己的操作材料。

(2) 鼓励幼儿自由与同伴交流自己的作品。

(3) 引导幼儿讨论“推介小吃”的方法，鼓励幼儿在集体中大胆介绍。

提问：你觉得应该怎样介绍你做的“小吃”，别人才会想来买？谁愿意来试一试？

梳理推介的方法：先介绍“小吃”的名字，再从外观、味道等方面有针对性地重点介绍。

活动建议

1. 活动中的竹签应提供圆头的，以免戳伤幼儿。同时，要注意交代要求，进行安全教育。如时间不够，可将最后环节放在日常活动中进行。

2. 利用餐后活动或区域活动时间，引导幼儿观看图片继续尝试制作“小吃”，组织幼儿开展“小吃店”的角色游戏，鼓励幼儿大胆、清楚用语言向同伴“推销”自制的“小吃”。

3. 活动前，请家长带幼儿品尝家乡的特色小吃；活动后，和幼儿一起用不同的方法制作“小吃”。

友谊链(制作)

PCK 分析

友谊链的制作，需要中班幼儿运用粘贴和串的技能，并与同伴合作，将一个个圆圈串成彩链，以装饰活动室。

4—5 岁幼儿已经能熟练地使用胶水进行平面粘贴，即在同一个平面上将一张长条纸粘贴成圆圈。但幼儿容易将纸的两端面对面粘贴，而非一上一下粘贴，这与两端的粘贴位置有关。

活动中，教师从引导幼儿观察彩链出发，初步感知创作对象。并通过交流讨论、教师示范等策略，重点让幼儿学习正确的串联粘贴法，鼓励他们与同伴合作共同创作彩链。最后将作品悬挂起来装饰活动室，让每一位幼儿从中获得成就感。

活动目标

1. 乐意与同伴共同制作友谊链装饰活动室，感受节日的愉快氛围。

2. 学习将长条纸两头粘贴起来形成圆圈，再将圆圈一个个串起来串成彩链。

3. 能手眼协调一致地粘贴，与同伴合作完成友谊链。

活动准备

1. 幼儿在活动前观察过彩链。

2. 不同颜色的小长条纸(可于活动前师幼一起准备)；彩链一条、胶水、棉签。

活动过程

1. 观察彩链，萌发动手制作的兴趣。

(1) 提问：这是什么？你在哪里见过它？长长的彩链像什么？

(2) 师幼共同梳理小结：长长的彩链像小朋友的小手一个拉着一个，所以我们可以叫它友谊链。

2. 交流讨论，共同探索彩链的制作方法。

(1) 提问：彩链是什么样的？要怎么做呢？可以用什么方法将一个一个的

彩圈连接起来?

(2) 师幼共同梳理小结：彩链是由一个又一个的圈串起来的。将第一条纸的一端上方涂上胶水,另一端绕成圆圈后,放在粘有胶水的那端上面,再用手指按牢。第二条纸先要穿过第一个圈,然后再粘住两头。第三条纸要穿过第二个圈,将两头粘牢。

3. 两两合作或多人合作,制作彩链。

(1) 讲解操作要求及注意事项。

教师：选择自己喜欢的颜色,按照刚刚讨论的操作方法制作友谊链。

注意事项：涂的胶水量要适当,粘贴时要用手指按牢;粘好后放在桌上,不能拿在手里玩,以免弄断。

(2) 幼儿两两合作或多人合作,共同制作彩链,教师巡回观察、指导。

提问：你的彩链够长吗？你有什么办法可以让彩链变得更长,像有更多的朋友手拉手那样呢?

指导要点：引导幼儿相互合作,共同制作彩链,提醒幼儿注意将彩链放在桌面上,以免踩踏破坏。

4. 悬挂彩链,共同欣赏。

师幼共同将彩链挂在活动室的空中,一同欣赏漂亮的彩链,体验合作的快乐与节日的愉快氛围。

活动建议

1. 活动中,可根据活动室装饰的需要提供多种颜色的纸条供幼儿制作彩链。此活动宜在节日前开展(教师节、中秋节或国庆节),以增强幼儿对节日氛围的感受,体验集体创作的愉悦。

2. 请家长和幼儿一起制作友谊链,布置他们的房间。

折纸扇(纸工)

PCK 分析

折纸又称“工艺折纸”,是一种以纸张折成各种不同形状的艺术活动。因其简便易学又妙趣横生,而成为幼儿非常喜欢的一种手工活动。纸扇折法简单,但需要正反反复折,对于中班幼儿来说,做到对齐、抹平,还是有一定的困难。引导幼儿“自主看步骤图折扇子,养成对齐、抹平的习惯”是本次活动的核心目标。

从生理学角度讲,4岁多的幼儿所处的年龄阶段,是小肌肉发展和手眼协调不够完善的时期,还不能很好地注意折纸细节。

活动中,教师采用观察法引导幼儿了解折叠扇的主要特征,再鼓励他们调动已有经验,自主观察步骤图;探索折纸扇的方法,并用语言提醒幼儿对齐、抹平。

活动目标

1. 喜欢参加折纸扇的活动,养成对齐、抹平的折纸习惯。

2. 自主尝试看步骤图折纸,在过程中专注、耐心。

3. 初步学习用正折和反折的方法折纸扇。

活动准备

1. 幼儿观察和使用过扇子,对扇子的外形特征有所了解。

2. 折纸扇步骤图(自备);折叠扇实物;长方形色粉纸、双面胶或胶水。

活动过程

1. 观察折叠扇实物,萌发动手制作的兴趣。

(1) 教师出示折叠扇,引导幼儿仔细观察。

提问:这是什么?它是什么样子的?打开以后是什么样子的?扇子有什么作用?

(2) 根据幼儿的表述,教师梳理小结:这种扇子我们叫作折叠扇,在天气热的时候,扇子可以给人们带来凉爽。

2. 观察折纸扇步骤图,探索、学习折纸扇的方法。

(1) 教师出示折纸扇步骤图,引导幼儿观察,理解图示内容。

提问:这张图告诉了我们什么?(视情况追问:箭头表示什么意思?数字呢?)怎样折出的纸扇才漂亮?纸扇折好以后,双面胶粘贴在什么位置?怎样粘贴?

(2) 幼儿自主表达,教师请个别幼儿上台尝试,适时示范讲解。

3. 自主创作,尝试根据步骤图折纸扇。

(1) 教师向幼儿交代折纸扇的要求及注意事项。

教师:选择自己喜欢的颜色的色粉纸来折纸扇;折纸扇的过程中遇到困难的时候可以看一看步骤图。

(2) 幼儿自主折纸扇,教师巡回观察并进行分层指导。

用语言提醒幼儿看图先折什么,再折什么,注意对齐、抹平;对能力弱的幼儿,可鼓励其向同伴学习,或与其一起折,帮助他们克服困难,耐心完成作品。

4. 展示作品，相互介绍、评价。

(1) 请幼儿自由结伴，介绍自己的作品。

提问：你的纸扇是用什么方法折出来的？在折纸扇的过程中发生了什么有趣的事情？

(2) 引导幼儿相互评价。提问：你最喜欢谁折的纸扇，为什么？

(3) 师幼一起使用自己折的纸扇，感受扇子带来的凉爽。

活动建议

1. 教师可将不同的折纸扇的步骤图投放在美工区，引导幼儿到区域中去自主探索纸扇的不同折法；也可引导幼儿对折好的纸扇进行装饰。

2. 请家长带幼儿开展亲子折纸活动，以发展他们的动手能力及专注力。

附：折纸扇步骤图

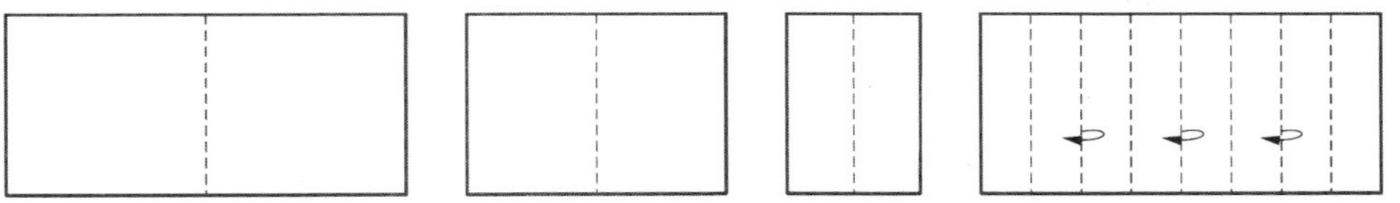

① 对折　② 再对折　③ 再对折　④ 打开，按折线正反叠折

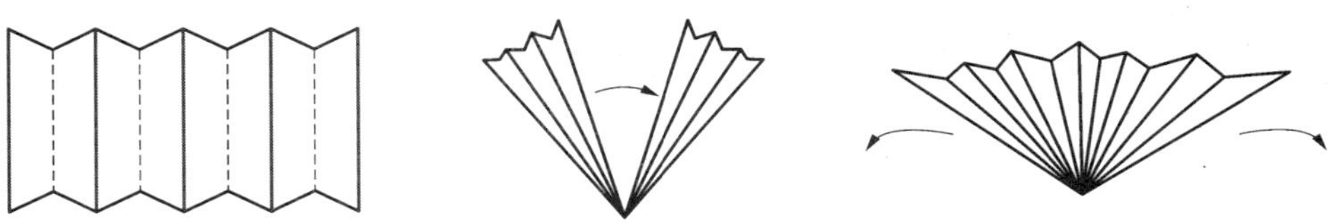

⑤ 正反折叠后　⑥ 对折，并粘贴最内侧　⑦ 向两边打开

多变的云朵(制作)

PCK 分析

利用棉花制作云朵，需要中班幼儿发挥想象，通过不同的方法改变棉花原形，以表现不同形态的云朵。

4—5 岁幼儿正处在手工制作的基本形状期，是幼儿手工发展从无目的的活动期走向样式化期的过渡阶段。这一阶段，教师除了要鼓励幼儿大胆地按照自己的意愿进行尝试，还要教给幼儿基本的制作方法，帮助他们实现自己的意图。

活动中，教师通过课件欣赏，让幼儿感受云朵不同造型的美；再提供棉花，让幼儿充分感知它的特征，引导他们通过拉、扯、撕、揉，将棉花变长、变厚、变薄；最后为幼儿提供集体创作的机会，让他们在创作云朵形态的同时，关注整体布局。

活动目标

1. 感受云朵不同造型的美，感受与同伴共同创作的快乐。

2. 合理运用拉、扯、撕、揉，将棉花变长、变厚、变薄，创造性地表现多变的云朵。

3. 尝试利用棉花的特点，创作出云朵的形态。

活动准备

1. 幼儿欣赏过天空的云朵。

2. 课件《多变的云朵》；轻音乐（自备）；棉花、2 米长的蓝色绒布；A4 蓝底卡纸、双面胶。

活动过程

1. 欣赏课件《多变的云朵》，初步感受云朵不同造型的美。

提问：这是什么？你觉得这些云像什么？

教师帮助幼儿小结：原来，天上的云朵有不同大小、不同形态，有的厚，有的薄，变化多端。

2. 感受棉花的特征，探索云朵创作的方法，并进行单个创作。

(1) 教师出示棉花，引导幼儿认识棉花。

提问：这是什么？棉花是什么样的？看到白白的棉花你会想到什么？

(2) 引导幼儿相互探讨用棉花变云朵的方法。

提问：如果要将棉花变成云朵的样子，可以怎么做？

教师请个别幼儿上台示范并鼓励幼儿用语言表达出撕棉花的方法。

教师帮助幼儿梳理小结：原来，我们将棉花拉一拉，扯一扯，撕一撕后就能变成各种不一样的云朵。

(3) 幼儿自取操作材料，进行单个创作，教师巡回指导。

(4) 教师选择几幅有典型特点的幼儿作品，引导幼儿观察、交流，看一看拉、扯、揉、撕等不同的动作产生的不同效果。

教师可提问：这朵云是什么样的？这种又轻又薄的云朵是用什么方法做出来的？这种一丝丝很细的云朵是用什么方法做出来的？一团团厚厚的云朵是用什么方法做出来的？

3. 集体创作《有趣的云朵》，从中感受与同伴共同创作的乐趣。

(1) 教师出示 2 米长的蓝色绒布，交代创作内容及要求：我们一起在蓝色的天空中贴上各种各样的云朵,让整个天空布满云朵。

(2) 教师播放音乐,幼儿集体创作。

(3) 教师巡回观察,鼓励幼儿用多种方法创作出不同形态的棉花,并较为合理地粘贴在绒布上。

4. 展示与欣赏作品,体验和感受成功的快乐。

教师与协教一起撑起绒布,让幼儿钻在"蓝天"下欣赏,体验成功的快乐。

活动建议

1. 在组织幼儿进行集体创作时,教师巡回观察并重点鼓励幼儿大胆表现,并在造型和构图上给予适当的支持。

2. 活动后,可将幼儿共同创作的《有趣的云朵》投放到表演区,或悬挂在活动室内,以满足幼儿的成就感。

3. 请家长选择较好的天气和幼儿一起观赏天上的白云,引导他们对白云的形态大胆地进行想象。

附:课件《多变的云朵》二维码

美丽的窗花(纸工)

PCK分析

窗花,是贴在窗纸或窗户玻璃上的剪纸艺术作品,是中国古老的传统民间艺术之一,具有颜色鲜艳、图案对称精美的特点。它能通过反复折叠,剪出对称的样式。对于中班的幼儿,学会这一方法需要教师的不断引导和幼儿自己的多次观察、尝试。

4—5岁幼儿在剪纸活动中,开始剪得较为顺手,但只限于剪直线。由于手的动作发展不够成熟,该年龄阶段的幼儿还不能很好地表现物体的细节。

活动中,教师引导幼儿从欣赏窗花作品入手,感受窗花颜色鲜艳、图案对称这一特点;然后让幼儿自由讨论,观看操作,自主尝试,获得"反复折叠,描绘图样,能剪出对称图案"这一经验。

活动目标

1. 欣赏中国传统剪纸窗花,体验剪窗花带来的乐趣。

2. 学习剪窗花的方法和步骤,能大胆、自主地剪出窗花。

3. 尝试根据自己的想法,创造性地剪出不同的花样,并大胆与同伴分享。

活动准备

1. 幼儿已学会对角折、对边折的方法。

2. 窗花作品(自备);红色长方形、圆形、三角形、正方形色粉纸,剪刀、胶水。

活动过程

1. 欣赏多种样式的窗花作品,感受窗花的美并萌发出剪窗花的兴趣。

(1) 出示窗花,引导幼儿进行欣赏。

提问:这些是什么?你喜欢吗,为什么?这些窗花是什么样的?(引导幼儿欣赏窗花的花式、图案和色彩)

(2) 引导幼儿感受窗花的对称美。

提问:窗花里藏了一个秘密,你发现了吗?仔细看一看,两边、四周的图案怎么样?

(3) 引导幼儿了解窗花的用途。

提问:窗花有什么用?

师幼共同小结:有喜事的时候,人们为了营造快乐、吉祥的气氛会用窗花来装饰、布置环境。

2. 操作材料,自主探索窗花的剪法。

(1) 引导幼儿探索窗花的剪法。提问:美丽的窗花是怎样做出来的呢?

(2) 幼儿自由讨论窗花的剪法并试一试。

(3) 教师边梳理边演示剪窗花的方法及步骤:将纸对角折或对边折;画上自己喜欢的图案;将画好的图案剪出来;小心翼翼地打开窗花;铺平。

3. 自主选择纸张剪窗花,创造性地剪出不同的花式。

(1) 幼儿拿取材料、工具,教师交代注意事项。

(2) 幼儿操作,教师巡回观察,指导幼儿根据自己的想法选择对折的方法,鼓励幼儿大胆创作不同的花式,提醒幼儿将图案画得大一些,便于他们剪下,并注意剪刀使用的安全。

4. 将剪出的窗花贴到活动室的玻璃上,美化活动室环境。

5. 自由欣赏，评价作品。

(1) 幼儿自由介绍自己的窗花作品。

(2) 教师引导幼儿评价自己、同伴的作品。提问：你们最喜欢哪一幅窗花，为什么？

活动建议

1. 如果条件许可，可邀请当地剪窗花的能手到教学现场进行演示。

2. 活动后，请幼儿将剪好的窗花送给小班的弟弟妹妹；利用剪好的不同形式的窗花装饰其他物件，如装饰自制灯笼、装饰礼品盒等；欣赏剪纸染色作品，尝试将剪纸染色。

3. 请家长和幼儿一起剪窗花，装饰家里的窗户。

我做的汽车(制作)

PCK 分析

汽车是幼儿生活中最常见、最喜欢的交通工具。用废旧材料制作会动的汽车，需要中班的幼儿先在脑海中构思，选择什么材料，运用什么方法制作，再动手操作。因此，“初步学习用废旧材料制作汽车玩具”是本次活动的核心目标。

4—5 岁幼儿对于琳琅满目的工具材料、不同的制作方法和丰富的造型结果，表现出明显的参与意识和浓厚的活动兴趣，制作出来的作品更接近生活中的真实物体，但他们仍需要有更精细的操作和更强的空间立体概念的支持。

活动中教师引导幼儿参观玩具汽车展览会，萌发他们制作汽车的兴趣；通过提问，组织幼儿观察、讨论等方式，帮助幼儿了解汽车的基本结构，为制作汽车奠定基础；其次，通过组织幼儿观察和自主选材、交代要求、分层指导等策略，引导他们尝试动手制作汽车。在最后的评价环节中，教师让幼儿扮演讲解员介绍自己的作品，并开展游戏“红绿灯”，帮助幼儿体验到成功的喜悦。

活动目标

1. 对自制汽车感兴趣，体验用废旧物品制作汽车带来的快乐。

2. 能仔细观察和比较，大胆交流汽车的结构，并能动手制作。

3. 能运用剪、贴、画等多种方法，利用生活中的废旧物品自主制作汽车。

活动准备

1. 幼儿有玩过汽车玩具的经验；教师收集各种玩具汽车布置汽车展览会。

2. 课件《我做的汽车》；牙膏盒、烟盒等各类纸盒，卫生纸筒、矿泉水瓶、瓶盖；剪刀、双面胶、透明胶。

活动过程

1. 参观玩具汽车展览会，萌发制作汽车的兴趣。

(1) 教师交代参观要求：看一看展览会上有些什么汽车，是什么样子的，有什么用途。选一辆自己喜欢的汽车玩具玩一玩，等一会儿向大家介绍。

(2) 幼儿参观玩具汽车展览会，观察、摆弄汽车玩具。

2. 观察讨论，了解汽车的基本结构。

(1) 教师指着汽车提问：你们刚才看的、玩的这些汽车是什么样子的？它们有什么相同的地方？

(2) 引导幼儿一起小结汽车的基本结构：汽车都有车头、车身、车轮，车身上还有车灯、车窗、车门。

(3) 播放课件《我做的汽车》，引导幼儿讨论、了解利用废旧物品制作汽车的方法。

提问：你们看到了什么汽车？它们是用什么做的？怎么做的？

师幼共同小结：这些汽车都是用牙膏盒子或其他纸盒、卫生纸筒等一些废旧材料通过剪、贴的方法做出来的。

3. 观察废旧物品，尝试制作汽车。

(1) 分别认识收集的废旧材料，交流自己的制作想法。教师可提问：你们想用什么材料制作汽车？怎样才能让汽车动起来？

(2) 教师提出要求：根据自己的制作需要拿取材料，轮流使用工具，注意安全；制作的汽车要结构完整。

(3) 幼儿创作，教师巡回指导。

教师在巡回观察指导的过程中及时帮助操作有困难的幼儿；对能力强的幼儿提出更高的要求；对个别不自信的孩子及时给予肯定与鼓励，也可和其一起制作汽车的某一部位。

4. 欣赏交流作品，体验制作的乐趣及成功的喜悦。

(1) 请幼儿一起将制作的汽车布置成“自制汽车博览会”，幼儿当讲解员，向同伴介绍自己的作品。

教师可提问：你们制作的是什么汽车？使用了什么材料？是怎样做的？

(2) 游戏：红绿灯。幼儿手持自己设计制作的汽车，和教师一起玩红绿灯的游戏。

活动建议与提示

1. 活动中,第一、二环节不宜占用太多时间,应控制在 6 分钟左右,如需要作相应的铺垫,可在活动前进行谈话引导。

2. 活动后,可在美工区投放更多的操作材料,引导幼儿进一步设计制作不同的汽车。

3. 活动前,请家长带幼儿认识多种多样的汽车,并收集多种废旧材料。

附:课件《我做的汽车》二维码

泥贴花瓶(泥工)

PCK 分析

泥贴花瓶,属于泥工活动中的泥贴画。它运用搓长、团圆、压扁、黏合、捏、贴、组合等简单技能,在平面板、单色器皿上塑贴出各种物体形象,并可构成一定情节。对于第一次接触这种形式的中班幼儿而言,达到"了解泥贴花瓶的制作方法,有意识地按照自己预先的想法进行装饰"这一目标即可。

4—5 岁的幼儿在泥塑活动中,从原先只能做拍打黏土的简单动作开始进入可以用手团圆、搓长的阶段;会对材料进行机械的叠加,由于缺乏一定的表现技能和工具使用的局限,作品较为稚拙;同时,该年龄阶段的幼儿呈现出有意图的尝试。

为了达到核心目标,教师从调动幼儿已有经验着手,引导幼儿讨论泥塑中搓条和围合的方法,让幼儿在自主操作中,尝试和探索用自己喜欢的方式制作花瓶泥贴画,最后通过不同的评价方式,引导他们表现出对同伴作品的喜欢。

活动目标

1. 感受泥贴花瓶带来的手工乐趣,愿意表达对同伴作品的喜欢。

2. 有意识地按照自己预先的想法进行创造。

3. 运用泥塑中搓条、围合等方法，为花瓶进行装饰。

活动准备

1. 幼儿有欣赏花瓶的经验。

2. 各种各样的瓶子（单色或透明）；超轻黏土、泥工板、贴纸。

活动过程

1. 回忆以前欣赏花瓶的经验，导入活动。

提问：小朋友已经欣赏过花瓶了，你们最喜欢的花瓶瓶身有哪些漂亮的装饰？教师根据幼儿的回答，归纳出花瓶在颜色、图案上的装饰方法。

2. 讨论并探索泥贴花瓶的具体方法。

（1）提问：怎样才能把黏土均匀地搓成长条？

请个别幼儿上台尝试制作，教师可适时用语言小结：先搓圆再搓长，搓长时用力要均匀，可以把黏土放到泥工板上搓。

（2）提问：你想怎样装饰花瓶？用什么方法？

幼儿自由讨论，教师视情况引导：可以用黏土条围合成图案，也可以用搓圆、压扁的方法贴成图案。

3. 自主选择材料，尝试运用搓条、围合等方法装饰花瓶。

（1）每组桌上准备多色超轻黏土，方便幼儿挑选。教师提出制作及卫生要求。

（2）幼儿自主选择材料进行创作，教师巡回观察，重点了解幼儿的制作意图，且是否有意识地按照预想制作。同时，指导幼儿运用搓条、围合等合适的方法进行制作，创造性地装饰花瓶。

（3）引导制作比较快的幼儿制作不同的花瓶或是帮助能力弱的幼儿。

4. 相互介绍、欣赏作品，表达对同伴作品的喜欢。

（1）请幼儿将作品放在展示台上。

（2）引导幼儿欣赏、评价同伴的作品。

提问：你最喜欢哪个花瓶，为什么？请将你的贴纸贴在你最喜欢的作品旁边。

活动建议

1. 在活动中，教师可根据本班幼儿实际情况，提供瓶盖、牙签、豆类等辅助材料进行装饰。

2. 活动后，将材料投放到美工区，供幼儿继续创作新的作品。

春天里,水果香(纸工)

PCK 分析

剪贴是利用纸、自然物、废旧物等作为剪贴材料,根据其原有造型和图案等,巧妙地进行裁剪取舍,形成各种新的图案,再将这些新的图案和物体形象进行重新组合,粘贴成图案画或情节画的活动。“春天里,水果香”就是引导中班幼儿按轮廓剪下图案,在背景图的提示下,用粘贴的方式表现水果的遮挡关系。

4—5 岁幼儿已具备了使用剪刀的基本能力,当幼儿能按着轮廓剪出直线后,便可进一步学剪曲线。在构图方面,他们还缺乏对遮挡关系的认识。

为了达到核心目标,教师引导幼儿观察操作卡,重点讨论图片粘贴顺序,并通过自主摆放验证自己的想法,以感知物体简单的遮挡关系。

活动目标

1. 乐于用剪贴的方式大胆表现春天的常见水果,了解其名称及外形特征。

2. 能较为熟练地沿轮廓剪出水果粘贴,完成作品。

3. 思考粘贴顺序,尝试表现遮挡关系。

活动准备

1. 幼儿已基本掌握沿轮廓裁剪的方法。

2. 操作卡(自备,具体见附);剪刀、胶水。

活动过程

1. 认识春天的常见水果,了解它们的名称及外形。

(1) 教师出示操作卡中的水果图片,提问:这些是什么?叫什么名字?看上去是什么样子的?

(2) 师幼共同给这些水果命名,观察它们的外形特征。

(3) 引导幼儿交流、探索剪出水果的方法。

提问:怎样从纸上完整地将水果图案剪下来呢?(引导幼儿交流并尝试)

简单小结沿轮廓剪的主要方法,必要时进行示范。

2. 尝试摆放水果图片,理解简单的遮挡关系。

(1) 引导幼儿观察、讨论水果图片的摆放顺序。

提问:请看看这幅图,我们应该先摆什么,再摆什么,为什么?

(2) 请幼儿尝试摆放水果图片，教师引导幼儿了解遮挡关系。

(3) 师幼梳理、小结：我们应该先摆被挡住的水果图片，再摆看起来在前面的水果图片。

3. 动手制作，用自己喜欢的方式大胆表现春天的常见水果。

(1) 教师提出要求及注意事项。

教师：先将水果图片沿轮廓完整地剪下来，然后按顺序粘在水果盘的背景图上。粘之前请仔细想想，先粘什么，再粘什么，最后粘什么。粘的时候，应将相对应的图片轮廓对齐。

注意事项：使用剪刀时注意安全；使用胶水时注意卫生。

(2) 幼儿操作，教师巡回观察，重点指导幼儿沿轮廓剪，并注意粘贴的顺序。

4. 展示作品，相互交流、评价。

(1) 请幼儿与同伴交流，介绍自己的方法，欣赏同伴的作品。

(2) 教师重点归纳、分析作品的构图特点，鼓励幼儿将遮挡关系运用到以后的绘画作品中。

活动建议

1. 幼儿空间知觉的形成与其思维发展有关，且个体差异很大。故活动中不要用整齐划一的方法教幼儿粘贴，重要的是引导幼儿通过对水果图片的摆放、比较，体验物体间的前后重叠、遮挡关系。对幼儿的不同构图方式，教师首先要接纳，然后再引导。

2. 活动后，在建构区投放小农庄图片，引导幼儿用多种动物、树木、房屋进行搭建，体验前后重叠、遮挡的关系。

3. 请家长与幼儿一起欣赏以往拍摄的家庭生活照，看看照片中哪里体现了遮挡关系。

附：操作卡参考图(左图中的水果应与右图中的水果轮廓相吻合)

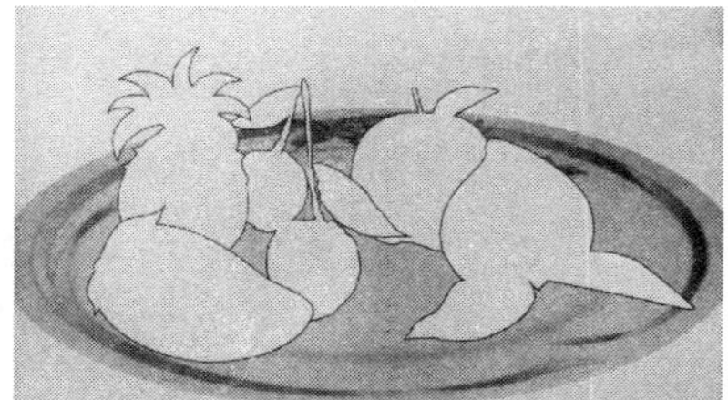

绿色的头环(制作)

PCK分析

沿轮廓线剪对幼儿来说会受线条的约束，不太自由，但便于幼儿有方向地、目的明确地剪。将沿轮廓剪的方法融入“绿色的头环”的制作活动中，能促进中班幼儿使用剪刀的灵活性，而按规律粘贴头环的方式也能有效激发他们的兴趣。

手工制作中，4—5岁幼儿在情感激发的前提下，能够以积极的态度，借助自己的力量来操作每一种手工材料。因此，材料是影响幼儿手工制作的重要因素。本活动要求幼儿沿轮廓剪弧线形状的树叶，在反复操作的过程中练习正确使用剪刀的方法。

活动中，教师让幼儿观察和了解绿色头环的制作方法，引导幼儿按轮廓剪出树叶，并在绳条上有规律地粘贴，完成头环的制作。之后，让每位幼儿带上头环玩“走秀”游戏，体验制作带来的快乐。

活动目标

1. 能克服困难坚持完成作品，体验制作的快乐。

2. 能尝试看示意图，按照一定的顺序，有条理地制作头环。

3. 能按轮廓线剪出树叶，在绳条上有规律地粘贴，并用连贯的语言讲述自己的制作过程。

活动准备

1. 幼儿初步了解过头环。

2. 动感音乐(自备)；制作好的头环作品；“绿色的头环”制作示意图；每人一根绳条(活动前师幼共同用3根皱纸条编成，长约可以绕幼儿头部一圈)；已画好树叶轮廓、深浅不同的两种绿色纸(可在活动前由家长和幼儿共同完成)；剪刀、胶水。

活动过程

1. 观察头环，产生制作兴趣。

(1) 教师头戴绿色头环，随动感音乐走秀。

提问：老师头上戴着什么？漂亮吗？你见过这种饰品吗？在哪里见过？你想拥有一个这样的头环吗？

(2) 幼儿发表见解，教师小结：它叫绿色头环，一般人们用它表示胜利、和平，如古代奥运会冠军获得者，人们就会在他的头上戴上这种绿色的头环。

2. 仔细观察，了解绿色头环的制作方法。

(1) 教师解开头环的绳条，使之呈条状，引导幼儿观察。

提问：请看一看，这个头环是怎么做出来的？先做什么？再怎么做？这些叶片是怎么粘贴的？

（引导幼儿观察、思考头环的制作方法及浅绿叶片与深绿叶片间隔粘贴的特点，并用连贯的语言讲述）

(2) 教师出示示意图，师幼共同探索制作方法。

(3) 教师讲解并示范头环的制作过程：先用剪刀依照轮廓线剪下树叶，等所有的树叶剪完后，分别在树叶上涂胶水，将它们按浅绿叶片与深绿叶片相间隔的规律粘贴在绳条上。

3. 制作头环，进一步加深对制作步骤的理解。

(1) 教师交代要求及注意事项：按顺序有规律地制作，粘贴时要注意树叶深浅色的相对间隔；注意剪刀的正确使用，注意贴牢，以免掉下来。

(2) 幼儿操作，教师巡回观察，重点指导制作的顺序和颜色的相对间隔。

4. 跟随音乐，戴上头环玩“走秀”游戏，结束活动。

(1) 幼儿完成制作后，将自己所做的头环戴上试一试，看大小是否合适。

(2) 提问：你们是怎么制作头环的？遇到困难了吗？是怎么解决的？

(3) 播放动感音乐，幼儿两两结伴玩“走秀”游戏。

活动建议

1. 活动中，一定要让幼儿感受到自己的成功，不要轻易帮助而剥夺其学习的机会。若部分幼儿在活动时间内不能完成制作，可让其在区域活动中继续操作。

2. 活动后，将头环投放到区域中，供幼儿表演或欣赏。

附：“绿色的头环”制作示意图

① 用彩色绉纸编成一根绳子。

② 剪下两种深浅不同的树叶，粘贴在绳子上。

③ 将绳子围成圈，绳子的两端用胶水或其他方法固定，美丽的头环完成了。

折飞机(纸工)

PCK分析

折纸是脑力活动与手的活动相结合的幼儿手工活动，同时也是一项民间传统艺术。折纸活动取材方便，操作性强，作品形象生动，也是深受幼儿喜欢的手工活动之一。小班时，幼儿已初步接触过示意图，为中班阶段自主看图折纸奠定了基础，此次活动则是重点帮助幼儿梳理看图折纸的经验。

4—5岁幼儿的思维方式仍处于具体形象思维阶段，好奇心强，喜欢探索，让他们用自己的作品开展游戏，能够有效地满足他们的自豪感。

活动中，教师借助对各种折纸作品的欣赏，激发幼儿兴趣；引导幼儿梳理示意图中符号所代表的含义，为幼儿自主折纸飞机以及之后的折纸活动打下基础；最后让幼儿在放飞纸飞机的过程中，体验成功的乐趣。

活动目标

1. 对看图折纸的活动感兴趣，并能从中体验到成功的喜悦感。

2. 通过仔细阅读，理解折纸飞机步骤图所表达的意思，并能根据步骤图折飞机。

3. 欣赏折纸作品，并初步了解示意图中各种符号和线段所表示的含义。

活动准备

1. 幼儿有过折纸经验。

2. 示意图及折纸飞机步骤图(自备，可参考附1、2制作为大图)；趣味折纸作品；长方形色粉纸。

活动过程

1. 看一看、玩一玩各种折纸作品，感受折纸的趣味性。

教师出示各种折纸作品，幼儿自主看一看、玩一玩。

提问：看看这些像什么？这些作品都是用什么方法做出来的？

2. 观察示意图，相互讨论并了解示意图中符号所代表的含义。

(1) 提问：这么多的折纸作品，我们怎么才能学会并且记住怎么折呢？在这些卡片上你看到了什么？你觉得这些符号和箭头表示什么含义？

(2) 教师帮助幼儿梳理小结：谷线代表向上折，峰线代表向下折，阴影代表要剪掉的部分，箭头是代表往哪个方向折的意思。

3. 自主阅读折纸飞机步骤图，初步尝试根据图示折纸飞机。

(1) 幼儿阅读折纸飞机步骤图，共同交流并讨论折叠方法。

提问：这是一幅折纸飞机的步骤图，根据上面的符号应该先怎样折，再怎样折？

(2) 幼儿用色粉纸参照步骤图尝试折叠纸飞机，教师巡回观察指导，必要时可请能够正确参照步骤图折纸的幼儿示范或讲解。

4. 集体到室外放飞自己折叠的纸飞机，体验成功的乐趣。

活动建议

1. 本次活动结束后，教师可带幼儿玩“飞机飞”的体育游戏，进行投掷纸飞机比赛。

2. 家长在家可给幼儿购置一本折纸书，在家中有意识地和他们一起研究折纸步骤图，逐步提升幼儿对步骤图符号的理解，并循序渐进地折出更多的折纸作品。

附 1：示意图

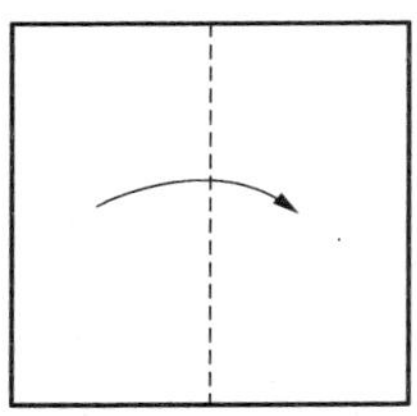

① 对边折

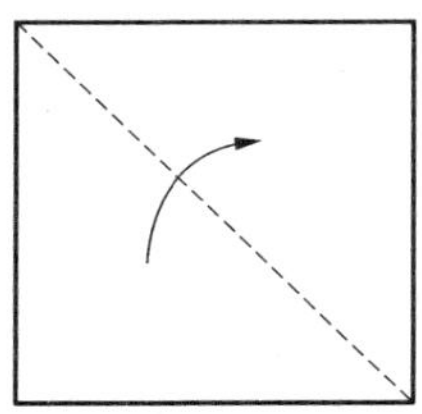

② 对角折

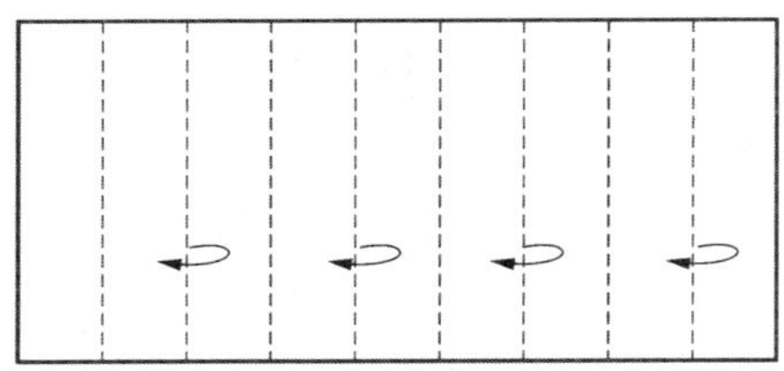

③ 正方折叠

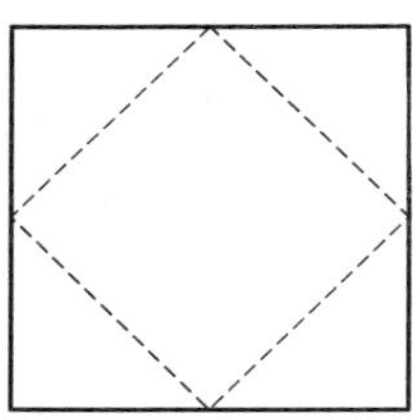

④ 四角向中心折

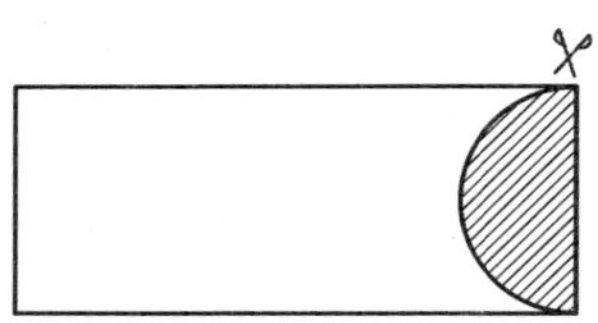

⑤ 剪阴影

附 2：折纸飞机步骤图

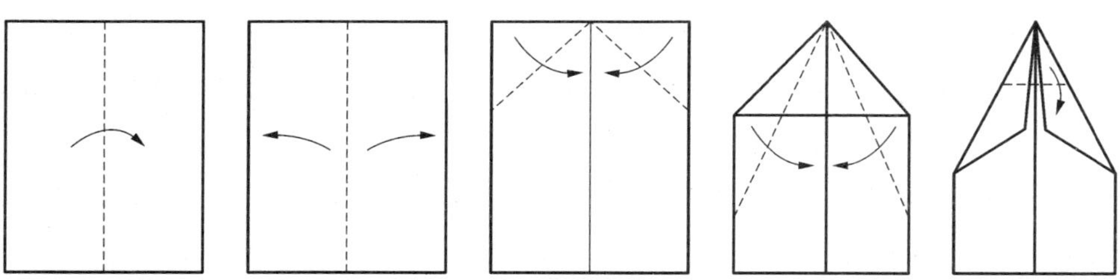

① ② ③ ④ ⑤

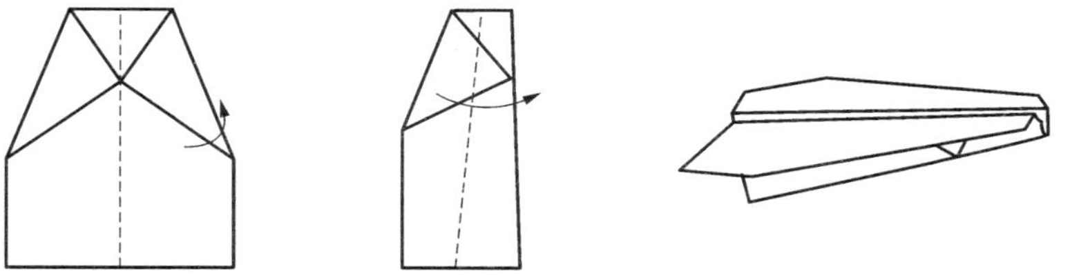

⑥　　⑦　　⑧

我为朋友塑像(泥工)

PCK 分析

泥工活动是幼儿围绕主题将生活经验和感受用泥工的形式表达、表现的过程,可以帮助幼儿运用立体造型的方式,创造性地表现自己对客观事物典型特征的认识与理解。朋友是幼儿较亲近的对象,朋友的面部表情、典型特征都是幼儿所熟悉的。用橡胶泥来为朋友塑像,需要中班幼儿用搓、压、切割等方式来表现朋友面部的典型特征。

4—5 岁幼儿正处于手工的基本形状期,开始从简单的拍打黏土的动作进入能够用手团圆、搓长的阶段。但对于五官细节选择何种方法表现有所欠缺,还不会灵活运用各种技能。

为了达到核心目标,教师应引导幼儿从欣赏、讨论出发,学习用不同的方法来表现朋友面部的主要特征;在创作中对个别幼儿进行指导,鼓励他们用合适的方法来表现朋友的面部表情,最后通过让幼儿猜朋友的方式使之相互学习。

活动目标

1. 利用橡皮泥为同伴塑像,表达对同伴的喜爱之情。
2. 迁移以往感知、表现五官的经验,大胆地塑造、表现朋友的典型特征。
3. 尝试用搓、压、切割等方法,塑造不同面部表情的人物。

活动准备

1. 幼儿已进行过谈话活动——我的朋友,能描述出朋友的主要特征。
2. 作品《我的朋友》(自备);橡皮泥、泥工板、美工刀(或牙签、竹签)。

活动过程

1. 观察泥工塑像,激发创作兴趣。

(1) 引导幼儿观察、了解人物塑像中表情的特点。

提问：这是我最好的朋友。看一看，他是用什么材料做的？请学一学他的表情。你能做出和他不一样的表情吗？

(2) 幼儿相互观察好朋友的面部，了解朋友的面部表情特征。

提问：你的好朋友是谁？他现在的表情是什么样的？五官有什么变化？谁愿意把你好朋友的表情画到黑板上？

2. 讨论创作，用搓、压、切割等方法塑造不同面部表情的人物。

(1) 引导幼儿共同讨论制作方法：你想为谁塑像？塑像时先做哪个部位？怎么做？怎样做不同表情的五官？

(2) 师幼共同梳理小结：面部可以先搓圆、然后压扁，用小刀切割出人的脸部，也可以分别制作出人的五官。

(3) 交代创作要求以及注意事项：创作出不同表情的朋友面部塑像；正确使用美工刀，有困难时可请朋友或老师协助。

(4) 幼儿创作，教师巡回指导。重点观察幼儿对不同表情的塑造，引导幼儿夸张地表现人物表情。

3. 相互介绍，欣赏作品。

(1) 请幼儿将作品放在展示台上。

(2) 引导幼儿欣赏、评价同伴的作品。

提问：猜猜这是谁的脸？你从哪里看出来的？你最喜欢哪一张脸上的表情，为什么？

(3) 幼儿相互介绍自己的作品。

活动建议

1. 活动后，引导幼儿在美工区继续创作，并提供多种辅助材料，如：豆子、扣子、树叶等，请幼儿大胆发挥想象进行创作。

2. 请家长为幼儿准备一些橡皮泥，鼓励幼儿用搓、压、切割等方法给爸爸妈妈塑像。

东西南北(纸工)

PCK 分析

折纸活动要求幼儿能够用纸通过对边折、对角折、四角向中心折等方法，折叠成平面或立体的造型。能看懂基本折纸示意图的中班幼儿，通过“东西南北”的趣味折纸，可初步学习将纸的四角向中心折的方法。

4—5 岁幼儿处于探索性折纸的起始阶段，教师要让他们在玩纸的过程中，逐步学会看简单的折纸符号，理解其中的意思并按要求折出作品。

本活动中，教师通过与方向相关的游戏激发幼儿的兴趣；在观察与讨论中，引导幼儿探索“四角向中心折”的新方法，并尝试看步骤图折纸，最后以猜图游戏延伸活动，让幼儿体会折纸的乐趣。

活动目标

1. 对折纸活动感兴趣，并能从中体验到与同伴共同玩“东西南北”的快乐。

2. 能在读懂折叠符号的基础上，按照简单的步骤图完成折纸。

3. 学习并掌握“四角向中心折”的方法，在此基础上，进一步折出“东西南北”。

活动准备

1. 幼儿对东、西、南、北等简单方向有初步认知。

2. “东南西北”折纸步骤图(自备，可根据附制作成大图)；正方形色粉纸。

活动过程

1. 玩“转方向”的游戏，导入活动。

幼儿说要“东”三下，教师操作“东西南北”三下，然后打开，看看东对应的是什么图案。游戏进行若干次，激发幼儿的兴趣。

2. 观察并讨论“四角向中心折”的方法。

(1) 出示“东西南北”折纸步骤图，观察折纸步骤，探索“四角向中心折”的方法。

师幼共同小结：“东西南北”是一种简单的折纸玩具，折出它要用到一种新的方法——四角向中心折。

(2) 提问：怎样找到纸的中心？四角向中心折中有两次什么折法？为什么要进行两次对角折？四角向中心折时，如何保证齐整？

3. 按步骤图尝试折纸，并交流操作经验。

(1) 教师：请你用刚刚说过的四角向中心折的方法试一试，按照图示折一折，看看能不能折成“东西南北”。

(2) 请尝试成功的幼儿介绍一下自己的折法，针对幼儿在尝试过程中的常见问题，教师随机指导。

(3) 提醒幼儿注意对齐、折平，并对折纸能力强的幼儿提出更高的要求与建议。

4. 幼儿互相玩猜图游戏，体会折纸的乐趣。

游戏玩法：在“东西南北”作品中间内部面贴上不同的动物贴纸，两人一起游戏，一名幼儿说步数，另一名幼儿用双手大拇指和食指拿好“东西南北”，并按指定步数向内向外开合，最后看选定方向贴纸的内容。

游戏规则：玩“东西南北”的幼儿必须根据指定步数开合；必须说对相对应的贴纸内容才能互换角色。

活动建议

1. 活动中，教师应重视幼儿对于基本折法的掌握，并引导其装饰自己的作品，看看能将“东西南北”变成什么。

2. 活动后，可请幼儿回家教家长进行折叠，以进一步激发他们对折纸的兴趣。

附：“东西南北”折纸步骤图

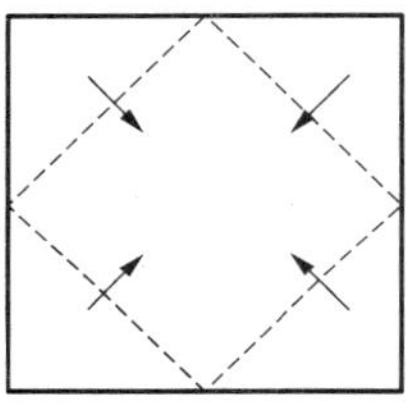

① 向中心折

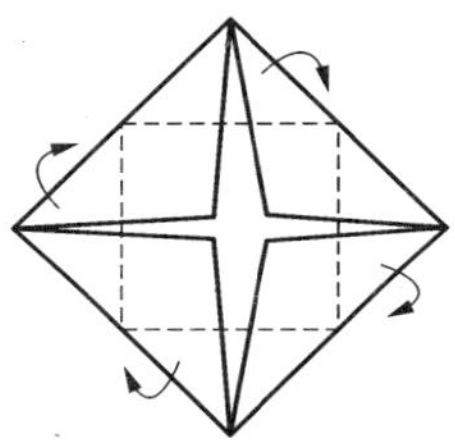

② 四角向后折

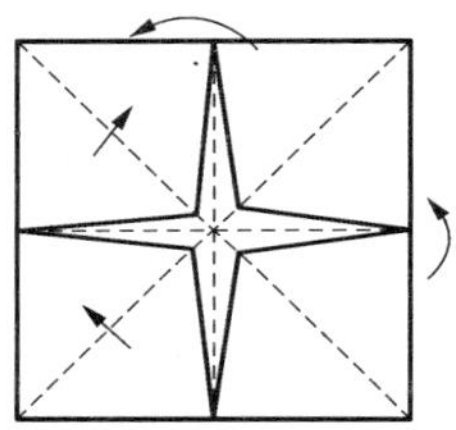

③ 沿虚线向箭头方向折出折痕

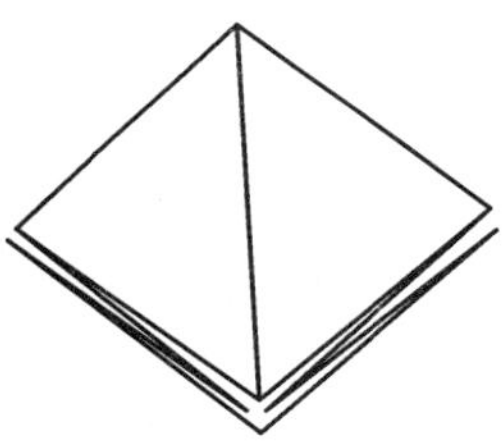

④ 整理成双正方形折，再撑开外层

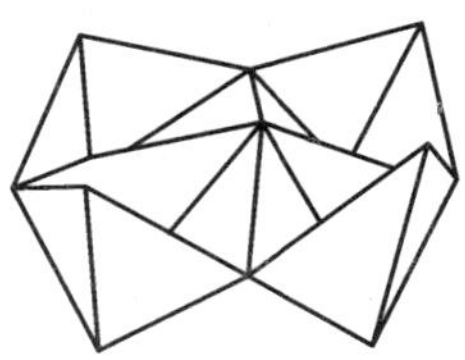

⑤ 整理

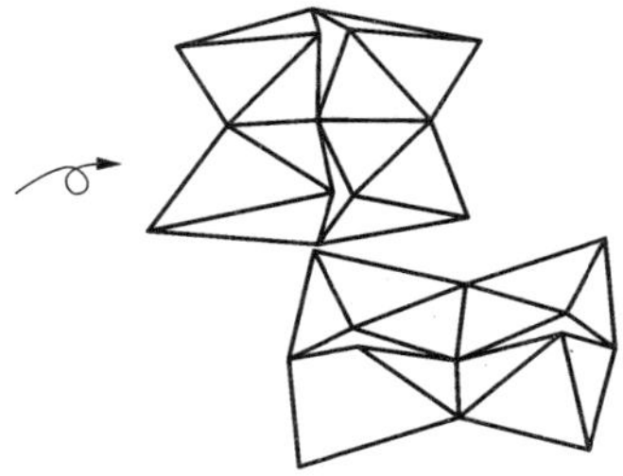

⑥ 翻过来，将双手的食指和拇指插在四个尖角里，就可以玩了

“六一”的礼物(泥工)

PCK 分析

中班下学期幼儿在手工制作活动中需达到这样的要求：“能根据自己的意图

大胆构思和设计手工作品，进行制作和装饰，并能用自己的美工作品积极地参与到环境布置中来，美化生活。”在快乐的“六一”节日中，为好朋友送上自己制作的一份礼物，既表达了心意，又能够在互赠的过程中，体验到朋友之间的美好情感。运用多种方式进行创作，并较为合理地运用辅助材料，是本次活动的核心目标。

泥工活动是具有较强操作性的活动，4—5 岁幼儿“经常用绘画、捏泥手工制作等多种方式表现自己的所见所想”。此年龄阶段幼儿的手工发展处于基本形状期，大约相当于绘画中的象征期，他们由无目的的动作逐渐呈现出有意图的尝试。

活动中，教师引导幼儿观察材料，调动已有经验构思、制作内容，并在他们制作时给予有效指导。

活动目标

1. 愉快地参与制作、赠送礼物的活动，体验朋友之间的美好情感。

2. 能综合运用团、压、搓、切等方法制作“六一”礼物。

3. 自主选择橡皮泥及辅助材料进行制作，并对朋友说出祝福语。

活动准备

1. 幼儿已学会团、压、搓、切等泥工技能。

2. 小豆子、果壳等多种辅助材料；橡皮泥、塑料刀。

活动过程

1. 谈话交流，导入活动。

(1) 教师：六一儿童节是谁的节日？你的好朋友都有谁？他(她)最喜欢什么？

(2) 幼儿自主表达后，教师导入活动：在这快乐的节日里，我们一起来做一份礼物送给好朋友，祝贺他(她)节日快乐吧！

2. 观察材料，构思制作内容。

(1) 提问：这里有些什么材料？你想用这些材料做什么礼物送给好朋友？怎么做呢？

(2) 先请幼儿与同伴相互交流，再请幼儿在集体中讲述，引导幼儿回顾所学的玩泥方法，鼓励幼儿用连贯的语言讲述制作所需的材料及步骤。

3. 自主选择材料，综合运用团、压、搓、切等方法制作礼物。

(1) 每桌准备多种辅助材料，方便幼儿自选，并提出制作及卫生要求。

(2) 幼儿自主选择材料进行创作，教师巡回观察，重点指导幼儿选用团、搓、压、切等合适的方法进行制作，并创造性地使用多种辅助材料；提醒制作比较快的幼儿给多个朋友做不同的礼物。

4. 展示作品，互赠礼物，说出祝福，体验朋友之间的美好情感。

(1) 引导幼儿介绍自己的作品：你做了几份礼物？分别是什么？是怎么做的？

(2) 引导幼儿互赠“六一”礼物，道祝福：你的礼物想送给谁？你想对他(她)说什么？请将礼物送给他(她)吧！

对收到礼物的幼儿提问：你喜欢好朋友送给你的礼物吗？你应该说什么？

活动建议

1. 有条件的班级可将幼儿的作品拍下来，评价时，以照片的形式呈现在幼儿面前。

2. 在美工区可提供多种材料，供幼儿继续制作。

3. 请家长引导幼儿说说自制的礼物，并和他们一起再次制作礼物，进一步体验创作的快乐。

第四章

大班篇(5—6 岁)

一、大班美术教学的目标建构

(一) 目标体系建构意义

大班美术教学目标体系的建构是对大班幼儿美术学习所要达成的预期结果的定位和要求。科学建构大班美术教学目标体系,可以非常清晰地看到大班年龄阶段在欣赏、绘画、手工三方面的具体目标内容,更好地帮助教师科学有效地组织大班幼儿的美术教学活动。

(二) 目标体系建构依据

大班美术教学目标体系是服从于大班年龄阶段(5—6 岁)幼儿身心发展规律及幼儿美术认知发展特点的,因此,教师在建构大班美术教学目标体系时,应以下面三点为依据。

1. 依据大班幼儿美术方面的发展特点

大班幼儿美术欣赏的联想能力和情感性不断增强,能在成人的引导下,感知美术作品和物象的情感表现,能根据美术作品的颜色、形态与构图联系具体形象展开联想;大班幼儿绘画处在图式期,能用几何形状概括出物体基本形象和主要特征,而且还注重细节的描绘,较之象征期有明显的发展;大班幼儿手工进入样式化期,对手工制作的构思逐渐地由外化转为内化,作品也越来越精细,创作欲望越来越强。以上这些,为目标的建构提供了科学依据。目标建构应既立足于5—6 岁幼儿美术方面的发展水平,又考虑其最近发展区,满足其发展需要,让其能跳起来摘桃子,充分表现自我,实现螺旋式的发展。

2. 依据美术学科本身的特点

幼儿美术是幼儿从事的视觉艺术活动,它有其独特的艺术语言。如线条、造型、色彩等，通过美术符号系统的学习，掌握一些基本的美术技巧，来表达自己的审美感受、审美想象和审美创造。

3. 依据相关法规要求

《纲要》《指南》中提出的“关于美术领域目标与5—6岁年龄段的典型表现”，是目标建构的直接依据。

(三) 目标体系建构说明

大班美术教学的目标建构分为三个层次：一是总目标，二是各类型的分类目标，三是基于各类型的大班上、下学期目标，构成方式类似一个金字塔。总目标位于塔顶，下层目标则是对上层目标的分解和具体化。其中，总目标4条，分类目标9条，学期目标中上学期9条，下学期9条，为教师进一步理解美术教育目标，科学开展中班美术教育活动提供参考。

总目标	分类目标	学期目标	
		上学期	下学期
1. 乐于收集美的物品或向别人介绍所发现的美的事物。	**1. 欣赏活动：** (1) 学习欣赏感兴趣的绘画、建筑等美术作品，并积极主动参与美术欣赏活动，具有初步发现周围环境和美术作品中美的能力。 (2) 欣赏并感受作品中形象的造型美，色彩的色调及其情感表现性，构图的对称、节奏与和谐美。了解作品简单的背景知识，进一步感受和理解作品的形象和主题意义，知道美术作品如何反映现实生活和人的思想感情，能用语言、动作、表情等表达自己对作品的理解、想象和情感。 (3) 学习从形式和内容的角度评价同伴的美术作品。	**1. 欣赏活动：** (1) 喜欢绘画、工艺、建筑等美术作品并积极参与欣赏活动。 (2) 欣赏并感受作品中形象的造型美，色彩的色调及其情感表现性，构图的对称、节奏与和谐美。 (3) 专注地欣赏自己喜欢的美术作品，有模仿和参与的意愿，并能用自己独特的表达方式表达对作品的理解。	**1. 欣赏活动：** (1) 对周围环境和美术作品中的美感兴趣，能发现美之所在，知道美术作品如何反映现实生活和人的思想感情。 (2) 表达自己对作品的理解，能用语言、动作、表情等表达自己对作品的理解、想象和情感。 (3) 学习从形式和内容的角度评价同伴的美术作品。

（续表）

总目标	分类目标	学期目标	
		上学期	下学期
2. 在欣赏美术作品时，能用绘画、语言等方式表达自己的理解、想象和情感，并愿意和别人分享、交流对美术作品的美感体验。	**2. 绘画活动：** (1) 利用多种绘画工具和材料，运用不同技法表现自己的思想和感受，体验创造的快乐。 (2) 完整地表现感受过的或想象中的物体的动态结构和简单情节。 (3) 注意深浅、冷暖颜色的搭配，并初步学习根据画面的需要恰当地使用颜色来表现自己的情感。	**2. 绘画活动：** (1) 利用多种绘画工具和材料，体验创造的快乐。 (2) 用线条和简单构图的组合来表现自己所感知过的事物，并养成良好的绘画习惯。 (3) 根据自己的喜好和美术作品的需要，对美术作品进行色彩搭配。	**2. 绘画活动：** (1) 运用不同的技法表现自己的思想和感受，体验表达美的乐趣。 (2) 学习完整表现感受过的或想象中的物体的动态结构和简单情节。 (3) 注意深浅、冷暖颜色的搭配并初步根据需要用恰当的颜色来表现自己的情感。
3. 能用多种绘画工具、材料以不同的美术形式表达自己的感受和想象，并能灵活运用独立或合作的方式来进行表现。	**3. 手工活动：** (1) 熟练选择手工工具和收集材料，大胆表现自己的意愿。 (2) 用多种点状材料拼贴物象，表现简单的情节。 (3) 综合运用各种工具、材料和技法制作简单的教具、玩具等，用来布置环境，并注意装饰美。	**3. 手工活动：** (1) 较熟练地使用和选择手工工具及材料，乐于表现自己的意愿。 (2) 用多种点状材料拼贴物品，表现简单的情节。 (3) 会用多种技法将纸折出物体的各个部位，组成整体物象，制作成为简单的教具、玩具等，用来布置环境。	**3. 手工活动：** (1) 选择恰当的手工工具，收集废旧材料，大胆表现自己的创作。 (2) 用目测的方法对纸进行分块、撕点、折叠剪等操作，将处理好的材料用来拼贴平面的物象或制作立体的物象。 (3) 学习用伸、拉的方法，并配合其他泥工技法塑造结构复杂的物象，表现其主要特征和某些细节，注意装饰美。
4. 能自己选择手工工具和收集各种材料制作美术作品，布置环境，美化生活。			

二、大班美术欣赏活动的内容与相关资源

学期	名称	配套资源
上学期	凡·高的自画像（绘画作品欣赏）	课件《凡·高的自画像》；镜子或幼儿自己的照片；水彩笔、绘画纸。
	京剧脸谱（工艺美术作品欣赏）	课件《京剧脸谱》；京剧视频（自备）；音乐《京剧联唱》（自备）；人体彩绘颜料、彩绘工具。
	奔马图（绘画作品欣赏）	课件《奔马图》；群马奔腾的视频（自备）；二胡独奏《赛马》的音频（自备）；毛笔、宣纸、墨、水。
	中国结（工艺美术作品欣赏）	音乐《喜洋洋》（自备）；中国结编结技法的视频（自备）；中国结展；红绳；中国结编制步骤图。
下学期	茶具（工艺美术作品欣赏）	茶具展览；超轻黏土。
	爱晚亭（建筑艺术欣赏）	爱晚亭的照片；课件《爱晚亭》；配乐朗诵《沁园春·长沙》的视频（自备）；水粉颜料、水粉纸。
	大碗岛的星期天（绘画作品欣赏）	课件《大碗岛的星期天》；抒情的音乐（自备）；伞、遮阳帽；水粉颜料、铅画纸。

大班美术欣赏活动案例

凡·高的自画像（绘画作品欣赏）

PCK 分析

凡·高以“自画像”著称，笔触迅疾短促，色彩对比强烈，表达的情感真诚热烈。大班幼儿需要达到“应知道美术作品如何反映现实生活和人的思想感情”这一目标。

5—6 岁幼儿能在成人引导下感知美术作品和物象的情感表现性，其中大多数幼儿能感知到作品的情感表现性。

以总分总的顺序观察凡·高的自画像，有层次地分析作品，让幼儿感受作者意图，知道画画不仅可以画他人，还可以画自己；引导幼儿用动作模仿画中弯弯的线条，感受凡·高用短促的线条表现自己希望过上幸福生活的强烈愿望；并在

最后请幼儿体验创作自画像，以画表达自己的情感，宣泄自己的情绪。

活动目标

1. 对欣赏外国名画感兴趣，能用多种形式表达自己对作品的感受。

2. 认真观赏作品，感受作者意图，知道画画不仅可以画其他人或物，还可以画自己，以表现自己的情感，宣泄自己的情绪。

3. 迁移作品经验，尝试创作自画像。

活动准备

1. 请家长帮助幼儿了解油画的简单知识；教师熟悉、了解欣赏对象及作者。

2. 课件《凡・高的自画像》；镜子或幼儿自己的照片；水彩笔、绘画纸。

活动过程

1. 整体欣赏，初步感知作品。

教师播放教学课件《凡・高的自画像》，略带神秘地说：老师带来了一幅世界名画，我们一起来看一看。

提问：你们看到了什么？觉得印象最深的是什么？（幼儿表达自己的感受，教师视情况回应）

2. 分层欣赏，深入解析作品。

(1) 请幼儿仔细观察图片。

提问：猜一猜，画家画的是谁？他的心情怎样？你们从哪些地方看出来的？他为什么会是这样的心情？画中有哪些颜色？红色、黄色给你什么感觉？

(2) 幼儿自由与同伴交流，教师巡回观察、倾听，了解幼儿的想法。

(3) 请幼儿在集体中表达自己的想法。

提问：为什么画中人表情看上去是不高兴的，却又用了高兴的颜色？你们不高兴的时候会怎样做使自己高兴起来？

教师小结：是的，画家和你们一样——在不高兴的时候，也想做一些使自己高兴的事情。他喜欢画画，就用画画使自己高兴起来。而且，他还将自己的希望画到了画上：一个虽然不开心但希望开心的自己。所以他画上了不高兴的表情表示自己当时的心情，又画了高兴的颜色表现自己的希望。

(4) 教师以平行谈话的方式表达自己的感受，在认同幼儿感受的基础上，引导幼儿感受油画作品的朦胧之美，作品色彩的明亮，以及人物自信坚定的眼神等。

3. 整体欣赏，提升对作品的感受。

(1) 提问：你们喜欢这幅画吗，为什么？

(2) 幼儿说出自己的感受，教师引导幼儿用动作模仿画中弯弯的线条，并追问：弯弯的线条给你什么感觉？

(3) 教师小结：画家想借这些弯弯的线条表现自己希望过上幸福生活的强烈愿望。

4. 了解画家生平，感受其作画风格。

(1) 教师提问：你们知道这幅画是谁画的吗？

(2) 教师以讲故事的形式介绍画家的生平、作画风格及作品。

(3) 请幼儿欣赏画家的其他多幅自画像，进一步感受其作画风格。

5. 迁移创作，用多种形式表现自己的感受。

(1) 请幼儿说说自己还看到过哪些自画像。

(2) 提问：你们猜猜画家是怎样画自己的？如果你们是画家，你们会怎样画自己？

(3) 请幼儿自取纸笔、镜子或照片，尝试创作自画像。

活动建议

1. 引导幼儿欣赏更多名家的自画像，感受不同的作画风格。

2. 请家长和幼儿一起欣赏更多的美术作品，指导幼儿画不同的自画像。

附：课件《凡・高的自画像》二维码

京剧脸谱(工艺美术作品欣赏)

PCK 分析

京剧脸谱具有象征性和夸张性，它一般通过运用夸张的色彩和对称变形的图形来展示角色的性格特征。大班幼儿应达到“能感受作品中形象的色彩、情感表现性及构图的对称”这一目标。

5—6 岁幼儿对于色彩的感知，常常要借助与作品相关的具体实物，不同的色彩会给幼儿带来不同的感受与联想。这个年龄阶段的幼儿能够比较准确地把握色彩的情感；在构图方面能理解对称与均衡等形式美。

在活动中，教师引导幼儿观看视频、图片，了解常见的京剧脸谱的色彩象征意义、特殊寓意以及夸张的图案；知道京剧脸谱的图案和颜色以鼻子为中心左右对称。通过操作练习，让幼儿学习运用线条和色彩，以对称的方式，夸张地表现京剧脸谱。

活动目标

1. 欣赏京剧脸谱，初步感受京剧脸谱的独特魅力。

2. 初步了解常见京剧脸谱的名称、特点及不同颜色的脸谱的含义。

3. 学习用对称的方法表现自己喜欢的京剧脸谱。

活动准备

1. 幼儿已知道什么是对称。

2. 课件《京剧脸谱》；京剧视频（自备）；音乐《京剧联唱》（自备）；人体彩绘颜料、彩绘工具。

活动过程

1. 欣赏京剧视频，初步认识京剧脸谱。

提问：你们听到了什么？有什么感觉？演员的脸部有什么特点？

教师小结：京剧是我国特有的舞台表演艺术形式之一，表演京剧时演员都要在脸上涂上浓重的油彩，穿上特制的戏服。京剧是我国的国粹，不但中国人喜欢，连外国人都在学我们的京剧呢。

2. 欣赏脸谱的色彩，了解色彩与人物个性之间的关系。

(1) 教师逐一出示有鲜明个性的脸谱。

提问：小朋友想想脸谱有哪些颜色，你知道这些鲜艳的色彩表示什么吗？看了这些脸谱，你觉得怎么样？

(2) 教师介绍脸谱色彩与人物个性之间的关系。

提问：他是谁？是个什么样的人呢？脸谱是什么颜色呢？

教师小结：黑色的表示个性刚直，如包公；红色的表示个性忠诚，如关公；白色的表示个性奸诈，如曹操；金色的表示神话中的人物，如财神、金钱豹、二郎神等。

3. 欣赏脸谱的图案，了解对称和夸张。

(1) 引导幼儿观察发现脸谱的图案花纹和颜色。

提问：脸谱上所画的眼睛、鼻子、嘴巴、胡子都是什么样的呢？

教师小结：脸谱的图案花纹和颜色都是以鼻子为中心对称的，眉毛是粗粗的长长的，眼睛又大又圆，嘴巴又大又红，这就是夸张，目的是让人一看就知道台上有谁。

(2) 教师再出示几种有趣的脸谱图案供幼儿欣赏。

提问：他是谁？脸谱上有什么图案？

教师小结：包公的额头上画有月牙印，财神脸上画有铜钱和蝙蝠，二郎神的脑门上睁着第三只眼睛……

4. 听音乐《京剧联唱》，相互彩绘脸谱。

(1) 教师：这些脸谱是京剧表演时常见的，请你们找一个小伙伴，商量好分工，一边听《京剧联唱》一边作画。

(2) 请幼儿与同伴交谈自己喜欢的脸谱，请画好脸谱的幼儿想象着做一些人物的动作。

活动建议

1. 请家长在家和幼儿一起欣赏平时大家喜闻乐见的京剧剧目，带着幼儿一起哼唱京剧，共同欣赏、共同制作京剧脸谱等。

2. 在园可以开展主题为“京剧脸谱化妆会”的亲子活动或游戏活动，加深幼儿对京剧脸谱的了解。

附：课件《京剧脸谱》二维码

奔马图(绘画作品欣赏)

PCK 分析

水墨画蕴含着丰富的传统文化，用毛笔蘸墨画画，可大可小、可粗可细、可干可湿，挥洒自如、变幻无穷。徐悲鸿所画的奔马，墨色浓淡变化丰富，整体上看，画面前大后小，透视感较强，前伸的双脚和马头有很强的冲击力，似要冲破画面。大班幼儿应达到“能欣赏作品中形象的色调及其情感表现性”这一目标。

5—6 岁幼儿能从线条、色调、质感等方面欣赏美术作品，逐步了解美术作品的各种艺术语言因素。在空间构图方面，这个年龄段的幼儿开始注意物体的大小比例，但作画时还把握不住分寸。

活动中通过欣赏音乐、视频和动手操作等方式，让幼儿去发现、感受这幅作品传达的意境。教师引导幼儿观察、欣赏《奔马图》，感受奔马的气势和力度，感受画面的整体美；同时教师应有重点地分析、比较作品中用墨的浓淡、干湿的不同及其表达效果。

活动目标

1. 欣赏徐悲鸿笔下的奔马，感受奔马的气势和力度。

2. 整体感受奔马的美，学习用语言、体态、动作、绘画等表现奔马的激昂情绪。

3. 仔细观察作品，分析比较作品中用墨的浓淡以及干湿的不同。

活动准备

1. 幼儿和家长、教师共同搜索有关马的图片、图书等资料。

2. 课件《奔马图》；群马奔腾的视频(自备)；二胡独奏《赛马》的音频(自备)；毛笔、宣纸、墨、水。

活动过程

1. 欣赏二胡独奏《赛马》，萌发兴趣。

(1) 教师播放音乐：听一听，这是什么声音？马奔跑时是什么样子的？

(2) 师幼随音乐模仿马奔跑时的形态。

2. 欣赏课件《奔马图》，感受马的气势和力度。

(1) 欣赏、感受马强健有力的形象和奔跑如飞的形态。

提问：你们看到了什么？画面上的马在干什么？从什么地方看出马在奔跑？(请幼儿注意观察马的身体动作并模仿)马是怎么跑的？马飞奔时会发出什么声音？(请幼儿模仿)你们觉得这匹马的身体怎样？是怎么看出来的？这匹狂奔的马心情会是怎样的呢？(引导幼儿说出“激昂”、“奔放”等)如果你是这匹狂奔的马，在大草原上奔驰，你的心情会是怎样的呢？

(2) 欣赏作品表现出来的造型美。

提问：这幅画是用什么工具画的？这些线条看上去有什么不同？你们知道是怎么画的吗？画家哪些地方用了浓墨？哪些地方用了淡墨？(注意观察用灰墨画的身体，浓墨点的五官，焦墨扫的马尾)

(3) 感受《奔马图》的构图美。

提问：你们能不能从画面上看出马在什么地方？哪匹马在前面？你怎么看

出来的?

3. 观察徐悲鸿自画像,简要了解画家及其作品。

(1) 教师介绍徐悲鸿自画像和他的其他作品:这就是画这幅《奔马图》的画家和他画的其他作品。你们喜欢他画的画吗?他的名字叫徐悲鸿,是我们国家著名的画家。他画过很多很多画,他画的马是人们最喜欢的,也是最著名的。

(2) 播放群马奔腾的视频,幼儿欢快地随视频画面模仿马奔跑的样子,表现奔马的激昂情绪。

4. 尝试创作,表现奔马。

(1) 提问:徐悲鸿画的马好看吗?你们喜欢吗?马的什么地方你最喜欢,为什么?为什么这幅作品能使我们感到马的气势和力度呢?(再次关注用灰墨画的身体、浓墨点的五官、焦墨扫的马尾)

(2) 教师边讲解边示范:徐悲鸿画马时很认真,他翻来覆去地画,非常熟悉马的结构、肌肉,他结合中西方绘画技巧,大块的灰墨画出马的体态,刚柔并济的几笔画出四肢的主要肌骨,浓墨点五官,焦墨扫马尾。徐悲鸿画的马很自然、很生动,就像活的一样,非常有气势和力度。

(3) 幼儿自由作画,教师巡回观察。

(4) 展示交流作品,自由分析绘画产生的不同效果,自己发现存在的问题。

活动建议

1. 活动后,将教学图片、徐悲鸿的自画像以及他的其他作品投放到美工区,供幼儿进一步欣赏、创作。师幼共同从图书、电视、广播、网络中查找、收集马的多种资料,组织幼儿将收集到的关于马的知识进行交流,了解更多马的不同造型。

2. 请家长和幼儿一起欣赏徐悲鸿的其他描绘奔马的画作,感受各种马不同的美,并鼓励幼儿大胆创作,表现不同动态的奔马。

附:课件《奔马图》二维码

中国结(工艺美术作品欣赏)

PCK分析

中国结是造型独特、绚丽多彩、寓意深刻、内涵丰富的中国传统吉祥饰物。通过对中国结的认识和欣赏,了解对称、均衡等形式美的初步概念,感受造型、色彩、线条等的情感表现性,可使幼儿体验美术欣赏的快乐,丰富其美感经验。大班幼儿应达到"学习欣赏感兴趣的工艺美术作品,并理解作品的形象及主题意义"这一目标。

5—6岁的幼儿通常能从作品的内容、形式出发,解释其情感表现性。幼儿能在教育的干预下,感知美术作品的风格;在线条与形状的感知方面,此时的幼儿总是喜欢将作品与某一具体形象联系在一起。

活动中,教师创设中国结展厅的情境,让幼儿感受中国结的造型美;引导幼儿猜测、讨论,明白中国结的寓意;让幼儿观看有关中国结编结技法的视频,了解中国结的制作方法。活动中采用开放式提问,让幼儿进行探索性观察,尽可能地给幼儿留下多角度选择机会以及创造空间,使他们在充分的自主探索活动中获得积极的经验。同时,在引导过程中,教师对幼儿的回答进行适时的梳理和总结,使他们的认识和情感得到深化。

活动目标

1. 乐于欣赏中国结,感知中国结的多样性,感受中国结的美。

2. 知道中国结是一种具有民族风格的装饰性传统手工艺品,初步了解中国结的美好寓意。

3. 尝试制作简单的中国结,感受我国民族文化的多姿多彩及我国民间工艺的独特魅力,萌发对优秀民族文化的喜爱之情。

活动准备

1. 幼儿对中国结意义有初步了解;收集多种中国结(品种包括吉祥挂饰如大型壁挂、室内挂件、汽车挂件等,编结装饰物如戒指、耳坠、手链、项链、腰带、古典盘扣等;造型包括方胜结、双蝶结、如意结、祥云结、双喜结、桂花结、团圆结、双钱结、双鱼结、平安结、同心结、鲤鱼结等),并布置中国结展厅。

2. 音乐《喜洋洋》(自备);中国结编结技法的视频(自备);红绳;中国结编制步骤图(自备)。

活动过程

1. 参观中国结展厅，初步认识中国结，感受中国结的美。

(1) 教师：今天，我们一起去参观一个美丽的地方，那里悬挂着许多美丽的艺术品，这些艺术品是我们中国特有的，也是中国人自己编制的。猜猜是什么？哦，让我们赶紧去看看吧。

(2) 幼儿自由参观，自主表达自己的感受，教师巡回观察。

提问：你们看到了什么？为什么叫中国结？你们喜欢吗？为什么？

(3) 教师简单介绍中国结的由来及命名：中国结，它身上所显示的情意与智慧是我们中华古老文明中的一个侧面。因为其外观对称精致，符合中国传统装饰的习俗和审美观念，可以代表中华民族悠久的历史，所以叫中国结。

(4) 引导幼儿有针对性地了解中国结最基本的颜色、形状、材料。

提问：中国结中最多最突出的是哪种颜色？红色给你什么样的感觉？我们经常在什么场合看到红色？还有其他什么颜色？

提问：中国结有些什么造型？这是什么形状？周围有什么？（了解流苏的样子，学一学流苏飘动的状态）

教师小结：有红色的如意结，有红色的鱼，有金色的花生……有的大、有的小，造型可多了。中国结的主色是红的，又配上了金色、蓝色、绿色，看上去特别的喜庆、艳丽，真是太美了。

2. 猜测讨论，初步感受中国结的美好寓意。

(1) 提问：猜一猜，这些漂亮的中国结代表什么意思？

(2) 着重欣赏中国结中的鱼（年年有余）、如意结（吉祥如意）等作品，初步了解中国结的美好寓意。

提问：多种多样的中国结在中国很古老的年代就有了，你们知道那时候人们用这些结干什么吗？你们家有中国结吗？你们还在什么地方看到过中国结？它有什么用？

教师小结：中国结最开始是（旧石器时代）用于缝衣打结，经过漫长岁月的传承和改进，现在中国结真正成为流传于民间的艺术，我们常常用它装饰环境（如挂在墙上或汽车里等），或作为赠送给亲人朋友的礼物，或作为自己身上的装饰物（如戒指、耳坠、手链、项链、腰带、古典盘扣等）。

中国结不但漂亮，还有许多的含义，如如意结——吉祥如意，方胜结——一路平安，双鱼结、鲤鱼结——吉庆有余，双蝶结——比翼双飞等，都表示热烈浓郁的美好祝福，是赞颂以及表达真心至诚的祈求和心愿的吉祥物。

3. 观看视频，了解中国结的制作方法。

(1) 提问：猜一猜，中国结是怎么编成的？（幼儿猜测后）我们一起来看看吧。

(2) 幼儿观看视频，初步了解中国结的制作方法。

(3) 教师小结：中国结从头到尾都是用一根丝线或绳子绕来绕去、穿来穿去编成的，每一个基本结又根据自己的样子、意思命名。把做成的不同结饰互相组合在一起，或用其他具有吉祥图案的饰物搭配组合，就变成了这么多造型独特、绚丽多彩、有着美好寓意的中国传统吉祥装饰物品。我们中国人真会动脑筋。你们想不想也来学一学？在美工区，老师为你们准备了绳子，你们可以按步骤图去试一试。

4. 在音乐《喜洋洋》的陪伴下，尝试制作简单的中国结，送给亲人、老师或同伴，以表达自己的祝福。

活动建议

1. 有关中国结编结技法的视频主要是为了让幼儿了解中国结的编制方法。在活动中，教师可根据实际情况选择性地让幼儿观看。

2. 在美工区，多摆放一些中国结供幼儿欣赏，并张贴操作难易程度不同的中国结编制步骤图，为幼儿设计、编制自己喜欢的中国结提供机会。

3. 请家长与幼儿一起制作中国结，带他们欣赏更多的中国结，给其讲解不同的中国结的寓意。

茶具(工艺美术作品欣赏)

PCK 分析

茶具有不同的质地和独特造型，既有作为生活用品的使用价值，又有作为工艺美术作品的欣赏价值。在欣赏时，重点让幼儿感受茶具的不同质地，以及造型美所洋溢出来的趣味、情调和生活气息。组织大班幼儿欣赏，有助于让幼儿“学习欣赏工艺美术作品，具有初步发现周围环境和物品中美的能力”这一目标的达成。

5—6岁幼儿在造型方面，随着视觉感受力的提高和具体形象思维能力的发展，开始能欣赏和表现一些形状复杂、数量多的图形。

活动中，教师创设茶具展览的情境，让幼儿感受茶具的独特造型和质地；然后让幼儿用超轻黏土制作茶具，体验茶具的各种造型美；最后以角色扮演的方式，鼓励幼儿用语言描述自己最喜欢的茶具。

活动目标

1. 乐于发现生活中美的事物，喜欢欣赏茶具。

2. 在看展览、做茶具、当解说的过程中，感受茶具的独特造型和质地。

3. 尝试用超轻黏土制作简单的茶具，初步感受茶具的制作材料及过程。

活动准备

1. 请家长带幼儿到商场去看茶具，加深他们对茶具的印象，并一起收集各种质地、造型别致的茶具或图片等，在教室内布置“茶具展览”。

2. 超轻黏土。

活动过程

1. 参观茶具展览，初步感知茶具及其各种质地。

(1) 提问：你看到了什么？

(2) 幼儿在参观茶具展览时，教师有意识地引导幼儿欣赏茶具别致的造型和精美的工艺，有重点地介绍几种茶具的质地和工艺。

(3) 幼儿听教师介绍的同时边欣赏，边与同伴交流、议论。

2. 相互交流，表达自己对茶具的感受。

提问：你看到了什么样的茶具？它是什么颜色的？用什么做的？上面有什么图案？摸上去有什么感觉？

教师根据幼儿的表达，对茶具的颜色、造型等方面进行梳理、小结，并引导幼儿发现：不同材料制作的茶具，摸上去手的感觉是不一样的，有的很光滑，有的比较粗糙……

3. 欣赏陶壶，感知陶壶的特点。

提问：这个茶壶和之前看见的茶具有什么不一样？它是用什么做的？

师幼共同小结：陶壶是我国传统的精美的工艺品，它是用一种特殊的泥加工成泥坯，吹干后烧制而成。这种茶壶有灰、褐、棕等颜色，用它泡茶可长时间地保留茶叶香气，因此深受人们的喜爱。

4. 体验制作，感知茶具的制作过程。

提问：你想做一个什么样的茶具？怎么做？

5. 角色扮演游戏：幼儿扮演茶具解说员，介绍自己最喜欢的茶具。

活动建议

1. 活动后，将收集的图片投放到美工区，并提供超轻黏土、插塑，鼓励幼儿创造性地制作茶具，布置茶具展览角。

2. 在家可以请家长和幼儿一起体验用不同的茶具泡茶带来的不同感受。

爱晚亭(建筑艺术欣赏)

PCK 分析

爱晚亭是湖南的地标式建筑。亭形为重檐八柱，琉璃碧瓦，亭角飞翘，自远处观之似凌空欲飞状。引导幼儿感受建筑艺术，有利于增长他们的见识和审美情趣，了解丰富多彩的风俗习惯，体验立体造型的美感。

5—6岁幼儿在空间构图感知方面，已经具备了感知美术作品的空间深度的能力，而且随着年龄的增长，这种能力逐步在发展。这一阶段的幼儿还没完全形成一种真正意义上的审美态度，而是本着一种“求实”的态度，更愿意去欣赏实物。

活动中，教师通过引导幼儿介绍自己眼中的爱晚亭、共同欣赏爱晚亭图片和亲自体验作画，感受爱晚亭的造型特点；其次，通过欣赏题词、对联，了解、感受爱晚亭浓厚的历史文化气息。

活动目标

1. 欣赏家乡特色景观爱晚亭，萌发对家乡美景的热爱。

2. 通过交流分享、课件欣赏、绘画创作，表达对爱晚亭的喜爱之情。

3. 欣赏爱晚亭的基本外形特征，感知它的造型美。同时，从题词、对联中感受爱晚亭浓厚的历史文化气息。

活动准备

1. 经验准备：幼儿已观察过爱晚亭，并为其拍照，将照片带至幼儿园。

2. 课件《爱晚亭》；配乐朗诵《沁园春·长沙》的视频(自备)；水粉颜料、水粉纸。

活动过程

1. 分享“我眼中的爱晚亭”，用完整的语言进行描述。

提问：你们都带来了哪里的照片？谁来介绍一下你看到的爱晚亭是什么样子的？

邀请从不同角度拍摄爱晚亭的2—3位幼儿进行分享，教师根据幼儿的表达进行梳理、小结。

2. 观看课件，欣赏爱晚亭的造型美。

(1) 出示爱晚亭整体图，幼儿相互欣赏。

提问：这张图是什么样子的？你有什么感受？

教师介绍：爱晚亭是长沙最有名的景区之一，它位于岳麓书院后青枫峡的小山上。有八根柱子，重檐，亭子的顶部覆盖绿色的琉璃瓦，攒尖宝顶，内柱为红色木柱，外柱为花岗石方柱，天花彩绘藻井，非常壮观。从远处望，亭子给人凌空欲飞的感觉。

(2) 提问：这是爱晚亭什么部位？它的顶部都有些什么？

(3) 介绍爱晚亭的名字、石柱对联由来及历史。

提问：爱晚亭的名字是谁亲笔写的？

教师介绍：亭额上"爱晚亭"三字是1952年湖南大学重修爱晚亭时，校长李达邀请毛泽东亲笔题写的。亭内立碑，上刻毛泽东手书《沁园春·长沙》诗句。

3. 相互交流，尝试用绘画的形式表现爱晚亭。

提问：如果让你来画爱晚亭，你想画它的什么地方？从什么地方开始画？

4. 作品展示与评价，引导幼儿与同伴讲述自己用怎样的方式表现爱晚亭。

(1) 你画的爱晚亭是什么样子的？怎么画的？

(2) 引导幼儿相互评价作品，说说同伴的作品美在哪里，为什么？

5. 欣赏毛泽东《沁园春·长沙》配乐朗诵，感受历史。

活动建议

1. 爱晚亭是长沙的著名景点，其他地区的教师可根据活动设计思路，选择当地有代表性的建筑，组织幼儿欣赏。

2. 活动中的创作环节，只是让幼儿在感受与欣赏后有表达的机会，并不是重点环节。教师在组织时，也可根据实际情况将之放在第二次活动中。

3. 在区域活动中，提供相关材料供幼儿自由作画，并养成卫生习惯。

4. 请家长利用周末时间带领幼儿去家乡景点游览，并拍照留念。

附：课件《爱晚亭》二维码

大碗岛的星期天(绘画作品欣赏)

PCK分析

这幅作品用点彩画法，将赤、橙、黄、绿、青、蓝、紫等各种小色点仔细地排放在一起，展现出强烈而鲜艳的色彩。同时，作品中人物的动态，表现出悠闲、恬静的情感与氛围。大班幼儿应达到“学习欣赏、感受作品中形象的构图美、色彩情感表现性，进一步感受和理解作品的形象与主题意义”这一目标。

5—6岁幼儿对不同形式的美术活动兴趣高，好奇心强，喜欢动手尝试。点彩画是一种易于表现，绘画材料简单，易操作的美术形式。在绘画过程中运用各种色彩，能激发起幼儿的绘画欲望，在教师的不断引导下，他们能运用这一方法，大胆表达出自己的所思所想，切身体会到点彩画的艺术美。

活动中，教师顺着幼儿的兴趣和需要，和他们一起走近点彩、走近修拉的作品，让幼儿在观察、比较、尝试中感受和体会点彩的独特美，初步了解画家修拉的艺术风格，积累经验，从而提高对美术作品的欣赏、识别能力及表现力。另外，加入表演体验，让幼儿表现作品中悠闲、恬静的情感与氛围。

活动目标

1. 愿意欣赏名画，感受点彩派绘画作品中色彩的排列变化，以及画面构图不对称的均衡美。

2. 体验作品中悠闲、恬静的情感与氛围，能用较丰富的语言描述自己的想法与感受。

3. 在了解点彩派绘画特点的基础上，尝试用点彩画法进行创作。

活动准备

课件《大碗岛的星期天》；抒情的音乐(自备)；伞、遮阳帽；水粉颜料、铅画纸。

活动过程

1. 欣赏感受作品中悠闲、恬静的情感与氛围。

(1) 提问：你在画面中看到了什么？除了这些人还有什么？你能看出是什么地方，什么时候吗？这是什么季节？你能猜出他们在什么地方吗？

(2) 教师请幼儿闭上眼睛，假想自己是画中人物，随着教师的配乐描述想象：我躺在一片嫩绿的草地上，看见周围有各种各样的人，有的在休息，有的照管着幼儿，有的在看风景……透过密密的树荫，远处的湖面上有白色的帆船，还有人在划赛艇，每个人都充分享受阳光和水的滋润，我感觉轻松极了，真想在这儿多留一会儿。

2. 自由分组合作表演，用语言、动作表现自己的想法与感受。

提问：这些人在干什么？他们有些什么样的姿态？你能不能表演一下？看完整幅图，你感觉怎么样？

(1) 请幼儿2—4人一组，边听教师的配乐讲解（可参考附2），边自取道具进行表演。

(2) 引导幼儿根据自己的感受给画取名字。

提问：看完整幅画后，你感觉怎么样？你会给这幅画取个什么名字呢？

教师小结：小朋友们起的名字都很好听，不过老师告诉你们，这是一幅很有名的画，画画的人给它起的名字叫"大碗岛的星期天"。

3. 有重点地观察与分析，感受点彩派作品的特点。

(1) 出示放大后的色块图，引导幼儿找出对应的图片。

提问：这是什么？上面布满了哪些颜色的点？

教师小结：这是我将《大碗岛的星期天》的某个区域放大后的照片，我们来找找看，这到底是哪一区域的颜色呢？

幼儿观察课件第三页，比较哪幅图更接近放大的图片（小狗上方草地最接近）。

(2) 提问：你觉得这幅画的上色方法跟平时我们见到的画有什么不同吗？

教师简单介绍点彩派的上色方法及色彩效果：把无数的原色油彩细点交错排列在画面上，画面上的各种色点组成五彩缤纷的镶嵌画，这种方法称为点彩派，这幅画的作者修拉就是点彩派的代表人物。

4. 交流与思考点彩的方法，并进行创作。

幼儿进行点彩混色游戏，尝试用基本色（黄色、蓝色）来画树叶，通过色点混杂，产生黄、绿、浅绿、深绿的色彩效果。

活动建议

1. 该作品是点彩派的代表作，在色彩的运用上很有特色。活动中，教师可引导幼儿有针对性地通过比较，掌握"点彩"的特色。

2. 活动后，请家长和幼儿一起欣赏修拉的其他作品。

附 1：课件《大碗岛的星期天》二维码

附 2：配乐解说词参考

这是一个阳光明媚的星期天，人们从四面八方来到了风景优美的大碗岛。这里有绿油油的草地，茂密的树林，蓝色的、清澈的河水在四周静静流淌着，河面上荡漾着几叶小舟；这里有各色各样的人，男的、女的、老人、小孩，他们有的坐着轻声交谈，有的躺着休息，有的在河边钓鱼，有的在悠闲地散步……我躺在这片嫩绿的草地上，就像躺在柔软的地毯上，舒服极了；我闭上眼睛，听到风吹过树叶的沙沙声，从树枝上传来的小鸟动听的歌声，人们隐隐约约讲话的声音，河面上小船划过水的声音……阳光暖暖地照在我的身上，像妈妈的手轻轻抚摸着我的脸；我还闻到了花草淡淡的清香，我全身都放松了。这真是美妙的时刻，我想永远逗留在这里。

三、大班美术绘画活动的内容与相关资源

学期	名称	配套资源
上学期	我为老师画张像 (人物画)	课件《我为老师画张像》(自备，用本班教师照片制作成课件)；水彩笔、水粉笔、水粉颜料、油画棒。
	盛开的花 (物体画)	花朵盛开的视频(自备)；音乐《他和她》(自备)；盛开的鲜花、碰铃；水粉颜料。
	我为散文来配画 (情节画)	课件《秋天的雨》；抒情的音乐(自备)；水彩笔、水粉颜料、油画棒；纸(A3、A4)。
	美丽的天鹅 (物体画)	课件《美丽的天鹅》；音乐《天鹅》(自备)；水粉颜料、水粉笔、记号笔、水彩笔。
	服装设计 (装饰画)	课件《服装设计》；服装操作卡(自备)；记号笔。
	多彩的树林 (物体画)	课件《多彩的树林》；愉悦的音乐(自备)；水粉颜料(暖色)、水粉笔。

（续表）

学期	名称	配套资源
上学期	海底世界（情节画）	作品《海底世界》（自备）；课件《海底世界》；油画棒、水粉笔、水粉颜料（蓝、绿）。
	长颈鹿的一家（物体画）	课件《长颈鹿的一家》；记号笔、水彩笔、油画棒。
下学期	我运动，我快乐（人物画）	动感音乐（自备）；水彩笔、记号笔、油画棒。
	青花瓷（装饰画）	课件《青花瓷》；音乐《青花瓷》（自备）；青花瓷器（自备）；各种纸餐具、花盆、塑料小瓶；蓝色超轻黏土、蓝色记号笔、蓝色水粉颜料、水粉笔。
	小蝌蚪找妈妈（情节画）	视频《小蝌蚪找妈妈》（自备）；连环画书（自备）；记号笔、水彩笔、32 开纸、订书机。
	怪怪的汽车（想象画）	课件《怪怪的汽车》；汽车图片、汽车玩具或已画过的汽车作品；油画棒、记号笔、水彩笔、水粉纸、色粉纸、砂纸、贴纸。
	节日里的幼儿园（情节画）	节日期间幼儿园不同场景且事物存在遮挡关系的图片和照片；水彩笔、油画棒。
	神秘的外星人（想象画）	课件《神秘的外星人》（自备）；记号笔、油画棒。
	树叶（物体画）	作品《树叶》（自备）；水粉颜料、水粉笔、铅笔，操作材料（相同大小的吹塑纸和白纸在左侧进行装订，白纸在上）。
	我要上小学了（人物画）	小学生背书包上学的照片；水彩笔、油画棒、剪刀。

大班美术绘画活动案例

我为老师画张像（人物画）

PCK 分析

肖像画是人物画的一种，着重刻画人物本身的外形特征和内在神韵，寻求神形兼备的效果，重点在于人的面部五官刻画。

5—6 岁的幼儿喜欢用线条描绘物体,形象的轮廓能较为流畅;能熟练运用线条表现物体的整体形象,并会用一些细节来表现事物的基本特征。他们对事物的观察逐渐深刻,总觉得自己画得不像,常常处于"眼高手低"的状况,容易产生人太难画不敢画的思想负担。

通过观看照片,教师运用提问的方式引导幼儿讨论教师的外貌特征,教幼儿首先要在头脑中浮现对象的形象,从头部入手。再逐一引导幼儿观察教师身体及服装,鼓励幼儿自主选择操作材料,用绘画的方式表现人、面部五官的结构,以突显教师的个性特征。

活动目标

1. 乐意为老师画像,增进对老师的热爱之情。

2. 能够运用绘画表现人物面部五官的结构关系和个性特点。

3. 在认真仔细观察班级老师的基础上,用喜欢的绘画材料为老师画一张像。

活动准备

1. 幼儿了解自己老师的相貌特点。

2. 课件《我为老师画张像》(自备,用本班教师照片制作成课件);水彩笔、水粉笔、水粉颜料、油画棒。

活动过程

1. 观看班上几位老师的照片,初步感知绘画对象。

提问:你最喜欢哪个老师,为什么?

2. 有目的地观察照片和老师本人,了解老师的外貌特征。

(1) 提问:老师的脸是什么样子的?是什么发型?身材怎样?今天老师穿的衣服上有什么花纹或图案?衣服的风格是什么样的?

(2) 幼儿自主观察并表达,教师视情况梳理并小结。

3. 自取材料,进行创作。

(1) 提问:如果请你们画一画老师,你们想怎样画?有什么困难吗?

(2) 幼儿选择自己喜欢的作画工具进行创作。

(3) 教师巡回观察,引导幼儿把老师的五官、发型、身材和服装的主要特点用夸张的方法表现出来;引导幼儿根据自己的喜好和能力画头像或全身像;提示幼儿可以画一位老师,也可以画两位老师。

4. 展示作品,进行欣赏、交流和评价。

(1) 请先完成的幼儿与身边的同伴互相猜一猜画的是哪位老师,从哪里可以看出来。

(2) 集中展览和欣赏，请幼儿介绍自己的作品，评价他人的作品，说说自己的理由。

(3) 请幼儿将作品送给老师，并结合教师节，说一句祝福语。

活动建议

1. 活动中，可根据幼儿的能力水平，让他们自由选择写生或画侧面像。

2. 引导幼儿画自画像或为家人画像，可由头像到全身像，由静态到动态，指导幼儿制作相框，将画像放入相框。

3. 请家长鼓励幼儿为家人画像，和他们一起制作相框，把画像装饰得更漂亮。

盛开的花(物体画)

PCK 分析

本活动主要运用涂染法进行创作。涂染法是指不画物体轮廓线，而直接用色块涂画出物体外形，以表现物体形象特征的方法。这种方法由于能很快在画面上呈现出有颜色的物体形象，因而能引起幼儿对绘画活动的兴趣。此活动让幼儿探索用手的各部位、采取不同的方法进行作画，让他们感受不同的作画形式。大班幼儿应能达到"运用不同技法和表现手法，有创造性地进行创作"的目标。

5—6 岁幼儿手眼协调能力进一步提高，能有意识、有目的、创造性地表现物象的主题特征，画面的表现内容，不需要言语解释便能得到他人的理解。

教师通过用手玩色游戏引导幼儿探索用手点、旋转、扭的方法，让他们欣赏花开的瞬间，并随音乐表现；让幼儿用手的各个部位，创造性地表现盛开的花。

活动目标

1. 感受花朵盛开的美好，在开花游戏中体验表达的快乐。

2. 能用上肢律动和玩色游戏的方式创造性地表现盛开的花。

3. 了解作画工具与作画方式的多样性。

活动准备

1. 课前可近距离地在院子里找寻各种花朵，了解花朵的基本特点。

2. 花朵盛开的视频(自备)；音乐《他和她》(自备)；盛开的鲜花若干、碰铃一对；水粉颜料(每桌颜料盘内均有两种不同颜色)。

活动过程

1. 欣赏视频,感受花朵盛开的美好。

提问：你们喜欢花吗？你们知道花苞是怎样盛开成花朵的吗？我们一起来看一段视频。

2. 探索单人用手表现盛开的花朵的方式,初步感受花的形态。

提问：你们可以试着用动作来表现花开吗？展示给大家看你是怎样做的？还有不一样的吗？我们一起跟着音乐来试试,我会依次走到你们面前,当你听到碰铃的碰撞声后,请用手表现一朵开放的花。

3. 尝试用手玩色,创造性地把花朵盛开在纸上。

(1) 师幼共同探索用手玩色的方法。

提问：老师今天带来了五彩的颜料和卡纸,请你们用手在纸上开出美丽的花朵,我们的手可以怎么做？

引导幼儿用点、拓印、旋转等方法进行表现。

(2) 鼓励幼儿运用自己喜欢的方式,创作自己心中最美的花朵。

教师巡回指导,重点关注幼儿的表现方式。

4. 随音乐《他和她》,用蘸满颜料的手表现盛开的花。

5. 展示作品,进行欣赏、交流和评价。

(1) 引导幼儿相互欣赏、交流。

提问：请你说一说自己喜欢哪幅画？为什么？

(2) 请幼儿轮流介绍自己的作品,较为客观地评价他人的作品。

提问：请你找一找自己最喜欢的花朵,并说一说你的理由。

活动建议

1. 活动中,可引导幼儿用手的不同部位和不同的方法来进行花朵造型,但是要注意卫生。

2. 活动后,家长可以和幼儿一起进行亲子游戏,找寻身体能够作画的地方,创作出有趣好玩的作品。

我为散文来配画(情节画)

PCK 分析

情节画要求幼儿根据主题情节的需要,把与之相关的物体形象恰当地安排在画面上，表现出各个形象间的相互关系。大班幼儿需要达到构图“突出主题，完整地表现散文的简单情节”的目标。

5—6岁幼儿正处于绘画图式期，他们开始注意物体的大小比例，形象与形象之间也有一定的联系，基本上能反映一定的主题。

为了达到核心目标，需要从欣赏、讨论出发，了解构图和表现情节的方法，并在反复聆听散文朗诵的过程中进行创作，最后通过不同的评价方式，进一步巩固表现方法。

活动目标

1. 感受文学语言与绘画结合的艺术美，喜欢这一表现形式。

2. 大胆描绘散文中的秋雨景象，提高想象力、表现力和运用色彩的能力。

3. 理解画、文对应的绘画方式，学习对较复杂内容进行合理构图的方法。

活动准备

1. 活动前，幼儿已熟悉散文《秋天的雨》的内容。

2. 课件《秋天的雨》；抒情的音乐（自备）；水彩笔、水粉颜料、油画棒；纸（A3、A4）。

活动过程

1. 回顾散文主要内容，再次欣赏。

（1）提问：还记得我们学过的一篇描写秋雨的散文吗？散文的名字叫什么？你们还记得里面有哪些好听的句子？

（2）幼儿欣赏散文。

2. 分析散文，构思内容和画面。

（1）提出绘画主题，引导幼儿分析散文。

提问：这篇散文把秋雨描绘成什么？你们最喜欢秋雨像什么？

（2）引导幼儿想象画面的主要内容。

提问：既然是画《秋天的雨》，那我们的画面中不能缺少的是什么？怎样让别人从你们的画上看出秋雨是五彩缤纷的颜料、是好闻的气味、是金色的小喇叭呢？教师指导幼儿想象画面内容时，既可以把《秋天的雨》中的内容都画下来，也可以只画自己喜欢的一个情景。

（3）师幼共同欣赏课件，学习构图方法，理解图文并茂的含义。

教师在朗读散文和欣赏画面中帮助幼儿理解什么是文与画对应。

3. 自取材料，自主构思并创作。

（1）教师提出要求：今天老师也给你们准备了水粉颜料、笔等工具，请你们跟随散文内容来绘画，把秋天的景色画得更出彩，更漂亮。

(2) 幼儿选择绘画形式：选择两人合作画的用 A3 纸，选择独立作画的用 A4 纸。

(3) 教师配乐朗诵，幼儿创作。

观察幼儿的构图情况，提醒幼儿注意画面物体的大小、位置，用色要丰富，能够体现散文中描述的五彩缤纷的颜色，适时地给予幼儿具体指导。

4. 相互欣赏，评价作品。

(1) 展示幼儿作品，幼儿自由欣赏，相互交流。

(2) 引导幼儿互相评价，提问：你最喜欢哪幅作品？谁的图文对应最贴切？为什么？

(3) 教师从构图、造型、色彩等方面予以评价。

活动建议

1. 将幼儿的作品按散文内容顺序装订成册，制作成自编的绘本，投放到语言区，供幼儿自主阅读。请合作作画的幼儿在美工区独立完成一幅作品。

2. 请家长为幼儿提供适合用画面表现的文学作品，鼓励幼儿为文配图，帮助幼儿进一步感受图文对应。

附：课件《秋天的雨》二维码

美丽的天鹅(物体画)

PCK 分析

动物画是物体画的一种，由教师确定某一动物，引导幼儿掌握和表现该动物的基本形象和主要特征，画出它的形状、色彩、结构。动物画能提起幼儿的兴趣，与他们好动的天性是相符合的。幼儿在中班已有画动物的基础，但是第一次画鸟类。天鹅的主要特征为修长的脖子，需要幼儿把握好它的基本外形特征。大班幼儿应能达到“学习完整地表现感受过的物体的动态结构”这一目标。

5—6 岁幼儿能够比较完整地表现物象的主要特征，并用几何形状概括出来。此阶段的幼儿，不但可以用流畅的线条来描绘，还非常注重细节的表现。

活动中，教师运用课件，有层次地让幼儿模仿、创造单只天鹅的动作造型。其次，通过看课件、听音乐、做动作等多种方式，感受表现天鹅的姿态美。

活动目标

1. 在韵律活动中感受天鹅的音乐形象，感受音乐乐句。

2. 欣赏天鹅的图片，尝试用肢体表达天鹅不同姿态的美。

3. 尝试用绘画的形式表现天鹅的各种姿态，体验创作带来的乐趣。

活动准备

1. 幼儿已欣赏过音乐《天鹅》。

2. 课件《美丽的天鹅》；音乐《天鹅》（自备）；水粉颜料、水粉笔、记号笔、水彩笔。

活动过程

1. 随乐做动作，感受音乐旋律。

教师播放音乐《天鹅》，用简单、对称的身体律动引领幼儿感受音乐的旋律美。

2. 分三个层次欣赏课件中不同姿态的单只天鹅图片，借助图片模仿、创造单只天鹅的动作造型。

(1) 请幼儿欣赏图片一，结合幼儿关于天鹅的描述进行简单小结，边说边用肢体动作诠释。

提问：这只天鹅是什么样的？请你学一学天鹅的姿态。

(2) 请幼儿欣赏图二，引导幼儿表现天鹅翅膀张开的力度与美，鼓励幼儿探索天鹅飞翔时翅膀的不同空间位置（高低、前后、翅膀的张开程度）。

提问：你们觉得这只天鹅在干什么？请学一学。

(3) 请幼儿欣赏图片三，引导幼儿感知天鹅的不同姿态美，鼓励幼儿在模仿的基础上创编出不同的天鹅造型，并合作试一试。

提问：这三只天鹅分别是什么样的姿态？能一起学一学吗？

3. 自主选择绘画材料，尝试创作各种姿态的天鹅。

(1) 介绍绘画材料，并提出问题，激发幼儿作画的兴趣。

提问：你想画一只什么样的天鹅？用什么颜色来表达天鹅的美？

(2) 幼儿操作，教师指导。

提醒幼儿尝试用绘画的形式表现天鹅的各种不同姿态，要求有变化。在幼儿创作的时候可以播放天鹅的课件图片和音乐，幼儿根据看到的图片模仿天鹅的不同姿态，自选材料进行创作。

4. 展示作品，交流分享，大胆表达并体验创作的喜悦。

(1) 你画的天鹅是在干什么？能用你的肢体动作模仿一下吗？

(2) 你们觉得哪一幅天鹅的姿态最美？这样的画面给你什么感觉？

活动建议

1. 活动前，在一日活动的安静时段，如餐前、午睡前播放该音乐。活动后，将生活废旧物品如毛线、纸、树叶等材料投放至美工区，供幼儿对作品进行装饰。

2. 请家长鼓励幼儿在家跟随音乐用肢体动作表现天鹅的动态美，收集一些世界名曲，在幼儿入睡前、早上醒来时播放，让幼儿潜移默化地接受音乐的熏陶。

附：课件《美丽的天鹅》二维码

服装设计(装饰画)

PCK 分析

二方连续图案是指用一个或几个单位纹样，在两条平行线之间的带状形平面内作有规律的排列，并能向上下或者左右两个方向无限连续循环所构成的带状图案。这是大班幼儿的第一次线描装饰画，二方连续图案是线描初期幼儿可掌握的方法，由于线描装饰用的是记号笔，一次性成画、无法修改，应指导幼儿作画前一定要想好才下笔，即便画错，也要设法用线条进行修饰。

5—6 岁的幼儿能呈现多样化的构图方式，他们在装饰中一般以平面装饰为主，可在成人的指导下用点、线、花样等进行勾画，表现图案装饰的形式美和色彩美。此阶段幼儿小肌肉发育比较成熟，控制手部肌肉动作的能力迅速提高。因此线描画不仅作为一种新型的表现形式，而且对推动幼儿生理、心理的发展起着积极的作用。从近期而言，是为入小学做准备的一种积极有效的方式，从长远而言，更对人的一生产生积极的影响。

活动中，教师通过引导幼儿观看课件，了解、感知二方连续图案的特点。其次，给予幼儿创作时间，鼓励他们进行运用。最后，开展自评与互评，进一步巩固幼儿对二方连续图案的认知和理解。

活动目标

1. 初步感知各种各样的服装，了解服装的基本形象特征。

2. 了解多种服装装饰的手法，运用二方连续图案进行简单的设计。

3. 体验线描画的装饰美，能大胆、愉快地创作及表现。

活动准备

1. 欣赏过民族娃娃的服饰及服装表演。

2. 课件《服装设计》；服装操作卡（自备，不同款式的衣服轮廓纸，在袖口、领口、衣襟和底边均有两条平行线）；记号笔。

活动过程

1. 欣赏课件，初步了解用图案和线条等装饰衣服的方式。

（1）提问：你们知道这是什么吗？为什么觉得民族娃娃穿的衣服好看？

师幼共同小结：民族娃娃真好看，服装上有好看的图形和花边。

（2）提问：这些衣服哪些地方进行了装饰？用什么图案进行装饰，怎样装饰的？

师幼共同小结：衣服的领口、袖子、前胸、下摆等地方都可以装饰。

（3）观看第二张图片，感知二方连续图案中的有序排列。

提问：你们发现它们有一个什么共同的秘密？看起来有什么感受？

小结：它们都是在两条平行线之间，进行有秩序的“排队”，看起来很整齐。

（4）观看第二张图片中的花，感知二方连续图案中的方向变化排列。

提问：看看这一排的花有什么不同？它除了可以朝上、朝下两个方向转动，还可以朝着哪个方向变化？

教师小结：同一个或同一组图案向上下或左右两个方向重复排列叫二方连续图案。

2. 自主创作，尝试运用二方连续图案进行装饰。

（1）教师介绍材料和要求：在衣领、袖口处的平行线内进行装饰，装饰之前，先想好自己想要使用哪种排列方法来进行装饰？（有序排列还是方向变化排列）注意使用二方连续图案进行装饰，在画的时候要慢慢的，仔细、有耐心。

（2）幼儿创作，教师巡回指导，重点关注幼儿使用二方连续图案装饰的方法。

3. 展示作品，相互欣赏和评价。

(1) 幼儿自由介绍自己的作品。教师提问：你是使用的哪种排列方式？用的什么图案？

(2) 幼儿互评。教师提问：你最喜欢谁装饰的服装？为什么？

活动建议

1. 将此活动延伸到角色游戏中，组织幼儿开展服装加工厂的游戏。

2. 在美工区中继续收集装饰材料，引导幼儿根据自己的兴趣设计、制作各种不同的服装。同时将美工区与表演区结合起来，促进区域间的密切联系。

3. 请家长和幼儿一起收集各种材料，进行亲子服装设计大比拼、时装秀等游戏。

附：课件《服装设计》二维码

多彩的树林(物体画)

PCK 分析

秋天的树林颜色由绿变黄、色调由冷变暖，结合点彩的手法，让幼儿进一步体验点彩过程中暖色系的变化。大班幼儿应达到能“注意冷暖颜色的搭配，初步学习根据画面需要，恰当地使用颜色来表现自己的情感”这一目标。

5—6 岁幼儿处于用色彩进行情感表现的萌芽状态，他们能够用色彩表现情感，但不十分显著。用色时，色彩丰富，有时能有主次地表现画面，画面具有一定美感。

在活动中教师通过让幼儿观察图片，感受暖色系色彩变化的丰富多彩，从而扩展审美经验。通过引导幼儿用点彩的方法，尝试暖色系中色与色的交融，探索色调变化的规律。

活动目标

1. 感受并尝试表现树林色彩的变化和绚丽，在创作过程中欣赏色与色交融所带来的色彩变化之美。

2. 学习点彩的表现技法，能根据自己的需要选择单一或组合的形式用水粉画表现多彩的树林。

3. 能合作使用材料，有较好的操作习惯。

活动准备

1. 幼儿初步观察过树林的变化，已有使用水粉笔和颜料的经验。

2. 课件《多彩的树林》；愉悦的音乐（自备）；水粉颜料（暖色）、水粉笔。

活动过程

1. 欣赏课件中的树林照片，感受树林色彩的独特魅力。边欣赏树林的四季照片，边讨论四季的树林变化，重点感受秋天树林色彩的绚丽和暖色系色彩的增加。

提问：这片树林是什么颜色？这会是什么季节的树林？

2. 欣赏课件中运用点彩技法表现树林的作品，讨论点彩技法，感受作品和树林的丰富和多样，扩展审美经验。

（1）观察作品中的内容和树叶的丰富色彩，分析、讨论画家用的表现方法——点彩技法，并请幼儿尝试示范点彩技法。

提问：这幅画和我们刚才看到的有什么不一样？有什么颜色？画树林用的是什么材料？用什么方法画出来的？

师幼共同小结：像这种将一点连成一片，可以上一种又一种颜色的方法就是点彩画法。

（2）欣赏多幅水粉作品，引导幼儿观察作品的构图、色彩以及点彩技法的运用，扩展审美经验。

提问：这幅画的树的形状给你什么感觉？仔细看看点彩运用了哪些颜色？

教师小结：这幅画中树林有黄、橙、红紫、红、红橙等颜色，像这样给我们很温暖感觉的颜色就是暖色系。

3. 自主创作，尝试运用点彩技法表现树林色彩的丰富，并欣赏色与色交融的奇妙变化。

（1）明确作画内容和方式，讨论作画顺序。

提问：你想选用哪些颜色来画秋天的树林？你想先画什么？

（2）介绍颜料区域、作画区域以及简单的操作要求。

提问：老师准备了哪些颜色？我们在使用点彩画法的时候要注意什么？

教师小结：我为你们准备了红、紫、橙、黄四种颜色，在点彩的时候要尽量让色彩融合在一起，根据自己的喜好可以选用不同的色彩，用点彩的方法表现色彩丰富的树林。

(3) 幼儿自由选择，开始作画。教师播放背景音乐，巡回观察、指导。鼓励一些幼儿用平涂和点彩的方法比较作画；鼓励一些幼儿大胆尝试点彩方法；鼓励一些幼儿表现不同色彩的树林。

4. 展示作品，相互欣赏交流。

(1) 互相欣赏作品，分析作品中美的表现，引导幼儿关注作品中色与色交融带来的变化。

(2) 共同收拾场地材料，结束活动。

活动建议

1. 将材料投放到美工区，鼓励幼儿再次运用点彩技法创作其他作品。

2. 请家长带幼儿欣赏不同季节的树林，感受树林的变化之美，并为他们购买水粉颜料、水粉笔和画纸，鼓励其大胆创作。

附：课件《多彩的树林》二维码

海底世界(情节画)

PCK 分析

油水分离是幼儿在油画棒作画的基础上，用水粉颜色平涂底色完成作品的绘画活动。对于大班幼儿，用白色的油画棒在白纸上进行作画有一定的难度。大班幼儿须达到能"利用多种材料和绘画工具，运用不同技法进行创作"这一目标。

5—6 岁这个年龄阶段，是幼儿绘画创作的黄金时期，随着手部小肌肉群的进一步发育，以及观赏感受性的进一步提高，他们已经开始有意识地用不同材料和方法表现创作。

本活动中，教师让幼儿观察图片、视频，了解海底世界，从而有情节地画出海底生物的不同动态。其次，教师运用魔术表演的方式，调动幼儿已有经验，让幼儿回忆油水分离的方法，并重点讨论如何用白色油画棒在白纸上创作。

活动目标

1. 乐于用油水分离法绘制海底世界，感受“油水分离画”的奇妙效果，体验用不同方式绘画的乐趣。

2. 在同时运用多种作画工具时，能有序使用、有序摆放，养成良好的作画习惯。

3. 有情节地表现海底生物的不同动态，均匀地用水粉颜料涂色。

活动准备

1. 幼儿通过电视、图片等途径了解过海底世界。

2. 作品《海底世界》(自备)；课件《海底世界》；油画棒、水粉笔、水粉颜料(蓝、绿)。

活动过程

1. 欣赏课件《海底世界》，引发兴趣。

(1) 提问：你们看到了什么？是什么颜色？什么样子的？能学学吗？

(2) 根据幼儿的回答，选取幼儿印象最深的海洋生物进行重点观察，了解其外形特征、动态和色彩。

2. 观看魔术表演，讨论、猜测后，回忆作画方法。

请个别幼儿在白色油画棒画好的海底世界上涂颜料，提问：你们看到了什么？海底世界是怎么变出来的？这种方法你们还记得吗？

引导幼儿小结：原来，在白纸上用白色的油画棒画好图后再刷上颜料，产生油水分离效果的绘画作品就是“油水分离画”。

3. 师幼共同观看绘画材料，自主创作。

(1) 介绍作画材料，引导幼儿回顾作画步骤，思考构图、布局和方法。

提问：你想画大海里的什么？它在干什么？你想把它画在什么位置？怎样才能体现海底世界的景色？用白色油画棒在白纸上画图，应该怎么表现更好？

(2) 请幼儿尝试，自主绘画。

教师视情况指导：先构思好情节，再画出海底世界各种各样的动物，用油画棒时注意力度，使整个画面有层次感。能有情节地表现海底生物的不同动态，均匀地用水粉颜料涂色。

(3) 幼儿作画，教师巡回观察指导，鼓励幼儿大胆地画出多种奇特的海洋生物；指导幼儿构思情节，合理安排画面；提醒幼儿用油画棒时要有力度，海底生物的身上除了可以用油画棒涂色还可以为其装饰花纹，海水可以用不同的底色涂抹。

(4) 提醒幼儿有序使用工具,要先用白色油画棒画好后再用颜料涂色,并有序摆放好材料。

4. 展示作品,交流、评价。

(1) 请幼儿互评,提问:你用了什么方法,让白色油画棒画下的景色更好地展现在白纸上?你们觉得他画得怎么样?能说说你的理由吗?

(2) 引导幼儿相互评价作品:你最喜欢谁画的海底世界,为什么?

活动建议

1. 将幼儿作品展示出来后,可请幼儿说说自己画的海洋生物的名称,并将自己的画面编成一个小故事讲给同伴、老师和家长听。鼓励幼儿在美工区再次尝试油水分离画,画画"鸟儿满天飞"。

2. 请家长在幼儿讲述自己的作品故事时,认真倾听,不要随意打断幼儿的表述。家长还可以和幼儿共同完成两幅《海底世界》的作品,评价幼儿作品时多给鼓励,不要用"像不像"、"颜色好不好看"、"线条流不流畅"等作为评价标准。

附:课件《海底世界》二维码

长颈鹿的一家(物体画)

PCK 分析

动物的各种形态有明显的动态规律,掌握了动态规律,就能画出多样的姿势。长颈鹿的长脖子为其形态主要特点,以它作为大班幼儿的绘画主题,既能引发他们的兴趣,又能引导幼儿表现不同动态的长颈鹿。同时,大班幼儿须达到"能初步表现画面物体的前后、远近等简单的空间关系"这一目标。

在幼儿绘画中不难发现,他们往往喜欢选择分离策略来表现各事物间的关系,如在绘画被遮挡的房子时,有的会将房子并列排序,有的则会将其前后排序,会靠近但不会交叉。5—6岁的幼儿开始有了一定的空间感,并能表达一定的主题。随着年龄的增长,他们开始逐渐会运用图形间的相互遮挡来表示深浅、远近关系。

为达到核心目标，教师应首先让幼儿观察单只长颈鹿的特征，学习、掌握长颈鹿的形态和动态。其次，再让幼儿观察多只长颈鹿，引导幼儿发现遮挡关系。

活动目标

1. 愿意用绘画的方式表达对动物的喜爱，体验成功带来的乐趣。

2. 通过观察、对比等方式，学习掌握长颈鹿的形态和动态。

3. 根据长颈鹿不同的造型，尝试用遮挡、重叠等作画方式并大胆进行创作。

活动准备

1. 幼儿开展过科学活动“认识长颈鹿”。

2. 课件《长颈鹿的一家》；记号笔、水彩笔、油画棒。

活动过程

1. 猜图展开谈话，对长颈鹿感兴趣。

(1) 播放图片，引导幼儿根据花纹进行谈话。

提问：这是什么动物身上的花纹？你是从哪里看出来的？能详细说一说吗？

(2) 鼓励幼儿大胆描述长颈鹿的基本特征，帮助幼儿梳理，教师小结。

2. 播放课件，让幼儿通过观察、对比等方式，初步感知不同造型的长颈鹿。

(1) 播放单只长颈鹿图片并提问：你看到的长颈鹿在做什么？它的动作是什么样的？

教师小结：刚才我们所看到的长颈鹿有的在抬头吃树叶，有的在喝水，它们的形态是各种各样的。

(2) 逐渐引导幼儿观察两只、三只长颈鹿；从不同角度观察长颈鹿的造型。

提问：在这张图片中你看到了什么？它们的造型怎么样？

教师小结：这些长颈鹿高矮、大小、远近不同。从不同的角度去观察，有的能看到整个身体，有的只能看到侧面，有的在森林与同伴散步，有的在公园游戏。它们在造型上也是千姿百态的。

3. 再次欣赏课件《长颈鹿的一家》，了解多只长颈鹿在一起时的遮挡关系。

提问：你看到了几只长颈鹿？你是怎么知道的？它们的造型分别是怎样的？这张图片中为什么只能看到长颈鹿的头部？为什么看不到它的身体？

引导幼儿小结：我们看到的有些是长颈鹿的侧面，有些看不到它的身体是因为它被树遮挡了，而我们只能看到没有被遮挡的部分。

4. 相互交流，自主选择材料进行创作。

(1) 提问：今天，我们也要来画一画“长颈鹿的一家”，请你和同伴说一说，你想画它们在干什么？用什么材料创作？

(2) 教师视情况引导幼儿尝试画 3—4 只不同姿态的长颈鹿。

(3) 幼儿创作，教师巡回指导。

教师指导能力弱的幼儿表现长颈鹿的主要特征及动态，鼓励能力强的幼儿，从不同角度去创作长颈鹿的造型，画面中有遮挡关系。

5. 作品展示与评价。

(1) 在教室墙面上展示幼儿的作品，引导幼儿自评，提问：谁来说一说你画的长颈鹿一家是什么样子的？它们在干什么？

(2) 鼓励幼儿互评：你们觉得他的作品怎么样？你喜欢它什么地方？

活动建议

1. 活动前，可引导幼儿通过浏览多张图片，充分感知长颈鹿各种各样的姿态，体会长颈鹿的动作中所表达的无声语言，初步感受长颈鹿生动而又充满活力的状态。

2. 请家长带幼儿去动物园观察长颈鹿，或从网上搜集图片和幼儿一起观看，并仔细向幼儿介绍长颈鹿的基本特征及生活习性。

附：课件《长颈鹿的一家》二维码

我运动，我快乐(人物画)

PCK 分析

人物动态画是大班幼儿绘画学习的一个重点，也是一个难点。让幼儿理解人物动态的肢体变化，学习将立体的人用平面的方式进行表现的方法是难点。本次活动中，教师结合日常生活中幼儿最喜爱的事情，赋予绘画主题，激发他们创作的欲望。大班幼儿须达到“能大胆想象自己运动的情形，运用不同方法，创造性地表现自己的思想和感受”这一目标。

5—6 岁的幼儿由于生活经验少，对动态的人物肢体变化感知有限，再加上绘画技能水平不高，所以绘画时，往往是想象丰富，却难以用绘画充分表现出人物动态。

活动以运动为切入点，教师首先利用动感音乐引导幼儿亲自实践并相互欣赏小伙伴独特的造型。其次，重点引导幼儿讨论表现动态的方法。接着，创作前引发他们构思，创作中给予他们个别指导，创作后有重点地进行评价。

活动目标

1. 在表现自己运动的过程中，体验绘画活动带来的快乐。

2. 大胆想象自己的运动情形，并创造性地进行表现。

3. 学习运用不同的作画工具和表现手法表现运动的快乐。

活动准备

1. 幼儿观察并体验过多种运动项目。

2. 动感音乐（自备）；记号笔、水彩笔、油画棒。

活动过程

1. 倾听音乐，做做自己最喜欢的运动。

(1) 提问：你们刚才做的是什么运动？

(2) 幼儿自由表达演示，教师引导其他幼儿观察其动态与造型特点。

2. 自主讨论，怎样通过画面表现运动的情形。

(1) 提问：如果要把刚才运动的样子画下来，要怎样画呢？

(2) 选取几种有代表性的运动，请幼儿观察并讨论怎样表现其动态特征。

(3) 根据幼儿的讨论，教师适时梳理小结，并请幼儿（或自己）对表现起来有难度的部分进行演示。

3. 积极思考，交流自己要表现的画面内容。

(1) 幼儿相互交流，教师巡回倾听幼儿的想法。

(2) 请幼儿在集体中说说自己想画谁，在做什么运动，怎么画。

4. 在背景音乐声中自选作画工具，自由表现“我运动，我快乐”。

(1) 教师介绍作画工具，鼓励幼儿自由选择自己喜欢的工具作画。

(2) 幼儿创作，教师巡回观察，指导幼儿合理构图，突出主体形象，鼓励幼儿大胆运用不同的线条、颜色等表现不同的运动造型。

5. 展示作品，相互欣赏、评价。

(1) 幼儿相互介绍自己的作品。

提问：你画的是什么运动？是怎么画的？能上来模仿一下所画的动作吗？

(2) 欣赏和评价同伴的作品。

活动建议

1. 活动后,师幼一起布置题为"我运动,我快乐"的画展。保证幼儿在园时每天有一小时的户外体育运动,运动量适宜。在美工区,鼓励幼儿用扭扭棒、小图卡、七巧板等表现不同的运动情形。

2. 将材料投放到美工区,鼓励幼儿大胆地创作其他运动的动态与造型。

3. 请家长和幼儿一起坚持运动,观察人们运动时的动态特征,鼓励他们用多种形式表现。

青花瓷(装饰画)

PCK 分析

青花瓷上的图案是按一定规律排序的,不同形状的花纹呈现不一样的美。大班幼儿对于按规律排序以及图案、花纹的设计已有了一定的基础,我们通过创设环境、用音乐渲染气氛、欣赏传统青花瓷等手段营造出一种浓厚的艺术氛围,引导幼儿以线描、水粉画、泥塑等表现手法,在白色器皿上装饰青花图案,绘制具有民间工艺特色的青花瓷作品。

5—6岁幼儿抽象思维逐渐萌芽,开始乐于运用归纳、概括、推理、排序等方式处理具体事务,使自己的活动更为条理化。活动中,让幼儿在思考后,运用多种材料有规律地进行装饰,符合该年龄阶段幼儿的特点。

幼儿通过欣赏实物和课件,了解了青花瓷的特点、形式、种类。在创作过程中,幼儿充分发挥想象力,选择自己喜欢的青花瓷花纹进行排列,综合运用线描、水粉画和泥塑等美术技能,大胆表达自己的看法和感受,装饰出不同风格的青花瓷作品。在最后的作品展示环节,幼儿讲述自己的作品,体验成功的乐趣。总的来说,活动通过欣赏、感受、操作的过程,激发了大班幼儿的美术兴趣,发展了他们动手操作的能力,有效地培养了大班幼儿的艺术表现力和创造力。

活动目标

1. 体验装饰活动的乐趣,萌发对传统民间艺术的热爱之情。

2. 通过多种形式尝试设计青花瓷花纹,能大胆想象并进行设计。

3. 喜欢欣赏青花瓷器的花纹和图案,了解其纹样装饰特点,感受其独特的色调美和纹样美。

活动准备

1. 幼儿已有用二方连续图案进行装饰的经验，并观察过瓷器。

2. 课件《青花瓷》；音乐《青花瓷》（自备）；青花瓷器若干（自备，可包括花瓶、水果盘、碗、小茶壶、笔筒、罐子等）；各种纸餐具、花盆、塑料小瓶；蓝色超轻黏土、蓝色记号笔、蓝色水粉颜料、水粉笔。

活动过程

1. 欣赏实物，初步感知青花瓷的色彩美。

提问：这些瓷器的颜色跟我们见过的瓷器有什么不一样？小朋友还在哪里见过这样的装饰花纹？

2. 欣赏课件，感受青花瓷的图案美和构图美。

（1）提问：谁来介绍一下，你看到的青花瓷花纹和图案有哪些？

鼓励幼儿梳理小结：青花瓷的花纹图案有的来自大自然，如花瓣、枝条、叶子图案；也有的是人们想象和创造的，代表人们心中美好的愿望。

（2）了解青花瓷器图案的排列特点。

播放图一，提问：它的图案是怎样的？（重点引导幼儿发现：单纯的绘画，没有其他花纹装饰）

播放图二，提问：它的花纹是怎样的？（重点引导幼儿发现：按照花纹图样有规则地排列）

播放图三，提问：它的花纹和图案是怎样排列的呢？（重点引导幼儿发现：把绘画和装饰花纹相结合，中间是一幅主题绘画，周围用了一些小花的图案有规则地装饰）

（3）提问：你们觉得青花瓷美在哪里？青花瓷给你什么样的感觉？

在幼儿的表述上进行梳理小结：青花瓷上面的装饰花纹干净、简洁、非常美丽，显得典雅高贵，青花瓷是我国特有的，不光我们中国人喜欢，外国人也特别喜欢。

3. 自选材料，尝试用自己喜欢的方式装饰青花瓷。

（1）教师介绍材料，幼儿尝试构思。

教师：今天我们就来做一名青花瓷设计师。老师为你们准备了各种纸餐具、塑料小瓶、花盆等材料，你们可以在线描、水粉画、泥塑中选择一种自己最喜欢的方法，大胆地设计你心目中的青花瓷。

（2）引导幼儿创作前构思：你先想一想，准备怎么设计？准备用什么材料来装饰？

(3) 幼儿在音乐的伴随下操作,教师指导。

提醒幼儿先思考,然后选用自己喜欢和合适的材料,有规律地用花纹和图案进行装饰,可组合不同的纹样装饰。

4. 展示评价,进一步激发幼儿对青花瓷的热爱。

(1) 幼儿自主将作品放到展示台上展示。

(2) 欣赏与评价幼儿的作品。

提问:你是用什么方法来装饰青花瓷的?你的青花瓷上有什么图案和花纹?代表什么意思?

(3) 小结:希望小朋友们设计出更多更好的青花瓷作品,将我们中国的青花瓷文化发扬光大,让更多的人喜欢我们中国的青花瓷。

活动建议

1. 活动前,将废旧的大型纸箱、纸盒经过包装后作为展示台,以方便陈列与欣赏幼儿的作品。

2. 活动后,教师与幼儿一起收集废旧的材料放入美工区,进行区域活动。

3. 请家长带幼儿欣赏更多青花瓷,感受不同的青花瓷的美。

附:课件《青花瓷》二维码

小蝌蚪找妈妈(情节画)

PCK 分析

连环画是绘画的一种,它是用多幅画面有顺序地、连续叙述一个故事或事件的发展过程。大班幼儿须达到"能完整地表现想象中物体的动态结构和简单情节"这一目标。同时,由于画出《小蝌蚪找妈妈》这个故事,对于单个幼儿而言,创作需要很长的时间,教师引导幼儿分工合作,完成连环画,既可以培养幼儿的合作意识,又能使他们获得创作的成就感。

5—6 岁的幼儿处于图式期,在绘画方面他们能较流畅、熟练地用线条形式表现物体的整体形象和基本情节；但对绘画对象的形状、大小、方向、位置以及它们之间的关系还不能把握得十分准确。

活动中，教师以“回顾故事、想象发展、创作绘画”这一形式，让幼儿根据对故事内容的记忆进行描绘，便于他们构思连环画表现的顺序和情节；然后以分组交流的方式，引导幼儿与同伴协商，分工合作，制作连环画。

活动目标

1. 初步感受连环画，喜欢这种新的绘画形式。

2. 会区分故事中不同的情节内容，知道其先后顺序，并能通过绘画表现出来，制作成连环画。

3. 与同伴协商，在分工与合作的基础上共同完成任务。

活动准备

1. 幼儿已熟悉《小蝌蚪找妈妈》的故事内容。

2. 视频《小蝌蚪找妈妈》（自备）；连环画书（自备）；记号笔、水彩笔，32 开纸、订书机。

活动过程

1. 共同回顾故事《小蝌蚪找妈妈》的主要情节，熟悉故事顺序。

提问：小蝌蚪刚生下来是什么样子？小蝌蚪把哪些动物当成自己的妈妈了？小蝌蚪去找妈妈，分别碰到了谁？它们找到妈妈了吗？怎么找到的？

引导幼儿梳理小结：原来小蝌蚪在找妈妈的途中分别遇到了鸭妈妈、鱼妈妈、乌龟妈妈、鹅妈妈，在大家的帮助下，它们终于找到了自己的妈妈。

2. 出示连环画，讨论连环画制作方法。

（1）出示一本连环画，认识连环画。

提问：你们知道什么是连环画吗？跟我们平常画的画有什么区别？

教师小结：将一张张连续的画面，按画面内容次序装订起来，构成一个完整的故事，就成了一本连环画。

（2）师幼商讨连环画的制作方法。

提问：如果请你们来设计连环画，怎样设计呢？

教师小结：首先我们要确定故事名称，然后根据故事情节分别在纸上画出故事内容，一张纸画一个故事内容，将画好的内容分别按顺序写上页码，再装饰封面，最后用订书机进行装订，一本连环画就制作完成了。

3. 讨论绘画方法与合作方法，为创作做准备。

(1) 提问:《小蝌蚪找妈妈》的故事我们可以怎么画? 小组合作时怎么分工? 你们在分工创作连环画中要注意什么?

教师小结:在创作时,要确定内容、版面的大小、呈现的形式、绘画的形式等;再进行分头创作,创作中要记住自己所画的是故事中的哪个情节,避免在创作中出现相同的故事内容。

(2) 引导幼儿在分组作画中,注意画面之间的内容匹配。

(3) 幼儿自主分配小组,交流各自的想法。

4. 在故事视频的提示下,分组制作连环画。

(1) 引导幼儿根据故事情节分组合作绘画。

(2) 提问:你想画故事中的哪些环节? 首先画什么? 怎么去区分不同的故事情节?

引导幼儿每画完一张都要编写页码。

5. 展示作品,相互欣赏各组的连环画。

(1) 请每组派一位幼儿介绍本组绘画的作品、内容、方法等。

提问:你们这组是怎么分配的? 有什么好的经验与我们分享吗?

(2) 展示每组的连环画,相互欣赏和评价。

活动建议

1. 活动后,师幼共同创设展厅,将幼儿的作品展示在园内,提供给弟弟、妹妹们欣赏、阅读。

2. 活动中,应确保幼儿的创作时间,可把环节一、二作为经验准备。同时,应鼓励幼儿分组后充分讨论,并整理出连环画的先后顺序。

3. 请家长和幼儿一起收集连环画,共同观赏并制作。

怪怪的汽车(想象画)

PCK 分析

想象画是幼儿在自己平时看到的、想到的主题和内容的基础上,进行加工和想象,画出自己心中的事物和形象的创作。活动中,教师以幼儿非常熟悉、感兴趣的交通工具来展开话题,引导幼儿从不同角度来表述汽车的各种特征。大班幼儿须达到“在掌握必要绘画技能的基础上,运用知识技能大胆表现、自由创造”的核心目标。

5—6岁幼儿的思维仍然是具体的，但已开始有抽象思维的萌芽，出现依靠概念、判断和推理等的思维方式。在绘画中，幼儿有自己特有的思维方式、表现手法和强烈的主观愿望。

活动中，教师引导幼儿感知汽车的不同之处及共同特征，鼓励幼儿用变形、夸张等手法设计怪怪的汽车，大胆地表现自己对汽车的理解；让幼儿通过图片欣赏感知汽车之怪，激发他们独特的审美感受和表现方式，分享创造的快乐。最后，引导幼儿将设计、讨论、想象、创作的新型汽车布置在教室的墙壁上，既可以装饰教室环境又可以让幼儿体验成功的喜悦。

活动目标

1. 在想象与表现怪汽车的过程中，感受创作的乐趣。

2. 能自主选择工具与材料，大胆地用绘画的方式，表现怪怪的汽车。

3. 愿意介绍自己的作品，尝试用贴贴纸的形式，评价同伴的作品。

活动准备

1. 幼儿已认识多种车辆，画过汽车。

2. 课件《怪怪的汽车》；汽车图片、汽车玩具或已画过的汽车作品；油画棒、记号笔、水彩笔、水粉纸、色粉纸、砂纸、贴纸。

活动过程

1. 观察汽车，感知汽车的不同之处及共同特征。

(1) 幼儿自由观察收集的汽车图片、汽车玩具或已画过的汽车作品。

提问：你们带来的是什么汽车？它是什么样子的？

(2) 提问：这些汽车有些什么共同的特点？

教师小结：每辆汽车都有车头、车身和车轮。

2. 观察教学课件，感知怪汽车之怪。

(1) 请幼儿观察教学课件中的汽车图片。

提问：这是什么汽车？它最怪的地方是哪里？

教师小结：图一，这辆车身像乌龟的汽车可真有趣，它不仅能在马路上走，还能在水里游，没有什么可以难倒它。图二，看到这辆汽车了吗？它跟我们的人脸长得可真像，也有嘴巴、鼻子、眼睛和耳朵。图三，这辆车头扁扁的汽车，它的作用可真大，它能把马路上的垃圾全都吸到肚子里，然后运到垃圾站，让我们的城市变得干净。图四，这辆汽车看起来可真凶猛，有着非常锋利的牙齿，它不仅可以搬起很重的物体，还能锯断非常坚硬的东西。

(2) 请幼儿欣赏其他幼儿设计的怪汽车绘画作品。

提问：你喜欢哪幅作品，为什么？它哪里很怪？

教师小结：作品一，这辆像太阳的汽车可真神奇，冬天的时候，它可以让人觉得很温暖。而且，它不需要汽油，只要有阳光，它就能跑起来。作品二，这辆像鞋子一样的汽车，它是专门为小朋友设计的。它不需要我们操作，遇到危险的时候，它能自动停下来。作品三，这几辆汽车有的长了长长的脚，可以跨过大楼；有的长了像飞机一样的翅膀，能飞上蓝天，多有趣啊！作品四，这辆汽车可有大用处！它的两边有很多的机械手，可以帮我们采摘水果呢！

(3) 教师：如果请你设计怪汽车，你想怎样设计？请跟好朋友说说。

3. 幼儿自取材料，自主创作怪怪的汽车。

(1) 提问：你想画一辆什么样的汽车？打算用什么材料制作？怎么做？

(2) 幼儿自主创作，教师鼓励幼儿大胆想象，用变形、夸张的手法设计怪汽车；教师提示幼儿不受同伴影响，富有个性地表达。

4. 展示作品，相互欣赏、评价。

(1) 幼儿自由介绍自己的作品。

(2) 以给作品贴贴纸的方式(作品右下角)，请幼儿自由评价。

(3) 组织幼儿共同评价。提问：你给哪幅作品贴了贴纸，为什么？

活动建议

1. 在美工区提供多种材料(如不同种类的种子，以及瓜子、芝麻、花生、黑豆、黄豆、绿豆、开心果、蚕豆、米等)，引导幼儿继续设计“怪怪车”，以“有趣的怪怪车”为主题，将幼儿的作品布置在活动室的墙面上。

2. 活动前，请家长引导幼儿观察不同汽车的图片，让幼儿感知汽车外形及功能上的独特之处，丰富幼儿相关经验。

3. 利用自由活动、户外活动的时间请幼儿相互交流：除了今天所画的怪怪的汽车之外，还想画一辆什么样的汽车？

附：课件《怪怪的汽车》二维码

节日里的幼儿园(情节画)

PCK 分析

以节日背景下的幼儿园为主题的绘画，既能引导大班幼儿发现周围环境中的美，又能让他们通过观察，用绘画的形式合理构图，表现节日氛围中的幼儿园，体验创作的快乐。

秩序和相关概念是 5—6 岁的幼儿发展表现中最为重要且最基本的空间经验，这种秩序的概念包含了幼儿自己、房子和整个环境。因此，他们在绘画时开始会使一个事物与另一个事物相互发生联系。此时的幼儿，其绘画作品开始出现“形成主题与背景”这种构图形式。处于这一发展水平的幼儿，在其作品中，我们可以看到“在空间关系里存在明确的秩序”。此时作品开始略有一定主题，且所画形状都与主题相关，画面内容丰富，且一些形象成为主体，另一些形象构成背景，并有简单的情节。

教师以引导幼儿观察节日里幼儿园不同场景的特点出发，激发他们创作的兴趣。让幼儿欣赏存在遮挡关系的作品，从而发现遮挡关系的表现方式和有序构图。之后让幼儿按小组分工布局，鼓励幼儿与同伴合作共同创作。最后，让幼儿通过自主介绍作品获得成就感。

活动目标

1. 发现节日期间幼儿园的变化，感受欢乐的节日气氛，体验过节的快乐。

2. 用绘画的方式表现自己最喜欢的节日里幼儿园的特点。

3. 观察、了解节日里幼儿园的装饰物的特征。

活动准备

节日期间幼儿园不同场景且事物存在遮挡关系的图片或照片；水彩笔、油画棒。

活动过程

1. 欣赏节日期间幼儿园不同场景的照片，发现遮挡关系的表现方式。

(1) 提问：这是哪里？幼儿园里有些什么样的建筑？除了建筑，还有什么？是什么样的？

(2) 提问：过节时候的幼儿园和平时相比，有什么不一样？（引导幼儿发现遮挡关系的表现方式）

2. 讨论绘画的内容和方法，构思画面。

提问：你想画幼儿园的什么地方？先画什么？然后画什么？画的时候要注意些什么呢？怎样让画面更美？你想和谁一起画？

教师小结：选好自己喜欢的场景，画的时候要边看边画；要注意有高有低、有前有后地表现画面。

3. 小组合作，画出节日里的幼儿园。

(1) 请愿意画幼儿园同一个地方的幼儿自由组合。

(2) 小组讨论画面布局和分工。

(3) 幼儿合作创作，教师巡回观察、指导，鼓励幼儿大胆表现。

4. 展示作品，相互交流、评价。

(1) 幼儿自主介绍。

(2) 提问：你知道这幅画画的是幼儿园的什么地方吗？你觉得哪幅画的内容最丰富，层次最分明？是怎么画的？用了什么方法？

活动建议

1. 活动前，可利用晨间活动时间，带领幼儿在幼儿园的每个角落进行有目的的观察，加深幼儿对园内各种建筑物的印象。活动中，可运用谈话的方式帮助幼儿回忆。

2. 活动后，组织幼儿讨论“幼儿园的建筑物可以怎样修建”，鼓励幼儿继续用绘画的方式表现自己的设想。将幼儿参观幼儿园时拍摄的照片，以及活动中用到的各个场景的照片、幼儿的写生作品等一起用来布置活动室的主题墙、展览区，供幼儿继续欣赏与交流。

3. 在入园及离园时，请家长引导幼儿观察幼儿园的环境。

神秘的外星人(想象画)

PCK 分析

想象画可以发展幼儿的想象力，以外星人为主题，引导大班幼儿完整表现想象中外星人的动态结构，一定能极大地激发大班幼儿的兴趣和创造力。

5—6 岁的幼儿处于图式期，幼儿会有意识地表现自己的经验和想象，这也是幼儿绘画最充满活力的时期。想象画是幼儿表达情感的一种方式，这个时期幼儿画中形象丰富，开始注意物体大小比例，但是还把握不住分寸，有时会夸大感知印象较深的东西。对于该年龄阶段的幼儿，教师可给予他们多种材料，提供不同的主题，以满足他们的创作欲望。

活动以课件《神秘的外星人》为媒介，引导幼儿重点想象外星人的样子；鼓励幼儿通过想象、讨论交流，表达出自己心中的外星人，以及外星人的特殊地方；之后鼓励幼儿利用所提供的材料，大胆创作外星人；最后，引导幼儿将作品创编成《神秘的外星人》的故事，相互评价和欣赏。

活动目标

1. 对有关外星人的信息感兴趣，积极参与讨论和作画。

2. 大胆想象，并能清晰、流畅地讲述想象中的外星人。

3. 将想象的外星人的形态用绘画形式表现出来。

活动准备

1. 幼儿已了解关于 UFO 和外星人的一些信息。

2. 课件《神秘的外星人》（自备，选择影视作品中独特且有趣的图片进行制作）；记号笔、油画棒。

活动过程

1. 观看课件《神秘的外星人》，对外星人独特的外形感兴趣。

（1）提问：这是什么？能把你知道的和大家一起分享吗？

（2）幼儿自主表达，教师适时回应。

小结：电视、电影中的外星人跟我们地球人有很大的区别，有的脖子长，有的没有身体，相貌不相同，身体颜色也不同，有的是灰色、绿色，有的甚至是红色。

2. 交流和了解神秘的外星人。

（1）提问：外星人是什么样子的？他们会有一些特殊的本领吗？请想一想，并和好朋友说一说。

（2）请幼儿在集体中讲述，根据幼儿的讲述适当引导。

小结：外星人有不同的本领，有的具有超强的跳跃能力和攀爬能力，有的有超强的记忆能力，能在一分钟内记忆很多知识，还有的会功夫等很多本领。

3. 交流想法，构思绘画内容。

（1）如果请你来画一画这些神秘、有趣的外星人，你想怎么画？有什么困难吗？

（2）自主创作，表现自己心中神秘的外星人。

（3）鼓励幼儿进行绘画构思，大胆创作，教师对幼儿进行全面及个别指导。

4. 交流作品，讲述自己心中的神秘的外星人。

引导幼儿根据自己的作品编成《神秘的外星人》小故事，相互讲述、欣赏。

活动建议

1. 有条件的幼儿园可以播放电影《黑超特警》《E. T.外星人》给幼儿观看，丰富幼儿关于外星人的感性认识。

2. 在美工区张贴有关外星人的科普图片，鼓励幼儿继续创作，用多种美术方式表现外星人，例如泥塑等。

3. 请家长与幼儿一起观看有关外星人的优秀电影或科普纪录片等，并与幼儿一起交流。

树叶(物体画)

PCK 分析

版画是以“版”作为媒介来创作作品的一种绘画艺术。本活动让幼儿根据自己的意愿进行构思，用铅笔在吹塑纸上刻出图案，将吹塑纸作为底版均匀涂上颜料后，把底版上的图案拓印出来。树叶因为叶脉纹路清晰，便于以版画形式表现，故作为活动表现对象。大班幼儿须达到“能用多种绘画工具和材料，运用不同的技法，使用恰当颜色来表达自己的情感”这一目标。

5—6 岁幼儿在色彩、构图方面较之象征期有明显的发展。认识并能运用的色彩种类丰富，涂色时，能做到均匀地涂。

活动中，教师通过版画欣赏，与幼儿共同讨论版画的制作过程，再鼓励个别幼儿在教师的引导下尝试。其次，引导每位幼儿用版画的形式，创作不一样的树叶，在师幼交流、个别示范、自主创作、相互欣赏和评价的过程中达到核心目标。

活动目标

1. 感受版画的色彩美、造型美，体验创作的快乐。

2. 学习版画的制作过程，尝试运用版画的形式表现不一样的树叶。

3. 根据自己的喜好和作品需要搭配颜色。

活动准备

1. 幼儿有线描画的经验。

2. 作品《树叶》(自备)；水粉颜料、水粉笔、铅笔，操作材料(相同大小的吹塑纸和白纸在左侧进行装订，白纸在上)每人一份。

活动过程

1. 欣赏作品《树叶》，猜测版画的制作过程。

(1) 提问：这幅画和我们平常画的有什么不同？

(2) 提问：猜猜它是怎样做的，需要用到什么材料？

教师梳理、小结：先用铅笔在吹塑纸上刻出需要的图案，然后选择颜料进行涂色，颜料要涂均匀。涂完后，将上面的白纸放下，从左至右依次抹平到每个角落。这样，吹塑纸上的图案便会印在白纸上。

(3) 个别幼儿在教师的引导下，尝试涂颜料和抹平的过程，师幼共同有针对性地进行小结。

2. 构思创作内容，自主表现。

(1) 提问：今天我们要完成一幅树叶的版画，你会画什么样的树叶？什么样的树叶，印出的画面更漂亮？

(2) 引导幼儿梳理、小结：刻的树叶叶脉清晰、线条丰富，用力均匀，印出的画面更漂亮。

(3) 鼓励幼儿大胆尝试，教师巡回指导。

重点关注：图案刻的方法和表现方式；颜料涂均匀，如果印出的图案不明显，可再次在同一位置涂抹颜料；抹平的时候，要有序地抹到每个角落。

3. 展示作品，自评及互评。

(1) 幼儿自评。

提问：你的版画是怎样做的？在制作中遇到了什么困难吗？你是怎样解决的？

(2) 幼儿互评。

提问：你最喜欢的是那一幅版画，为什么？

活动建议

1. 美工区中提供相应的材料，鼓励幼儿继续创作。

2. 请家长在家让幼儿了解更多的版画形式，并进行创作游戏。

附：资料

版　画

运用刀和笔等工具，在不同材料的版面上进行刻画，印出原作的一种造型艺术。版画的种类很多，根据版面性质和使用材料的不同，可分为凸版(如木刻版画、麻胶版画、纸版画、石膏版画)、凹版(如铜版画、锌版画)、平版(如石版画)、孔版(如丝网版画)等。技法有拓印法，还有漏印法、捺印法等。

我要上小学了(人物画)

PCK分析

上小学是大班幼儿最向往、期待的事情。从大班幼儿绘画教育的目标来看，他们要能完整地表现想象中物体的动态结构，此活动通过让幼儿观察、感知人物动态特征，从而想象自己上小学的情景，并用绘画的形式创作。

5—6岁的幼儿喜欢用线条描绘物体形象的轮廓，但是不再是只能用简单的图形组合的方式来表现事物，而能用较为流畅、熟练的线条来表现物体的整体形象。在画人物和动态人物时，可以通过不同的细节特征来表现人物的特点，比如背书包、大步走。他们很在意能凸显运动感的细节，细节是此阶段幼儿绘画中造型的基本特征之一。

活动中，教师引导幼儿进行情景表演、相互交流，讨论背书包上学的情景，为创作做准备。之后，提供材料，供幼儿自主创作，表现人物动态和小学生的特点。

活动目标

1. 乐于画出自己背书包上学的情景，进一步萌发上小学的愿望，为即将成为一名小学生感到高兴和自豪。

2. 能介绍、描述自己的创作，讲述自己背书包上学的故事。

3. 掌握人物动态的画法。

活动准备

1. 幼儿有过画人物画的经验。

2. 小学生背书包上学的照片；水彩笔、油画棒、剪刀。

活动过程

1. 情景表演“上小学”，观察、感知人物动态特征。

(1) 请愿意扮演小学生的幼儿背上书包表演上小学的情景(包括正面和侧面的行走姿势)，其他幼儿当观众。教师交代观察要求：脸上的表情怎样，背了什么样的书包，走的时候手脚有什么变化等。

(2) 引导当观众的幼儿说说“小学生”上学时的姿态，说的同时请个别“小学生”演示动作和造型。

2. 交流讨论怎样画出小学生上小学的情景。

(1) 提问：怎样可以画出正面和侧面的不同动态？如果除了画自己，还要画别的小学生的话，应该怎样布局画面？

(2) 幼儿自主表达，教师视情况回应，必要时进行简单演示。

3. 自主创作，表现画面。

幼儿自取材料作画，教师巡回观察、指导，引导幼儿画上自己最喜欢的背书包上学的动态形象，并添画背景等。同时，视情况给个别幼儿提供小学生背书包上学的照片，并在过程中引导他们再次观察人物动态。

4. 展示作品，相互欣赏评价。

(1) 互相欣赏各自的作品，并向同伴介绍自己的作品，讲述自己背书包上学的故事。

(2) 用剪刀沿着外轮廓线将人物剪下(要留白色的边线)，将作品粘贴在"我要上小学了"的主题墙面上。

活动建议

1. 活动中，可根据幼儿的进度，将未完成的作品延伸到美工区活动中继续进行。

2. 活动后，鼓励幼儿在美工区画上课、做课间操等小学生的动态和其他人物画。

3. 请家长做幼儿的模特儿，引导幼儿观察活动的人物姿态，然后用语言进行描述或用绘画形式表现。

四、大班美术手工活动的内容与相关资源

学 期	名 称	配 套 资 源
上学期	心心相印 (纸工)	音乐《让爱住我家》(自备)；作品《心心相印》(自备)；三色相同大小的心形色粉纸，油画棒、胶水。
	动物泥人 (泥工)	课件《动物泥人》；动物泥人作品；橡皮泥或超轻彩泥、牙签、剪刀。
	手拉手 (纸工)	作品《手拉手》(自备)；彩色长条纸、剪刀、彩笔。
	大脚丫跳芭蕾 (制作)	课件《大脚丫跳芭蕾》(自备)；音乐《天鹅湖》(自备)；芭蕾舞视频(自备，时间在1分钟以内)；夹有已撕下薄膜的彩色不干胶纸的画板、扭扭棒、餐巾纸、剪刀、贴纸。
	放鞭炮 (纸工)	音乐《喜洋洋》(自备)；作品《放鞭炮》(自备)；除黑色外的色粉纸或蜡光纸(可裁成16开或8开大小)、黑色卡纸、水彩笔、胶棒。
	会走的马 (制作)	画好轮廓的纸；作品《会走的马》(自备)；剪刀、水彩笔。

(续表)

学期	名　　称	配 套 资 源
下学期	大红灯笼 (纸工)	折灯笼步骤图(根据附自制成大图);大红色正方形纸、各色颜料、棉签。
	载人火箭 (制作)	课件《载人火箭》;卷筒纸芯、大号饮料瓶、易拉罐、小号矿泉水瓶、剪刀、透明胶、双面胶。
	四季的花 (泥工)	四季花卉图片;轻柔的背景音乐(自备);泥工板,各色橡皮泥或超轻彩泥。
	纸杯变变变 (制作)	作品《小乌龟》(自备);一次性纸杯、剪刀、双面胶、彩纸、水彩笔。
	“六一”邀请卡 (制作)	多种邀请卡;挂历纸、卡纸等多种硬纸,压花器、贴片、水彩笔、剪刀、胶水、双面胶。
	交通工具 (制作)	欢快的音乐(自备);废旧药盒、牙膏盒、塑料瓶、易拉罐、纸杯、色粉纸、剪刀、胶水、双面胶、水彩笔。
	我心中的小学 (制作)	废旧纸盒、白纸、花纹纸、色粉纸、彩笔、油画棒、彩泥、剪刀、胶水、双面胶。

大班美术手工活动案例

心心相印(纸工)

PCK 分析

将三张平面的心形纸,沿轮廓线粘贴在一起,再画上自己和亲人的头像,制作成一个立体手工作品,这一活动能在很大程度上激发大班幼儿的创作欲望。用他们的作品装扮活动室,更会给幼儿带来满满的成就感。

5—6 岁的幼儿表现欲望很强,喜欢用各种工具和材料进行制作,以表达自己的意愿。同时,在制作过程中,能做到在面状材料的反面沿轮廓线涂上胶水再进行粘贴,并能关注细节,力求更完美地表现。

活动中,教师用作品激趣,引发幼儿推测“心心相印”的制作方法,并在此基础上,重点梳理对准轮廓线连续粘贴的方法。进而提供材料,鼓励幼儿自主创作,提醒幼儿关注细节。最后,引导幼儿用自己的作品装扮活动室,极大地满足幼儿的成就感。

活动目标

1. 感受手工创作的乐趣，体会用作品装扮活动室的成就感。

2. 尝试用对准轮廓线连续粘贴的方式制作"心心相印"。

3. 画出自己和亲人的头像，并在细节中表现个性特点。

活动准备

1. 活动前，在活动室中悬吊夹子，为幼儿展示作品做好准备。

2. 音乐《让爱住我家》（自备）；作品《心心相印》（自备）；三色相同大小的心形色粉纸每人一套，油画棒、胶水。

活动过程

1. 观察作品《心心相印》，萌发兴趣。

（1）教师演示范例，用心形纸翻转出爸爸、妈妈、宝宝三人的头像。

提问：为什么老师手中的心形卡片会变出三个人的头像？这个"心心相印"卡是怎么做出来的？

（2）出示三张心形纸，引导幼儿相互讨论、猜测：怎样使这三张纸变成"心心相印"卡片呢？

提供胶水，鼓励个别幼儿上台尝试。

（3）师幼共同梳理、小结对准轮廓线连续粘贴的方法：先将每一张心形纸边对边对折，然后将其中两张沿轮廓摆好，把贴在一起的两个半边心沿轮廓线涂上胶水，并依次粘好。将第三张心形纸用同样的方法，分别粘在前两张纸上。

2. 自取心形色粉纸进行制作，练习对准轮廓线连续粘贴的方法。

（1）教师播放音乐《让爱住我家》，幼儿自取材料。

（2）幼儿自主创作，教师巡回指导，重点指导幼儿对准轮廓线进行粘贴。

（3）引导幼儿分别在三种颜色的心形纸上画上自己和亲人的头像，提醒他们要将人物的特点画出来（眼睛、鼻子、嘴巴、发型等）。

3. 展示作品，并用作品装扮活动室，体会成就感。

（1）请幼儿相互交流自己的制作过程及所表现的人物。

（2）鼓励幼儿自行将作品夹在夹子上，用以装扮活动室。

活动建议

1. 活动中，应给予个别幼儿适当的帮助，同时提示幼儿不一定都画父母，也可画其他亲人。

2. 可鼓励幼儿用同样的方法，在多张心形纸上画爷爷、奶奶、爸爸、妈妈、宝宝的头像，连接成多幅图像组成全家福。

3. 活动后，可在美工区投放多种颜色的色粉纸，指导幼儿自己将纸剪成心形，再进一步制作“心心相印”卡。

4. 请家长和幼儿一起制作“心心相印”全家福并装饰在幼儿的房间中。

动物泥人(泥工)

PCK 分析

手工活动可促进幼儿手部动作的灵活性、精准性，有助于幼儿手眼协调能力、想象力与创造力的发展，帮助他们形成耐心细致、勇于实践等个性品质。而完成“动物泥人”这一作品，需要大班幼儿学习用连接和拉伸的方法，并配合其他泥工技法塑造结构较为复杂的物象，表现其主要特征和某些细节。

5—6 岁的幼儿处于样式化期，在泥工材料连接方面，他们不再用机械相加的方法，而是能用较为流畅的方法来接连，使制作的物体成为一个有机的整体。另外，此时的幼儿还会借助辅助工具来表现物体的细节和特征。所用方法之一是在物体的主体部分上增加若干细小的部分，例如捏出小鸡的嘴；所用方法之二是在物体的主体部分上刮或挖去若干部分，例如用牙签刻出眼睛等。

活动中，教师重点引导幼儿欣赏多种动物泥人作品，尤其是它们的形态特征；给予幼儿充足的时间用于构思、设计、制作与装饰，鼓励幼儿运用揉、搓、捏、连接和拉伸等方法创作；最后，鼓励幼儿交流自己的创作过程、遇到的困难，以及解决的方法。

活动目标

1. 欣赏多种动物泥人作品，有创作的欲望，并在操作中有良好的习惯。

2. 能为创作作品保持一定的专注力，较为细致地刻画动物泥人的细节。

3. 观察动物泥人的肢体形态特征，能说出它们的色彩、表情、动作及其他细节，并尝试运用揉、搓、捏、连接和拉伸等方法创作动物泥人。

活动准备

1. 有泥塑的经验，初步欣赏过泥人。

2. 课件《动物泥人》；动物泥人作品；橡皮泥或超轻彩泥、牙签、剪刀。

活动过程

1. 欣赏动物泥人作品和课件，产生制作兴趣。

(1) 教师出示一个动物泥人：这是什么？好玩吗？它是什么样子的？

引导幼儿仔细观察动物泥人，从泥人的结构、色彩、动作和表情等几方面进行描述。可提问：这是什么样的动物娃娃？鼻子、嘴巴、眉毛还有发型是什么样子的？穿什么颜色的衣服？

(2) 教师播放课件《动物泥人》，引导幼儿欣赏。

提问：看看它们都是什么样子的？它们都是怎么做出来的？(视情况追问：头、身体和四肢是用什么方法连接起来的？五官是怎么做出来的？服饰或其他装饰物呢？)

教师在幼儿的讲述中，进行梳理、小结：用橡皮泥团成球做头，再用同样的方法搓出一个小小的球，粘在相应的位置上，做出鼻子和嘴巴，也可以用牙签刻画做出五官，用剪刀剪出动物的毛发。然后，用橡皮泥做成圆柱状的身体和四肢，四肢还可以用从身体拉伸出来的方法做出来。最后，用彩色的橡皮泥、牙签进行进一步的装饰，如加上衣服扣子、鞋子和拉链等，使动物泥人更加细致生动。

2. 思考创作主题和方法，为创作做准备。

提问：你想做一个怎样的动物泥人？怎么做？

待幼儿思考 1—2 分钟后，可请个别幼儿上台讲述。

3. 自取材料，自主捏制动物泥人。

(1) 教师讲解注意事项：请为动物朋友捏像，要先思考动物朋友的样子，再进行创作；注意将不用的或者暂时用不上的橡皮泥，放回盒子里，随时将橡皮泥的碎屑用同色泥团蘸回；在泥工板上做，保持桌面干净；牙签用过后一定要放回盘子里。

(2) 幼儿制作，教师巡回观察，指导幼儿观察、表现动物拟人化的身体结构，大胆表现动物的特征；指导幼儿使用牙签等工具进行细致的刻画，表现细节。

4. 展示作品，相互交流、欣赏。

(1) 请幼儿将作品摆至展览区，相互欣赏和学习。

(2) 请幼儿介绍自己的作品，评价同伴的作品。

提问：你做的是什么动物泥人？是怎么做的？在制作过程中，你有什么好的经验要和大家分享？你最喜欢哪个动物泥人，为什么？

(3) 教师从动物泥人的色彩、表情、动作及其他细节以及创作过程和习惯等方面进行评价。

活动建议

1. 在幼儿创作时,教师应给予充足的时间,还可在每桌投放不同的拟人化的动物图片供幼儿参考。

2. 将幼儿的作品投放到语言区,鼓励幼儿编讲动物泥人的故事;将泥工材料投放到美工区,指导幼儿进一步创作不同形态的动物泥人。

3. 请家长给幼儿提供橡皮泥和泥工板、牙签、剪刀等材料,鼓励他们制作多种动物泥人。

附:课件《动物泥人》二维码

手拉手(纸工)

PCK 分析

作品《手拉手》是中国传统剪纸,是采用折叠剪的方式做出来的。这种方式既让大班幼儿感到有趣,又能让他们学习"将纸折成双层或多层,剪出一些对称的图像"的方法。

5—6岁的幼儿在剪纸活动中,不仅能连续剪直线,还能双手配合着剪曲线,更能基本上剪出自己所希望的形状。同时,通过观察作品和教师的引导,能发现对称剪的方法。

活动中,教师引导幼儿先欣赏作品,鼓励他们分组讨论剪纸的方法;然后边讲解边示范,验证幼儿的猜测;接着提供材料,供幼儿尝试,并鼓励幼儿进行添画;最后,让幼儿通过自评与互评,进一步回顾和巩固对称剪的方法,以期在下次的活动或游戏中迁移经验。

活动目标

1. 对中国传统剪纸活动感兴趣,感受中国剪纸艺术的美。

2. 熟练灵活地使用剪刀,双手协调。

3. 学习运用对称剪纸的方法，剪出手拉手的小人，体验成功的愉悦。

活动准备

1. 幼儿已欣赏过剪纸作品，有剪纸的经验。

2. 作品《手拉手》（自备）；彩色长条纸、剪刀、彩笔。

活动过程

1. 分组欣赏作品，讨论剪纸的方法。

（1）给每组提供两份作品，请幼儿观察并研究：你们看，这幅剪纸与以往的有什么不一样？这幅剪纸作品是怎样做的呢？

（2）引导幼儿小结：这幅剪纸作品的图案是相同且连续的，作品的主要内容是许多手拉着手、大小相同、连在一起的小朋友。这是将纸对折几次后剪成的。

2. 观看演示，了解剪手拉手小人的方法。

（1）教师演示并讲解剪手拉手小人的方法：将纸反复对折，在纸的一面画上小人的轮廓，手一直画到纸的边缘，从纸张开口处剪，注意“手”处的边缘线不要剪断（见附）。

（2）幼儿回顾、讨论剪纸方法。

3. 尝试学习折、画、剪的方法，剪出手拉手小人。

（1）请幼儿选择自己喜欢的彩色纸进行折叠，找到开口的一边，画出半个小朋友的身体轮廓。注意要把手一直画到纸的边缘。教师检查的同时，引导幼儿互相检查是否做对。

（2）请幼儿说一说、找一找剪刀开剪的部位。

（3）鼓励幼儿剪出手拉手的小人，教师观察指导，并鼓励幼儿把小人打开后，添画五官、头发和服饰，或再次剪其他颜色的小人。

4. 展示作品，进行欣赏、交流和评价。

（1）将幼儿的作品展示到黑板上，引导幼儿欣赏。

（2）幼儿自评。

提问：你剪出了几个小人手拉手？你是怎么做到的？在这个过程中，你遇到了什么困难，是怎么解决的？

（3）幼儿互评。

提问：你最喜欢哪一幅作品，为什么？

活动建议

1. 活动中，在动剪刀之前一定要引导幼儿检查，是否找对位置，可以先折叠一层进行尝试。幼儿如果对剪纸更感兴趣,就不一定在同一个课时内进行装饰。

2. 活动后,在美术区开展后续的剪纸活动,将人物的服饰、头发等部位剪出不同的纹样。提供适当的剪纸材料,鼓励幼儿自主创作,尝试运用这种方法剪出多种造型的东西,如花朵、小鸭、树林等。收集多种民间剪纸的艺术作品,布置活动室。

3. 请家长利用空余时间收集多种剪纸作品,和幼儿一起欣赏,并和他们一起玩剪纸游戏。

附:手拉手小人制作示意图

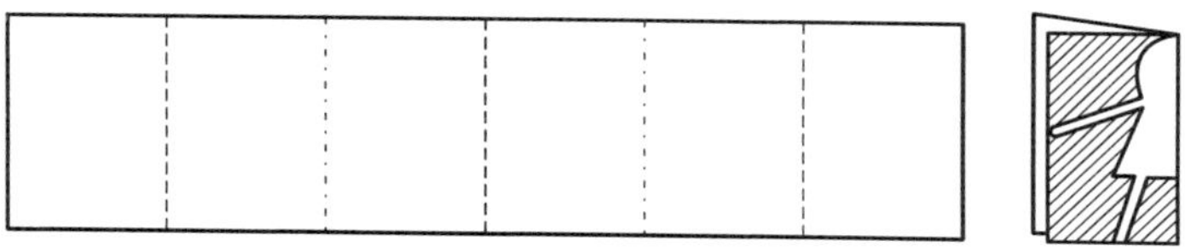

大脚丫跳芭蕾(制作)

PCK 分析

用扭扭棒作为手工材料,创造性地表现不同跳舞姿态的人,对大班幼儿来说既是一个兴趣点,又是一个挑战点。它能有效激发幼儿充分运用材料,以艺术语言表现人物的动态,发展审美表现和创造力。

5—6 岁幼儿已学习了一些基本的手工工具和材料的使用方法,对手工活动有较浓厚的创作兴趣,表现能力有了较大的提升。这个阶段的幼儿,可给予他们多种材料、不同的主题,以满足他们的创作欲望。

活动以绘本《大脚丫跳芭蕾》为媒介,引导幼儿重点欣赏主人公贝琳达的多种舞姿,鼓励幼儿通过动作模仿、语言描述,表达人物跳芭蕾舞时正面和侧面的动作。进而鼓励幼儿针对提供的两种材料,商讨创作的方法和表现的手法,并引发他们大胆创作。最后,以贴贴纸的方式,引导幼儿从作品的动态表现方面进行评价。

活动目标

1. 乐意思考材料在创作中的表现方式,体验制作的乐趣。

2. 尝试运用卷、围、捏等技能塑造芭蕾舞者的姿态,大胆地通过肢体、语言和扭扭棒进行表现。

3. 欣赏绘本《大脚丫跳芭蕾》主角的舞姿，感受其动作夸张、线条流畅的表现手法。

活动准备

1. 活动前，幼儿已阅读过绘本《大脚丫跳芭蕾》，对芭蕾有一定了解，并初步观察过正面和侧面的芭蕾舞者。

2. 课件《大脚丫跳芭蕾》（自备）；音乐《天鹅湖》（自备）；芭蕾舞视频（自备，时间在 1 分钟以内）；夹有已撕下薄膜的彩色不干胶纸的画板、扭扭棒、餐巾纸、剪刀、贴纸。

活动过程

1. 欣赏芭蕾舞视频，感受芭蕾舞者的优美。

提问：看看这是什么表演？看后给你怎样的感受？

师幼共同小结：在美妙的舞蹈世界里，有这样一群舞蹈家，她们将头发高高盘起，穿着芭蕾舞裙和舞鞋，伴随轻柔的音乐，用脚尖轻轻地移动着，跳出优美的舞姿。

2. 回顾绘本内容，重点欣赏主人公贝琳达的多种舞姿，尝试用动作和语言表达。

（1）教师出示课件中的绘本封面，引导幼儿观察。

提问：绘本《大脚丫跳芭蕾》中的这位小女孩叫什么名字？贝琳达在故事中为我们展现了哪些优美的舞姿？

（2）教师播放课件，引导幼儿欣赏、表达与表现。

提问：你最喜欢第几张图片的动作？你能说说贝琳达的动作是怎样展示的吗？谁能试试用动作表现？

（3）体验游戏：我做你猜。引导幼儿进一步观察贝琳达的正面、侧面动作。

教师提出要求：一位小朋友模仿自己喜欢的芭蕾舞动作，其他小朋友猜猜是课件中的哪一个动作。

（4）在幼儿表达、表现的基础上，教师梳理小结：贝琳达时而双手在胸前合围，微微地低着头；时而双脚交叉，轻盈地跳起来；时而侧着身子、仰着头，舒展着身体；时而用她灵巧的脚尖，稳稳地站立；时而开心地看着前方，舞姿轻盈，好像在说“我要飞起来了”；时而又闭着眼睛，轻轻地弯下身体，好像在说“谢谢大家的观赏”。

3. 观察操作材料，猜想材料用途，思考表现的内容和方法。

（1）提问：看看这里有什么材料？如果请你们用这些材料，在这样的画板上表现贝琳达优美的舞姿,你会怎么表现?(视情况追问:你会用扭扭棒做什么?餐巾纸呢?剪刀有什么用?)

(2) 任选一张图片,鼓励个别幼儿尝试。

教师视情况引导幼儿思考:扭扭棒可以怎样表现四肢的不同舞蹈动作?如何让餐巾纸变成贝琳达蓬蓬的芭蕾裙?

(3) 根据幼儿的表现,教师进行梳理、小结。

4. 自主创作,大胆表现贝琳达的不同舞姿。

(1) 要求:在画板上至少表现贝琳达的一个舞蹈动作,可以是绘本中有的,也可以是你自己想象的;可以是正面的,也可以是侧面的。先思考要表现的动作,再用材料进行制作。

(2) 教师指导重点:对能力较弱的幼儿,引导其模仿绘本中的舞蹈动作进行制作;对能力强的幼儿,引导其尝试为舞者设计新动作。材料使用方面,可引导幼儿将扭扭棒弯一弯、剪一剪,让手和脚有变化,也可以让它变成头部或发型。

5. 展示作品,相互交流,并用贴贴纸的方式,评选出最佳舞姿。

(1) 请幼儿将作品摆放在展示台上,鼓励他们大胆介绍自己的作品,并学习其他同伴的优点。

(2) 为每位幼儿发放两张贴纸,让他们贴在最喜欢的两张作品的右下角上,评选出最佳舞姿。

活动建议

1. 选用夹有已撕下薄膜的彩色不干胶纸的画板作为背景,目的是固定住扭扭棒,便于幼儿通过摆放,表现贝琳达的舞姿。但在使用过程中,应尽量提醒幼儿先思考后创作,尤其是在粘贴芭蕾舞裙时,以免造成撕下重做、影响画面的情况。

2. 在贴贴纸的环节,应提醒幼儿粘贴在统一位置上,避免影响整体感。

3. 活动后,可将绘本和材料投放到美工区,供幼儿进一步欣赏和创作。

4. 回家后,可请家长为幼儿准备相同的材料,家长摆任意造型,幼儿进行创作。

放鞭炮(纸工)

PCK 分析

用镂空撕的方式撕出人物的眼睛和嘴,须在目测撕人物轮廓的基础上,再进行局部的折叠撕。而以“放鞭炮”为主题开展的纸工活动,需要大班幼儿达到“在充分构思的基础上，用撕、贴、画相结合的方法，表现放鞭炮的情节”这一核心目标，而镂空撕便是手工中的表现形式之一。

5—6 岁幼儿随着年龄的增长、教育的深入，他们行为的目的性增强，对手工制作的构思也逐渐地由外化转为内化，能够事先在头脑中对所要制作的东西进行思考与计划。在表现手法方面，此年龄阶段的幼儿掌握的技巧也越来越多样，操作越来越精细。同时，教师为其提供必要的方法引导(如镂空撕的方法)，能让他们的表现更具创造性。

为了达成核心目标，满足幼儿的表现需求，教师结合新年喜庆的氛围，让幼儿模仿放鞭炮时人们的动作、表情，为后面的构思、创作打下基础；引导幼儿欣赏作品，讨论表现人物眼睛和嘴的方法，提出“先撕再贴后画”的建议，为他们的自主创作提供思路；给予幼儿创作中的个别化指导，为不同幼儿表现放鞭炮的情节，提供有效的支持。

活动目标

1. 喜欢撕贴画，感受自主创作带来的快乐。
2. 构思新年放鞭炮的场景，大胆地用撕、贴、画相结合的方法进行表现。
3. 在目测撕出人物轮廓的基础上，尝试用镂空撕表现人物的眼睛和嘴。

活动准备

1. 幼儿有放鞭炮的经验，并开展过目测撕的活动。
2. 音乐《喜洋洋》(自备)；作品《放鞭炮》(自备)；除黑色外的色粉纸或蜡光纸(可裁成 16 开或 8 开大小)、黑色卡纸、水彩笔、胶棒。

活动过程

1. 回忆放鞭炮的情景，用语言或动作进行表现。

提问：你们喜欢放鞭炮吗？放鞭炮的时候会有哪些动作，又会有什么表情？请你说一说，也可以上台表演。

师幼共同梳理小结，重点描述动作和表情。

2. 欣赏作品《放鞭炮》，为构思、创作做准备。

(1) 提问：作品上有什么？想想它是怎么制作出来的？眼睛和嘴如何撕？

(2) 请个别幼儿上台尝试撕放鞭炮的人，重点观察他撕眼睛和嘴的方法。

(3) 师幼共同小结：这幅作品先撕出了放鞭炮的人，撕眼睛时，将纸对折，撕去一个半圆形，再找平行的地方重复一次，把纸打开，两只眼睛就出现了。撕嘴巴时，也是先将纸对折，然后撕去一个弧形。再把撕出的人粘贴在黑色卡纸上，最后可以添画鞭炮等。

3. 自主构思并创作,大胆地表现放鞭炮的场景。

(1) 提问:你想撕出一个什么样的人来表现放鞭炮? 可以怎么撕? 之后你想添画什么场景?

鼓励幼儿相互交流,并请个别幼儿分享。

(2) 幼儿自主创作,教师巡回观察,及时鼓励有创意的幼儿,注意提醒幼儿尽量把边撕得光滑,重点关注和指导幼儿用镂空撕的方法撕眼睛和嘴巴。对于能力强的幼儿,可引导其撕出多个不同姿态的人。

4. 展示作品,相互欣赏、评价。

(1) 幼儿介绍自己的作品,讲述放鞭炮的情景。

(2) 相互欣赏作品,给出自己的评价。

活动建议

1. 活动中,可播放《喜洋洋》的音乐,增加节日气氛。幼儿只要撕出物体的大致轮廓即可,如果操作有困难,可以将撕纸改为剪纸或绘画,也可将目测撕改为先画,后沿轮廓撕。

2. 在美工区投放废旧报纸、广告纸等,供幼儿再次撕贴,表现过年情景;或提供画纸和画笔,请幼儿画出放鞭炮时的情景。

3. 请家长为幼儿提供纸张,和他们一起玩撕撕贴贴的游戏,创作自己喜欢的撕贴画。

会走的马(制作)

PCK 分析

本活动需要大班幼儿综合运用画和剪的技能,其中,剪又包含了沿轮廓剪和挖空剪。这一内容,能较好地将"引导幼儿综合运用各种美术技能,对材料进行简单的加工,制作出简单玩具"这一目标融入其中。

5—6岁幼儿在剪纸方面,不仅能连续剪直线,而且能双手配合着剪曲线,剪出的形象比较完整。同时,制作出的作品能用于幼儿表演,更激发了他们的成就感。

活动中,教师先引导幼儿观看用作品进行的简单表演,既引发他们的兴趣,又鼓励他们猜测制作方法。之后,给予幼儿创作的时间,教师重点关注他们使用挖空剪的方法。最后，鼓励幼儿用自己制作的作品进行故事编讲。

活动目标

1. 愿意参与做做、讲讲活动，体验用自己制作的玩具进行表演的快乐。

2. 运用剪和画的方法制作“会走的马”，能较为细致地进行挖空剪。

3. 尝试用“会走的马要去××”的句式进行故事编讲。

活动准备

1. 幼儿有沿轮廓剪的经验；教师事先用作品排练1分钟以内的表演（中间须包含“会走的马要去××”的句式）。

2. 画好轮廓的纸；作品《会走的马》（自备）；剪刀、水彩笔。

活动过程

1. “骑马”进入活动室，并观看表演，对作品产生兴趣。

提问：刚刚表演用到的道具是老师亲手制作的，看看它有什么特别之处？

2. 进一步观察作品，猜测制作方法。

（1）提问：猜一猜它是怎么做出来的？你们觉得哪个地方最难？可以怎么剪？

（2）在幼儿回答的基础上进行梳理小结：先给马涂上自己喜欢的颜色；再按轮廓剪，剪出的边线要光滑、整齐，剪的时候，左手要配合着右手的动作旋转图形，剪时一定要注意力集中；最后挖孔，可将圆孔稍稍对折，用剪刀剪开一个小口，然后再沿着圆圈剪。

（3）请个别幼儿上台尝试挖空剪，教师视情况用语言提示或进行示范。

3. 自主运用多种技能进行制作，尝试挖空剪。

（1）引导幼儿自取材料，给马涂上自己喜欢的颜色。

（2）鼓励幼儿沿轮廓剪下马，并挖出阴影部分。教师巡回观察，重点关注幼儿双手的协调性，以及挖剪圆孔的情况，适时提供指导与帮助。

4. 展示与评价，并大胆地用句式进行故事编讲。

（1）提问：你们的马都做好了吗？请你套在手指上试一试，让它走起来。你的作品还有没有需要调整的地方？

教师可引导幼儿对细节处进行评价，并鼓励他们用不同节奏进行表演。

（2）幼儿边玩自制的马，边自由讲述“会走的马要去××”。教师巡回观察，引导幼儿根据句式，想象、讲述会走的马要去的地方和发生的事情。

（3）请个别幼儿在集体中讲述，要求声音洪亮、语言连贯。让幼儿相互欣赏并评价。

活动建议

1. 活动中,要特别留意幼儿在挖孔环节的操作,巡回观察指导时,要提醒幼儿注意安全,避免用力不当被剪刀弄伤手指。

2. 将幼儿的作品投放到语言区,供他们再次操作、编讲故事。

3. 请家长与幼儿一起再次制作“会走的马”或类似挖孔玩具,巩固复习挖孔的方法。

附:轮廓图

大红灯笼(纸工)

PCK 分析

在手工活动中,教师应注意引导幼儿弄清其原理和步骤,帮助他们形成技能,并将技能迁移到其他手工制作活动中去。落实到折纸中,便是要引导幼儿学看各种折纸图示符号,理解折纸步骤。

5—6 岁幼儿在看折纸示意图方面,已积累了一定的经验,基本可以自主阅读、制作。本活动结合元旦这一节日,以“灯笼”作为折纸主题,为该年龄阶段看图折纸提供了机会,有利于他们读图能力、手眼协调能力的发展。

活动中,教师给予幼儿充分的自主读图和制作时间,视情况引导幼儿讨论难以理解的图示或步骤,促使他们彼此分享经验;并将较为类似的折纸步骤图投放到美工区中，供幼儿进一步迁移经验。

活动目标

1. 喜欢参与折纸活动，体验自主完成作品的快乐。

2. 能较为专注地读图，并在折纸过程中，关注细节。

3. 在图片的指引下，完成灯笼的折叠，并用棉签进行添画。

活动准备

1. 幼儿已具备一定的看图折纸经验。

2. 折灯笼步骤图（根据附自制成大图）；大红色正方形纸、各色颜料、棉签。

活动过程

1. 初步观察折灯笼步骤图，讨论基本步骤。

（1）提问：快过新年了，我们一起折灯笼来装饰活动室吧！老师为你们准备了折灯笼的步骤图，请你们仔细看一看、想一想，灯笼应该怎么折？

（2）幼儿自由讨论，教师倾听。

（3）教师请个别幼儿分享自己的理解，引导其他幼儿进行评价，可视情况提问：你赞同他的说法吗？

（4）教师针对幼儿有争议的图示或步骤进行梳理、小结。

2. 自主看图折纸并添画，有意识地对齐、抹平，关注细节。

（1）幼儿创作，教师巡回指导，重点关注幼儿是否理解步骤图，必要时，可组织幼儿集体讨论某个步骤，并提醒幼儿在每一个步骤都对齐、抹平。

（2）待每组幼儿基本完成，提供颜料和棉签，供幼儿进行添画。

3. 展示作品，分享方法，为进一步迁移积累经验。

提问：在折灯笼的过程中，你遇到困难了吗？你是怎么解决的？看图的时候，你有什么好的经验可以跟大家分享？

活动建议

1. 活动中，提供的纸张要多于幼儿人数，以满足幼儿活动的需要。另外，也可根据本班幼儿实际情况，投放一些半成品的灯笼，供幼儿选用，以降低制作的难度。

2. 活动后，可请幼儿将折好的灯笼赠送给弟弟妹妹作为新年的礼物，也可组织幼儿讨论，如何用灯笼进行活动室装饰；并将操作材料、折灯笼步骤图以及相似的折纸步骤图投放到美工区，供幼儿进一步迁移看图折纸的经验。

3. 请家长为幼儿购买折纸书籍，供幼儿自主阅读、创作。

附：折灯笼步骤图(教师在制作大图时，可根据实际情况，选择是否附上文字)

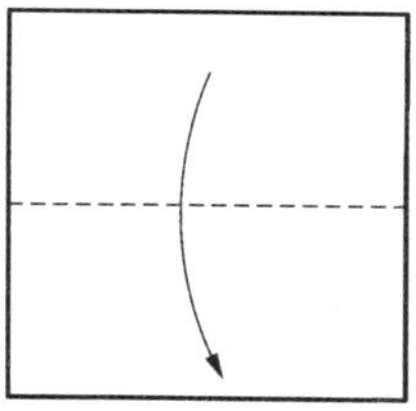

① 对折

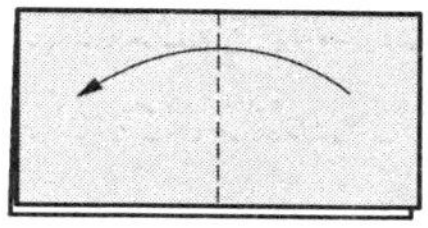

② 对折

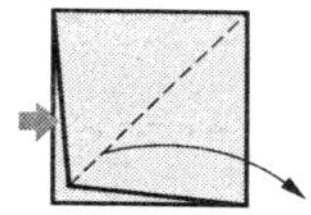

③ 打开袋子

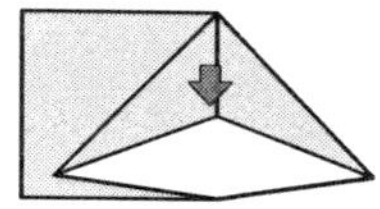

④ 压平袋子

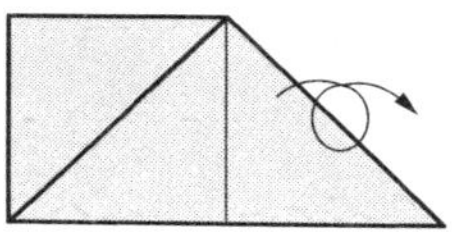

⑤ 翻过来

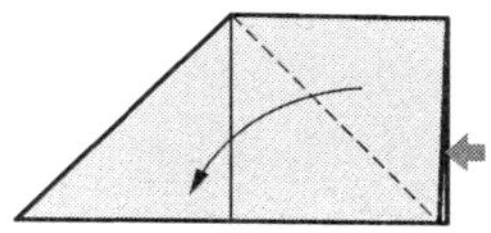

⑥ 用一样方法，打开袋子，压平

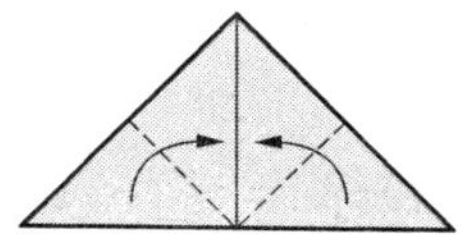

⑦ 沿虚线向上折

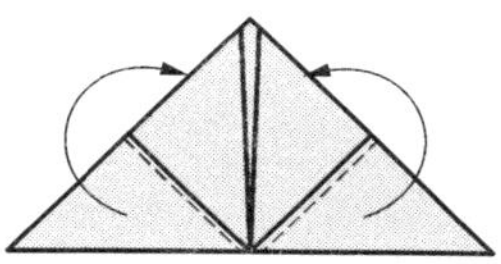

⑧ 沿虚线向背面折

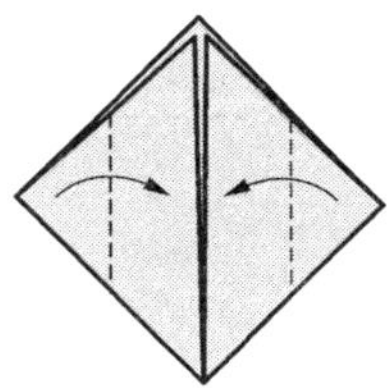

⑨ 沿虚线向中间折

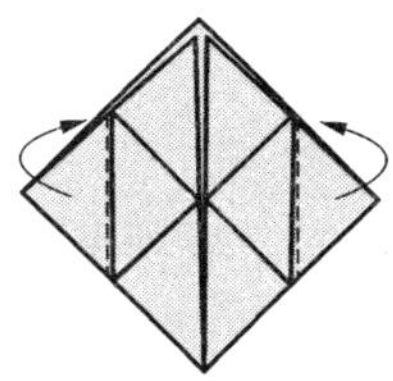

⑩ 沿虚线向背面折

⑪ 沿虚线向下折，放入三角形的袋子里

⑫ 从下面放入空气，撑开

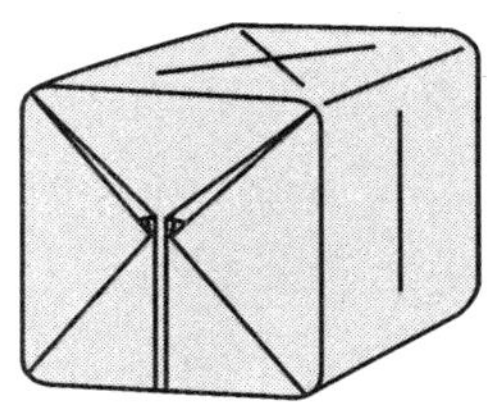

⑬ 完成

载人火箭(制作)

PCK 分析

材料的选择与运用，是手工活动中的一个重要内容。因为它是构思、设计得以物化的基础，并能让幼儿的制作逐步由模仿走向独创。

幼儿在材料特点的利用与发挥上，虽然不能与成人相比，但“借形造像”的构思方式，还是能运用得较好，这也在幼儿的手工制作中占有重要地位。5—6岁幼儿喜欢利用纸盒等材料进行立体造型，同时，也需要达到“学习综合运用材料和方法制作简单的玩具”这一目标。“载人火箭”的主题，对于该年龄的幼儿充满着神秘感，更能激发他们创作的欲望。

活动前，教师将引导幼儿丰富有关载人火箭的经验，共同收集制作需要的材料，在这一过程中，让幼儿初步感知材料特征与创作主题的关系。其后，活动中，组织幼儿相互分享前期经验，在观察载人火箭造型特征的基础上，引发幼儿讨论材料的运用和制作的方法。接着，给予幼儿自主创作的机会，且不以统一的标准进行评价，让他们体验创作的乐趣。

活动目标

1. 乐于动手制作载人火箭模型，体验自制玩具并进行游戏的快乐。

2. 大胆使用材料，尝试通过材料的创意组合表现火箭造型。

3. 了解有关中国载人火箭的简单信息，感知火箭的造型特征。

活动准备

1. 幼儿已和家长一起了解有关载人火箭的信息。

2. 课件《载人火箭》；卷筒纸芯、大号饮料瓶、易拉罐、小号矿泉水瓶、剪刀、透明胶、双面胶。

活动过程

1. 谈话：了不起的火箭，分享火箭的简单知识。

(1) 教师：这段时间，小朋友们在家里和爸爸妈妈一起了解了很多关于火箭的知识，现在请你和大家一起分享一下你知道的关于火箭的情况。

(2) 幼儿讨论，教师适当引导，鼓励幼儿关注火箭的结构和外形特征。

2. 观察课件《载人火箭》，感知火箭的造型特征。

(1) 提问：火箭身体上的每个部分都有自己的名称，而且都有非常重要的作用。如果要把火箭分成主体部分和其他部分，你们看看主体部分在哪里？是什么样子？其他部分又是什么样子的？

(2) 师幼一起小结：火箭主体部分长、直，有尖头；其他部分短、直，也有尖头，并围绕在主体部分周围。

3. 自主讨论并讲述制作“火箭”的构想，探索制作方法。

(1) 教师：今天，我们要自己动手制作“火箭”。这里有这么多材料，怎么使用呢？请和你的朋友一起商量商量，“火箭”的主体部分怎么做？用什么材料？

其他部分又用什么材料?

(2) 幼儿自主讨论,教师巡回倾听。

(3) 幼儿讲述自己的制作构想。教师:你想怎么做"火箭",把你的想法和大家说一说。

(4) 评价幼儿的构想,引导幼儿突破"火箭"制作的几个要点,如怎样通过材料的组合,体现火箭主体部分与其他部分高矮的区别,其他部分怎样与主体部分连接等。

4. 幼儿两人一组,动手制作"火箭",教师巡回观察、指导。

5. 玩游戏"火箭发射",体验利用自制玩具开展游戏的成就感及快乐。

玩法:请一名幼儿担任发令员,其他幼儿手持作品蹲地作火箭发射准备状。发令员倒数十个数,最后说"发射"。其他幼儿跳起来将火箭举至最高模仿发射动作。

活动建议

1. 火箭的结构名称是非常专业的科学术语,因此并不一定要让幼儿了解,用"主体部分"和"其他部分"进行概括,能较好地帮助幼儿了解火箭的外形特点。

2. 将活动材料投放到美工区,并张贴宇宙飞船、卫星空间站等图片或照片,供幼儿迁移经验,制作宇宙飞船、卫星空间站等的模型。

3. 请家长与幼儿一起共同收集材料制作"火箭",并进行装饰;或和幼儿一起制作自己设计的不一样的"火箭"。

附:课件《载人火箭》二维码

四季的花(泥工)

PCK 分析

花,是幼儿生活中常见的植物,同时,它的不同造型,可为幼儿的创作带来丰富的联想,也为他们的表现提供了媒介。大班幼儿需要达到"学习用多种泥工技法塑造结构较复杂的物象,表现主要特征和某些细节"这一核心目标。

5—6岁幼儿由于手部精细动作的发展，手眼协调能力增强，又学习了一些基本的方法，因而他们的表现欲望很强。同时，这个阶段的幼儿更关注细节，力求更完美地表现。

在这个活动中，教师充分调动幼儿的已有经验，将四季花的不同形态特征与泥工表现方法结合起来，为幼儿的创作打下基础。在幼儿自主表现时，教师对不同能力的幼儿提出不同的要求，并进行个别指导，让每位幼儿都能体验创作的快乐。最后，通过集中评价，引导幼儿关注四季花的主要特征和细节的表现手法，帮助他们不断积累经验。

活动目标

1. 乐于欣赏、表现四季花卉，在制作过程中能克服困难，大胆表现。

2. 能用橡皮泥大胆想象，设计并制作出不同形态的四季花朵。

3. 综合运用搓、团、压、拉等技能，表现四季花、茎、叶的不同。

活动准备

1. 幼儿与家长共同收集不同形态的春夏秋冬四季花卉的图片，并带到幼儿园。

2. 轻柔的背景音乐（自备）；泥工板，各色橡皮泥或超轻彩泥。

活动过程

1. 欣赏不同形态的春夏秋冬四季花卉图片，了解花卉的外形特征。

(1) 在音乐声中，幼儿自主观察并交流各自收集的四季花卉图片，教师鼓励幼儿用动作和语言表现花卉的不同形态以及开放的时间。

(2) 请幼儿在集体中表现，教师视情况回应。

(3) 小结：每一朵花都有花茎、叶子和花朵。但每一朵花也有它不同的地方。花茎有的是直的，有的是斜的，有的是弯弯曲曲的……叶子有的是尖的，有的是圆的，有的是大的，有的是小的……花瓣有的是四片，有的是五片，还有的更多；有的是圆的，有的是长的，有的是心形的……花茎和叶子的颜色深深浅浅各不相同，花瓣更是五颜六色……花朵有的春天开，有的夏天开，有的秋天开，有的冬天开。它们都非常美丽，打扮着四季，装点着我们的生活，使我们的心情舒畅，生活变得多姿多彩。

2. 交流讨论，了解泥塑花的做法。

(1) 提问：今天，请你们用橡皮泥来做做这些美丽的花，打扮我们的班级环境。想一想，要怎么做呢？

(2) 幼儿自主表达后，教师小结并作局部演示：原来，这个泥塑花是这样做的，先用泥做出花茎和叶子，然后用其他颜色的泥揉一个小圆球，把小圆球在泥工板上压平做成花瓣，把压好的花瓣拼摆成美丽的花朵。

3. 自取材料，自主制作四季的花。

(1) 提问：你们想做哪个季节的什么花？打算做几朵？怎么做？

(2) 幼儿自主制作，教师播放背景音乐，巡回观察、指导，提示幼儿可以做多朵(如四个季节各做一朵)，也可以只做一朵，并注意操作卫生。

4. 展示作品，交流评价。

(1) 幼儿相互介绍自己做的是什么花，是哪个季节开放的。

(2) 集中欣赏评价：你最喜欢哪一朵，为什么？

活动建议

1. 活动前，教师可利用餐前活动时间，引导幼儿学习诗歌《四季的花》，为他们积累经验。

2. 活动后，将幼儿的作品布置成四季花卉展，邀请其他班的小朋友或家长参观，请幼儿自己做讲解员，向参观者介绍。将四季花卉图片摆放在区域中，供幼儿进一步观察、认识，以多种方式(如绘画、纸工、泥工、诗句、生长故事等)展现四季花卉的美。

3. 请家长带幼儿认识四季花卉，鼓励他们用多种方式表现四季花卉。在家种植花卉，和幼儿一起照顾、记录花卉的生长。

附：诗歌

四 季 的 花

一月水仙清水养，二月杏花伸出墙，
三月桃花红艳艳，四月杜鹃满山岗，
五月牡丹笑盈盈，六月栀子戴头上，
七月荷花浮水面，八月桂花腌蜜糖，
九月菊花迎秋风，十月芙蓉斗寒霜，
十一月山茶初开放，十二月蜡梅雪里香。

纸杯变变变(制作)

PCK 分析

用纸杯设计、制作小动物，需要大班幼儿将材料进行展开制作。通过将杯身剪开，重新组合成动物的形象，以达到“较熟练地使用手工材料和技能，表现自己的意愿”这一核心目标。

5—6 岁幼儿在手工方面，已进入样式化期。在利用材料进行立体造型时，不仅能通过剪、挖等技能来进行表现，还能对作品进行细节装饰，力求作品更完美。

活动中，为了达到上述核心目标，教师引导幼儿欣赏作品，让他们逐渐明确制作意图，即用纸杯制作故事《小蝌蚪找妈妈》中的动物角色。再鼓励幼儿根据纸杯的特性，充分发挥想象力，与想表现的动物形象建立联系，构思制作方法。在幼儿自主分组、充分讨论的基础上，让幼儿合作表现故事情景。最后，引导幼儿利用作品进行桌面表演，体验合作制作和表演带来的快乐。

活动目标

1. 体验合作制作与故事表演带来的乐趣。

2. 在欣赏作品的基础上，迁移经验，较熟练地利用纸杯造型，与同伴合作表现故事情景《小蝌蚪找妈妈》。

3. 尝试用纸杯设计、制作自己喜欢的小动物，感受纸杯的多变性、易操作性。

活动准备

1. 熟悉故事《小蝌蚪找妈妈》的情节，有表演此故事的经验。

2. 作品《小乌龟》(自备)；一次性纸杯、剪刀、双面胶、彩纸、水彩笔。

活动过程

1. 欣赏作品《小乌龟》，明确制作意图。

(1) 教师：之前我们开展过《小蝌蚪找妈妈》的故事表演，今天我们要自己用纸杯做道具，在桌面进行表演。

(2) 出示作品，引导幼儿探讨制作方法。

提问：这是故事中的谁？它是怎么利用纸杯进行制作的？

师幼共同小结：我们可以用杯底做乌龟的身体，用水彩笔在纸杯壁上描画出乌龟的头、尾巴和四肢的轮廓，然后用剪刀沿着所画线条进行剪裁。剪时要注意控制，不要把四肢剪断了。最后，添画或粘贴眼睛，并对乌龟壳进行装饰。

2. 自主分组，商讨、构思各自要表现的动物角色。

(1) 教师：请你们六个小朋友一组，商量各自要表现故事中的谁(即蝌蚪、金鱼、鸭、螃蟹、乌龟、青蛙)，以及怎么用纸杯制作。可以用制作乌龟的方法，也可以自己进行创作。

(2) 幼儿与同伴进行协商，教师巡回倾听。

(3) 请一组幼儿代表进行介绍，师幼共同对合作及制作方法进行评价。

3. 大胆想象，合作表现故事情景。

(1) 鼓励幼儿根据协商内容进行创作，教师采用直接介入指导、建议性指导(如借鉴同伴)等方式鼓励他们大胆、自主地完成作品。对动手能力弱的幼儿，如果他们有需要则提供必要的帮助；对于能力强的幼儿，可引导他们更注意细节表现。

(2) 共同收拾场地，将工具和纸屑整理好。

4. 展示作品与合作表演，体验创作的快乐。

(1) 请各组幼儿将作品摆放在自己的桌上，并自主参观其他组的作品。

提问：你最喜欢哪组的作品，为什么？(提问评价最高的那组)请你们介绍一下经验，是怎么合作制作动物角色的。

(2) 共同利用作品进行桌面故事表演。

活动建议

1. 活动最后的故事表演环节，可一边播放故事音频，一边让幼儿各自扮演相应的角色共同表演；也可选择一组幼儿上台表演，其他组利用餐前进行表演。

2. 活动后，将作品投放到表演区，供幼儿自主表演；同时，在美工区多投放一些纸杯，供幼儿设计制作更多种类的玩具作品。

3. 家长可在家和幼儿一起制作纸杯玩具，并和他们一起创编故事，进行角色表演。

附：个别动物角色制作参考图

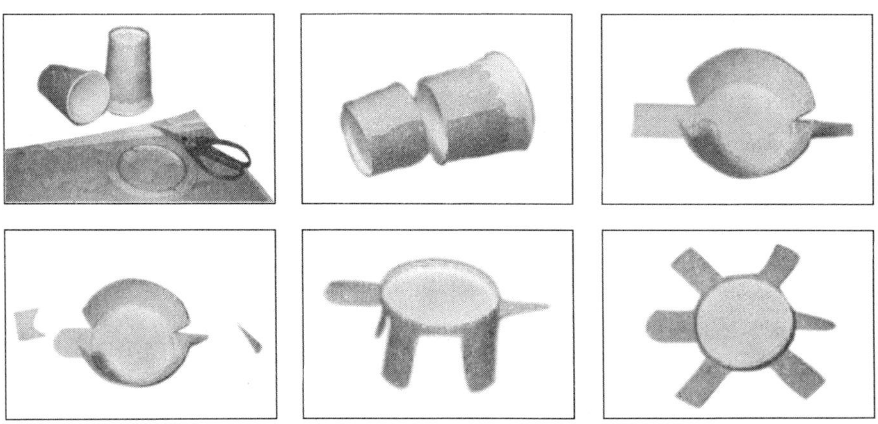

“六一”邀请卡(制作)

PCK 分析

“六一”邀请卡，是一次手工和绘画相结合的活动。它需要大班幼儿在充分感知邀请卡特点的基础上，运用绘画、符号、文字、手工等多种形式进行设计与制作，以达到“综合运用多种工具、材料和方法进行制作”的核心目标。

接近 6 岁的幼儿，手部小肌肉群逐渐发育成熟，手指和手腕的配合趋于一致，手、眼、脑逐渐协调。同时，对多种美术材料和工具的使用逐渐变得熟练，对线条、形状、色彩、空间等艺术语言的认识和使用以及对形式美的理解也渐趋深入。

活动中，教师引导幼儿欣赏不同表现方式的邀请卡，感知邀请卡的内容和特征，共同讨论制作方法；其次，提供多种纸张、贴片、压花器等材料，鼓励幼儿用自己喜欢的方式进行创作。

活动目标

1. 乐意邀请家长和幼儿园的工作人员参加“六一”庆祝活动。

2. 感知邀请卡的内容和制作方法，根据“六一”庆祝活动主题，运用绘画、符号、文字、手工等多种形式设计制作邀请卡。

3. 能用生动的语言完整描述自己制作的邀请卡。

活动准备

1. 幼儿活动前了解什么是邀请卡，看过请柬，并将收集到的邀请卡带到幼儿园。

2. 挂历纸、卡纸等多种硬纸，压花器、贴片、水彩笔、剪刀、胶水、双面胶。

活动过程

1. 围绕话题交谈，初步了解邀请卡及其作用。

(1) 提问：你希望哪些人来参加我们的"六一"活动？怎样去邀请他们呢？

(2) 幼儿自由交谈，教师巡回观察、倾听。

(3) 幼儿发表自己的见解，教师引导幼儿小结，引出"制作邀请卡"的活动要求。

2. 共同讨论，感知邀请卡的内容和特征，探索怎样制作。

(1) 请幼儿根据已有经验说说什么是邀请卡，邀请卡上应该有些什么内容。

(2) 观察不同的邀请卡，感知邀请卡的内容和特征。

(3) 共同小结：邀请卡上应该写上被邀请人的称谓，活动的时间、地点，我们的班次(年级组或幼儿园)，还要装饰得很漂亮、很精致，以示邀请的敬意和诚意。邀请卡的装饰可以用不同的方式，如画画、镂空剪、张贴等。

3. 自选材料和工具，制作邀请卡。

(1) 提问：你准备怎样设计邀请卡？用哪些材料，做什么？

(2) 幼儿根据自己的想法，自由选择材料制作邀请卡。教师巡回观察、指导，提醒幼儿合理布局，保证卡面的精致美观，不乱扔废纸；帮助幼儿写上被邀请人的称谓。

4. 同伴交流，介绍自己的邀请卡。

(1) 请幼儿在集体中描述自制的邀请卡，如：是送给谁的，有什么特点，做了些什么特别的装饰等。

(2) 幼儿之间相互介绍、交流自己的邀请卡。

活动建议

1. 活动后，将材料投放至区域游戏中，引导幼儿制作贺卡，用不同的方式向朋友、老师表达自己的爱。

2. 请幼儿给幼儿园的工作人员和家人送邀请卡，提醒幼儿注意礼貌。

3. 请家长肯定幼儿制作的邀请卡，接受他们的邀请，来园参加"六一"庆祝活动。

交通工具(制作)

PCK 分析

立体造型的手工活动,除了发展幼儿的创造力,还能培养他们的空间知觉。同时,材料的合理利用,也是手工活动中较为重要的目标。以“交通工具”为内容的制作,是幼儿最感兴趣的。幼儿可以通过自主选择材料,制作自己喜欢的交通工具。

快6岁的幼儿,前期积累了较多的手工活动经验,如材料选择的方法、主题构思的方法、手工表现的技能,等等。正是因为这样,他们的手工制作逐步地由模仿走向独创,其手工制作的意图也逐渐明朗,从无目的转向有目的。

基于领域特点和幼儿发展的特点,活动中,教师以谈话引导为主,而不是像之前一样进行作品欣赏,目的在于给幼儿更广阔的创造空间。其次,引导幼儿观察材料、分析材料,为创作甄选材料,并构思创作方法。在作品呈现方面,对不同的交通工具进行分组摆放,更有利于幼儿对相同的表现主题进行较为集中的评价。

活动目标

1. 选择自己喜欢的手工方式制作交通工具,体验动手制作的乐趣。

2. 巩固了解常见交通工具的外形特征,利用不同材料、方法构建出交通工具的基本形态。

3. 在运用多种材料时,能合理使用、有序摆放,养成良好的操作习惯。

活动准备

1. 观察过生活中常见的交通工具。

2. 欢快的音乐(自备);废旧药盒、牙膏盒、塑料瓶、易拉罐、纸杯、色粉纸、剪刀、胶水、双面胶、水彩笔(以上材料分类放在框内,并进行标识)。

活动过程

1. 调动已有经验,产生制作兴趣。

(1) 师幼随音乐模仿自己喜欢的交通工具进入活动室。

(2) 提问:你们刚才模仿的是什么交通工具?你们知道的交通工具还有哪些?它们是什么样子的?引导幼儿分别从水上、空中、陆地等分类角度进行描述。

2. 观察操作材料,讨论想制作的交通工具及其制作方法。

(1) 提问：你想制作哪种交通工具？准备用什么材料？怎么做？(视情况追问：车子的每部分分别用什么形状的盒子？可以怎么组合在一起？)

(2) 幼儿看一看，说一说：准备好的几类材料分别是什么；适合用什么方法制作哪种交通工具(如用盒和瓶造型，用彩色纸折叠，用蜡光纸剪贴等)。

3. 选择自己需要的材料，制作自己喜欢的交通工具。

(1) 教师针对不同材料、工具交代使用要求和安全注意事项，如：剪贴时要注意画面的构图；用纸盒造型时要适当地使用胶水，不能太多，也不能太少；用剪刀要小心，不要拿着剪刀挥舞，等等。

(2) 幼儿自选材料、方法制作交通工具。教师巡回观察，根据提出的要求进行指导，启发幼儿合理运用材料。

4. 分类陈列作品，共同欣赏、评价。

将完成的作品按照水上、空中、陆地交通工具陈列出来，引导幼儿自由观看，互相评价，找出自己最喜欢的作品并说明理由。

活动建议

1. 活动后，在建构区提供积木、积塑、筒、罐、盒等材料，供幼儿继续制作、表现交通工具。

2. 请家长与幼儿一起利用多种材料自制自己喜欢的交通工具。

我心中的小学(制作)

PCK 分析

大班幼儿临近毕业，对小学有着无比的憧憬，因此，“我心中的小学”应时、应需。同时，它又是一个手工和绘画相结合的活动，鼓励幼儿自主地选择材料、选择方式，表达自己向往的小学。

近6岁的幼儿，在表现方式上越来越有自己的主见，表现方法越来越多样。只要是他们感兴趣的主题，给予他们必要的材料，加之行之有效的引导，他们必定能创作出一个精彩纷呈的作品。

活动中，教师通过引导幼儿讨论、激发幼儿创作构思、让幼儿自主选材并创作，以及展示和相互评价四个步骤，鼓励大班幼儿表现自己向往的小学。

活动目标

1. 乐于表现心中的小学，进一步增进对小学的认识。

2. 能用绘画、手工等多种形式，创造性地表现心中的小学。

3. 向大家介绍自己的创作，尝试生动地描绘自己心中的小学。

活动准备

1. 家长和教师带领幼儿参观过小学。

2. 废旧纸盒、白纸、花纹纸、色粉纸、彩笔、油画棒、彩泥、剪刀、胶水、双面胶。

活动过程

1. 讨论：说说自己心中的小学。

(1) 提问：我们都已经参观过小学，知道小学是什么样子了，那么你们心中的小学是什么样子呢？

(2) 幼儿自由交谈，教师参与，了解幼儿的谈话内容。

(3) 请幼儿在集体中说说自己心目中的小学。

2. 构思：怎样表现心中的小学。

(1) 提问：刚才，大家都说了自己心中的小学，如果要你们把心中的小学表现出来，你会用什么方法，怎么表现？

(2) 幼儿自主表达，教师视情况回应并追问，如：教学楼(大门、教室等)是什么样子，要怎么表现？是用画笔还是用剪刀剪贴(或其他形式)，或者将两种方式结合在一起？

3. 创作：自主表现心中的小学。

(1) 观察操作材料，讨论创作时的注意事项。

(2) 幼儿自取需要的材料创作，教师巡回观察、指导，提醒使用剪刀的幼儿注意安全，针对不同发展水平的幼儿，给予不同的要求、引导和帮助。

4. 展示：欣赏、评价各自的创作。

(1) 展示全体作品，互相欣赏。

(2) 请幼儿说说同伴作品中表现的小学是什么样子的，然后请作者补充，大家共同评价是否表现出了作者想象中的小学的特点，也可以提出修改建议。

活动建议

1. 活动中，应让幼儿自由选择表现形式，并提供充分的材料满足他们的需要。

2. 引导幼儿接受同伴的建议，补充修改作品。将幼儿作品布置到“我要上小学”的主题墙中，供他们欣赏、交流。

3. 活动后，可鼓励幼儿画“我看到的小学”，回忆参观小学的情况，用绘画的形式表现自己对参观过的小学的印象;也可引导幼儿在建构区搭建“我心中的小学”,以不同的形式进行创作表现。

4. 请家长认真倾听幼儿描述自己心中的小学,带他们去将要入学的学校参观,鼓励其描绘自己看到的情景,帮助幼儿熟悉校园环境。

参 考 文 献

[1] 常敬.中美高校开放教育资源建设比较研究[D].山东师范大学,2013.

[2] 范兆雄.课程资源概论[M].北京：中国社会科学出版社,2002.

[3] 黄菊芳.幼儿园课程资源开发利用初探[J].学前教育研究,2007(7—8).

[4] 姜正国.幼儿园教育活动资源包·教师指导用书(第三版)[M].上海：东方出版中心,2016.

[5] 教育部师范教育司.课程资源的开发与利用[M].北京：高等教育出版社,2004.

[6] 孔敏.农村幼儿园课程资源开发与利用研究[D].河南师范大学,2013.

[7] 孔起英.幼儿园美术教育[M].北京：人民教育出版社,2004.

[8] 孔起英,吴邵萍.平面贴画[M].南京：南京师范大学出版社,2011.

[9] 林崇德.发展心理学[M].北京：人民教育出版社,2009.

[10] 李季湄,冯晓霞.《3—6 岁儿童学习与发展指南》解读[M].北京：人民教育出版社,2013.

[11] 吕耀坚,魏婷.学前儿童美术教育与活动指导[M].长沙：湖南大学出版社,2015.

[12] 马克思,恩格斯.马克思恩格斯全集(第 19 卷)[M].北京：人民出版社,1963.

[13] 门雅丽.幼儿美术教学与创编指南[M].长春：吉林大学出版社,2016.

[14] 汝茵佳.幼儿园美术教育活动指导[M].北京：人民教育出版社,2011.

[15] 孙艳华.幼儿园课程资源的开发与利用[J].学前教育研究,2007(3).

[16] 王晓樊.我国幼儿园科学课程资源开发利用的研究综述[J].基础教育研究,2013(6).

[17] 吴刚平.课程资源的理论构想[J].教育研究,2001(9).

[18] 许卓娅，孔起英.幼儿园课程指导丛书·艺术[M].南京：南京师范大学出版社，2000.

[19] 虞永平.生活化的幼儿园课程[M].北京：高等教育出版社，2010.

[20] 中华人民共和国国务院.国家中长期教育改革和发展规划纲要（2010—2020 年）[EB/OL]. http://www.gov.cn/jrzg/2010-07/29/content_1667143.htm，2014-9-23.

[21] 中华人民共和国国务院.国务院关于当前发展学前教育的若干意见[EB/OL]. http://www.gov.cn/zwgk/2010-11/24/content_1752377.htm，2014-9-23.

[22] 中华人民共和国教育部.教育部关于规范幼儿园保育教育工作 防止和纠正"小学化"现象的通知[EB/OL]. http://www.moe.gov.cn/publicfiles/business/htmlfiles/moe/s3327/201201/xxgk_129266.html，2014-9-23.

后　　记

爱因斯坦说过，想象力比知识更重要，因为知识是有限的，而想象力概括着世界上的一切，推动着进步，并且是知识进化的源泉。美术教学中教师首先要激励幼儿敢想、乐想，再引导儿童大胆地自信地去表达、表现，这样才能使儿童画出他们的心声。教师要始终把幼儿美术教学的重点放在创造意识的启迪上，而不是技能的传授上。要把幼儿的美术教学与游戏联动在一起，激发幼儿内心对美术活动的喜欢和向往，乐意将其所思、所想和所见，用自己独特的方式表现出来，创作出意想不到的好作品。

我们编写的这本《直击〈指南〉幼儿园美术教学活动》，是以湖南省教科院周丛笑老师为总主编的一套幼儿园教育活动资源建设研究丛书的其中一册，编写的初衷是为了引导和帮助幼儿园教师更好地去践行《3—6 岁儿童学习与发展指南》精神，把幼儿园美术活动真正变成幼儿感受美、表现美和创造美的有效活动，将幼儿园美术活动的育人价值深入挖掘和全面体现。

本书结合《指南》艺术领域美术目标，参考国内外关于儿童美术教育的理论与实践，同时也借鉴了我园"自主性绘画与幼儿创造力发展的实践研究"的课题成果（此课题成果荣获湖南省基础教育成果二等奖），从理论到实践，对幼儿园美术教学活动全面地进行阐述、分析和呈现。全书共分为四个章节。第一章为"幼儿园美术教学活动概述"，从五个维度进行阐述：幼儿园美术教学活动的界定、幼儿园美术教学活动的价值、幼儿园美术教学活动的特点、幼儿园美术教学活动的类型、幼儿园美术教学活动的设计与指导。第二至四章为年龄篇（小、中、大班篇），分别从美术教学的目标建构（目标体系的建构意义、目标体系的建构依据、目标体系的建构说明）、美术活动的内容与相关资源及美术活动案例三个层面来进行阐述，依照幼儿美术的三种类型（欣赏、绘画、手工），按小、中、大班三个年龄阶段的上、下学期，对幼儿园美术教学的目标、内容、活动案例一一分解和列举。全书共有108个教学活动案例，其中小班36个（上学期欣赏2个、绘画8个、手工8个，下学期欣赏3个、绘画8个、手工7个），中班36个（上学期欣赏4个、绘画7个、手工7个，下学期欣赏3个、绘画8个、手工7个），大班36个（上学期欣赏4个、绘画8个、手工6个，下学期欣赏3个、绘画8个、手工7个）。本书最大的特点有四：一是所有的活动案例都进行了PCK的分析，让教师们一看就明白每个活动的领域知识、幼儿的学习特点与要点及教师应采取的策略；二是对《指南》中美术总目标进行了金字塔式的分类细化，让教师们更加明确每一条总目标该从那些方面去落实；三是对应每一个美术活动的资源丰富且具体，可以帮助教师们解决教学资源缺乏的问题；四是许多案例都提供了配套的课件，扫描二维码即可下载，便于教师对资源的利用。

在撰写过程中本册主编组织编写成员开展了20多次的专题学习及研讨，组织了两次与岳麓幼儿教育集团第一幼儿园的园际大讨论，在此过程中，思想不断地碰撞，经常让大家感受到茅塞顿开的喜悦，教学水平也得到了提高。每每遇到难题，都是总主编周丛笑老师来引导解惑。在此，对周丛笑老师的全心指导和帮助，深表崇高的敬意和诚挚的谢意！对中国出版集团东方出版中心的大力支持，表示衷心感谢！同时，感谢岳麓幼儿教育集团第二幼儿园和岳麓幼儿教育集团第一幼儿园老师们的帮助。

本书的撰写，集大家之智慧而成。具体分工如下：前言——周丛笑；第一章——向松梅；第二章——张森鑫、张淑娟、刘宇；第三章——杨样、孙俊、谢玉花、杨静；第四章——刘毅、魏蒂、肖兰、胡啸宇；后记——向松梅。整个稿件的修改和核对工作由刘毅、向松梅负责完成；生成二维码的工作由谢玉花完成；终统稿及修改由周丛笑完成。

人类文明的发端从图画开始，美术承载着人类从远古至今的重要文明信息。人们在生活中处处会遇到美术，衣食住行，举手投足皆有美术。人类生活更是需要美术，无论是阳春白雪的纯美术或以实用为目的的工艺美术或体现乡俗的民间美术，都给人们带来美的享受。一个人要有良好的艺术素养，必须从小时候开始培养，希望此书能为幼儿园教师打开一扇引导孩子走进艺术殿堂的大门，让孩子们的人生更加绚丽多彩。

由于编者理论水平及实践能力有限，恳请广大读者批评指正。

向松梅

2017年8月